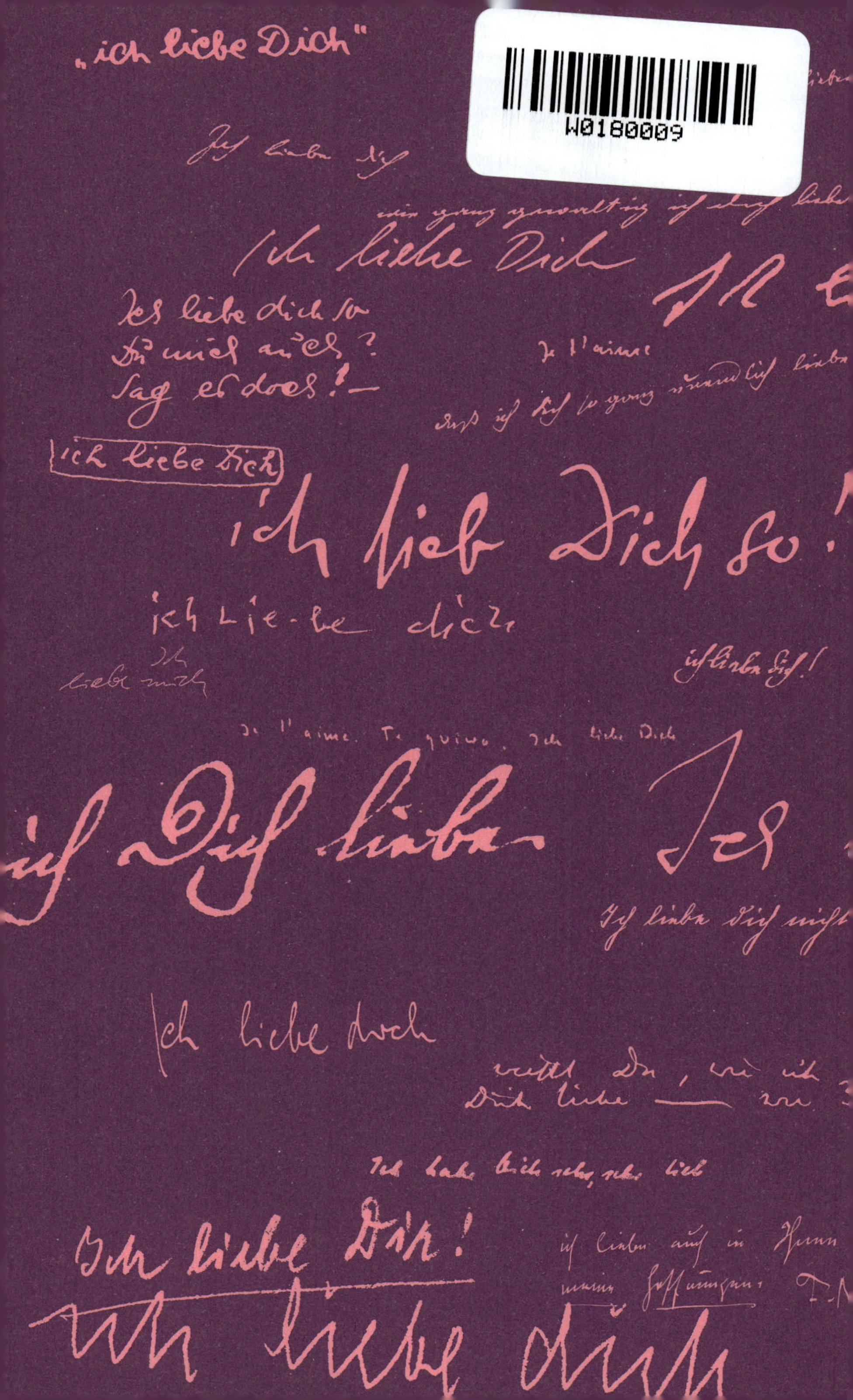
„ich liebe Dich"
Ich liebe Dich
Ich liebe dich so
du mich auch?
Sag es doch!—
ich liebe dich
ich lieb Dich so!
ich lie-be dich
ich lieben dich!
Je t'aime. Te quiero. Ich liebe Dich
ich Dich lieben
Ich liebe dich
Ich liebe Dich!
ich liebe dich

Es schlagt
vor
Dich!

marbachermagazin 136

Ich liebe Dich!

Mit einem Gespräch zwischen
MICHAEL LENTZ *und* SIBYLLE LEWITSCHAROFF

Deutsche Schillergesellschaft
Marbach am Neckar

Ein Satz als Instrument

Michael Lentz und Sibylle Lewitscharoff im Gespräch

Wie kann man als Schriftsteller etwas sagen und schreiben, was schon Tausende gesagt und geschrieben haben?

MICHAEL LENTZ Wenn man Barthes folgt, ist der Satz »Ich liebe Dich« eine Formel, für die es keinen Ersatz gibt. Man kann sie weder auseinandernehmen, noch ersetzen. Man könnte nur um den heißen Brei herumreden und das zum Stilprinzip erklären. Der Leser muss dann das Rätsel entschlüsseln, das entsteht, wenn ein Text den Satz »Ich liebe Dich« umschreibt. Ich würde mit Adorno sagen, dass es manchmal keinen Sinn hat, bestimmte Wörter und Begriffe nicht zu verwenden. So ist es auch sinnlos, »Ich liebe Dich« nicht zu verwenden. Die Verrenkungen, das zu vermeiden, sind zuweilen nichts anderes als grotesk-komisch.

SIBYLLE LEWITSCHAROFF Hast du ihn denn je verwandt?

M. L. Ja. Zum Beispiel in den Gedichten von *Offene Unruh* oder im Roman *Liebeserklärung*. Und da einmal auch die Frage durchgespielt, was passiert, wenn dieser Satz nicht verwendet wird, und was es auslöst, wenn er in einer kommunikativen Situation, in der alles darauf hinzuweisen scheint, bewusst ausgeklammert wird. Das löst im simpelsten Falle Ärger aus und im komplexesten Falle Instabilität, hereinbrechende Totalverunsicherung. Luhmann sagt das schon: Wenn man den Satz im Wissen darum, dass es diesen Satz gibt, vermeidet – und so naiv kann keiner sein, dass er nicht weiß, dass es diesen Satz gibt –, so ist das höchstens ein symbolischer Akt der Inkommunikabilität.

S. L. Das wäre ja eine unglaubliche Wertsteigerung, man würde sich gar nicht mehr herantrauen an den Satz. Selbstverständlich ist es möglich, den Satz gut in einem Roman unterzubringen, aber ich habe es nicht getan. Ich kann nicht begründen, warum. Vielleicht liegt es an der Art der kuriosen Liebeskonstruktionen, die in meinen wenigen Romanen vorkommen. Aber ich habe ihn nicht bewusst vermieden, er drängte sich mir einfach nicht auf.

M. L. Luhmann gewinnt aus der Vermeidung, die er an Romanen französischer Autorinnen größtenteils des 17., 18. und 19. Jahrhunderts aufzeigt, aus der Fragestellung, ob es, insbesondere in Intimbeziehungen, nicht Sinn gibt, der gerade dadurch zerstört wird, dass man ihn zum Gegenstand einer Mitteilung macht, seine Theoreme, sein gewissermaßen denkendes, aufgeladenes Material. Die Vermeidung kann ja auch ein Prinzip sein, um die zeitliche Beschränktheit der Liebe als Prozess aufzuheben und zu verheißen: Das schöne Ende kommt noch. Wobei es dann damit auch zu Ende wäre: mit dem Schlusspfiff noch das Tor versenkt.

S. L. Mit dem Satz »Ich liebe Dich« ist das endgültige Bekenntnis da. Darüber hinaus geht es nicht.

M. L. Aber mich hat die Lektüre von Luhmanns *Liebe als Passion* zu *Liebeserklärung* angestiftet und auch zu den Liebesgedichten von *Offene Unruh*. Ich wollte diese paradoxe Situation von Offenbaren und Verbergen, Augenblick und Ewigkeit, Vermeiden und Verheißen als einen kommunikativen Prozess durchspielen und für dieses Thema eine Gestalt finden. Worin liegen die Funktionen dieses Satzes, wenn er ausgesprochen wird? Bekenntnis, Vermeidung, Aufschub, Exzess? Es kann ja auch sein, wenn man »Ich liebe Dich« sagt, dass man damit Frieden stiftet und das Feuer löscht. Wenn man es nicht sagt, so tut man das manchmal auch, um Hoffnung und Begehren zu schüren, und nicht um den anderen hinzuhalten. Das alles sind gestalterische Elemente und liefern sofort Stoff. Das hat in der Literaturgeschichte über Jahrhunderte für Stoff gesorgt.

S. L. Wobei das sicher bei auflodernden, beginnenden Affären der Fall ist, dass der Satz aufgeschoben werden muss, weil man, ist er gefallen, keinen Schritt mehr zurück kann und dann das Wesentliche preisgegeben ist. Aber ich glaube nicht, dass in der Wirklichkeit – und nicht in Romanen oder Gedichten – bei längeren Liebesverhältnissen, die es ja auch gibt, dieser Satz noch diese absolute Bedeutung besitzt und nicht einfach auch als eine, salopp gesagt, recht fröhliche Versicherung abgegeben werden kann. Es gibt ihn selbstverständlich in der Wirklichkeit, ohne dass er gleich pathetische oder lächerliche Konsequenzen nach sich zieht.

M. L. Wobei man sich schon fragen muss: Was heißt das dann? Ist das aufrichtig, ist das unaufrichtig? Der Satz ist ja eine Kippfigur geworden, die paradoxerweise mit der Zeit und an den verschiedenen Stationen der Liebe als Code, als Versicherung und Rückversicherung, als gesellschaftliche Sanktionierung, als Versprechen und Erfüllung, als Offenbarung und Zerstörung und so weiter gesehen wurde – und dann plötzlich auch selbstreferenziell wurde. Sobald

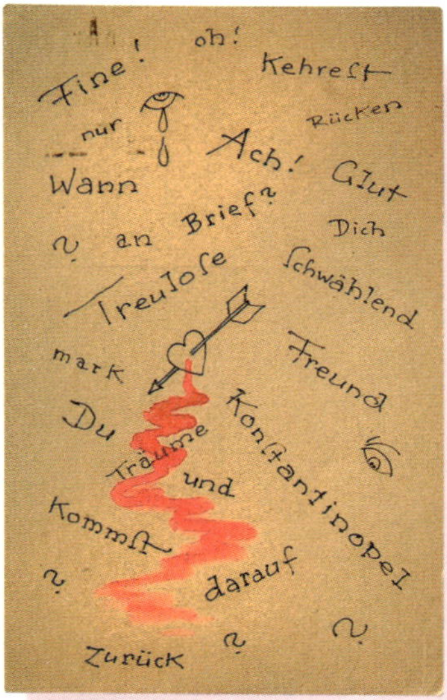
Fine!
oh!
Kehrest
nur
Rücken
Wann
Ach!
Glut
an
Brief?
Dich
Treulose
schwählend
mark
Freund
Du
Konstantinopel
Träume
und
Kommst
darauf
Zurück

dieser Satz selbstreferenziell ist, kann man ihn auch frei verwenden, wie ein Zitat; man muss nicht die Codes und die Hintergründe kennen. Damit beginnt seine sehr individuelle Bedeutungsgeschichte. In dem Moment, wo er so frei verfügbar ist, hat man auch die Freiheit, nicht an ihn zu glauben. Das ist dann ein Desaster, denn wie kann man dem anderen nun versichern, dass man es doch genau so meint. Damit entstehen die Surrogatformen. Man muss dann erfinderisch sein, um diesen Satz beglaubigen zu können

S.L. Ich denke, dass die Liebe sowieso danach ruft, ein wenig spracherfinderisch zu sein, nicht nur, um das begehrte Objekt zu verführen, sondern auch, um sich selbst bestätigen. Liebe fordert ja eine eigene, individuelle Sprache. Sie kann weder nur in Formeln noch allzu trocken daherkommen. Ein verliebter Zustand ist eine regelrechte Sprachschleuder. Zumindest im Kopf. Was man dann sagt und hinauslässt, das ist noch etwas anderes.

M.L. Und was man nachher am liebsten nicht mehr gesagt hätte, das auch.

S.L. Das kommt noch dazu. Wobei mir einen schöne Geschichte einfällt. Es gab eine berühmte Psychiatriepatientin, die über eine Liebesgeschichte verrückt geworden war und fortan über Jahre hinweg nur noch Blätter in ganz kleiner Schrift bekritzelte, sie permanent mit einem Satz überschrieb, bis alles ganz schwarz war: »Ich liebe Dich«. Die Quay Brothers haben daraus einen kurzen Animations-Film gemacht, *In Absentia*. Mich hat das an meine Schulzeit erinnert, in der ich, massiv verliebt, mit 13, 14 Jahren heimlich irgendwohin »Ich liebe Dich« gekritzelt und sofort auch wieder ausgestrichen habe, sodass es keiner lesen konnte. Es war eine große Lust, den Satz überhaupt aufzuschreiben.

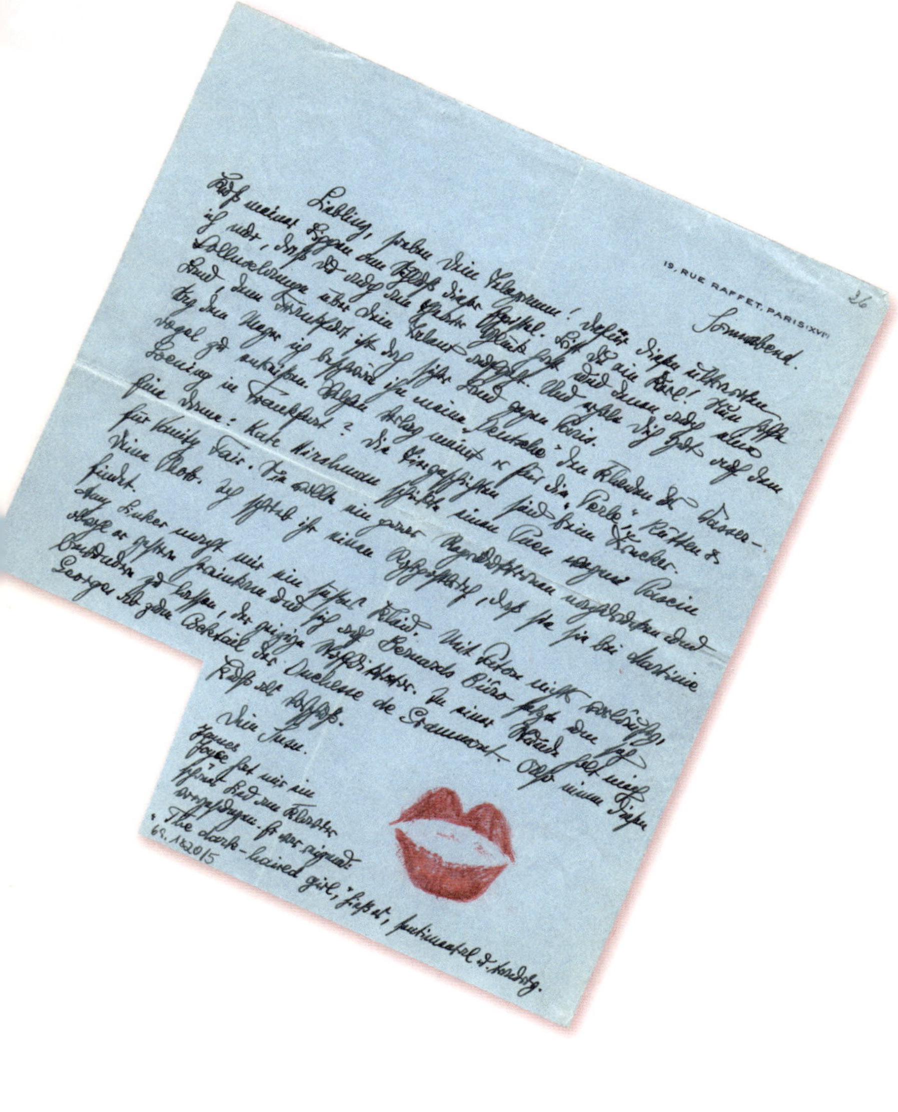
19, RUE RAFFET, PARIS (XVI°)
26
Sonnabend.
65.1.2015

M.L. Das ist das Paradox, sich mit diesem Satz, wenn er endlich einmal heraus ist, sehr souverän zu fühlen, und gleichzeitig zu wissen, dass man jede Souveränität verloren hat.

S.L. Nur, wenn es einer entdeckt.

M.L. Für den, der es entdeckt und dem es gilt, ist das genauso. Er hat dann sogar noch eine schwächere Position, weil dieser Satz ein Geschenk und zugleich eine Erpressung ist. Er ist eine Waffe. Eine Handlung. Darin liegt auch das begründet, was Barthes meint:
Es nutzt nichts, diesen Satz ...

S.L. zu umgehen ...

M.L. ... linguistisch auseinanderzunehmen.

S.L. Natürlich.

M.L. Was hat man davon? Nichts, man hat nur die Funktionen unterlaufen. Da fängt schon die Literatur an, da fängt aber auch der Alltag an. Es ist ja interessant, wie durch die verfügbare Literatur bestimmte Vorstellungen, Codes, Verhaltensweisen, Maßregelungen, Schemata geliefert werden, die dann weite, auch teilweise trivialisierte Verbreitung finden – und sei es nur durch Schundromane –, an deren Maximen und Muster sich die Leute halten.

S.L. Das zeigt Luhmann sehr gut: Wie ein Code in einen anderen einwandert und kippt. Es entsteht auf diese Weise eine große Hülle oder Stanzform für Tausende von Liebenden, die sich darin zurechtfinden. Das Tolle ist ja daran, dass ein Code auch dazu dienen kann, ein Gefühl massiv zu steigern.

M. L. Auf jeden Fall.

S. L. Der Code steigert im Grunde sich selbst.

M. L. Und lässt uns nicht ganz ins Nichts fallen. Er versichert uns: Das ist ein kultureller Background.

S. L. Obwohl beide Teile, Ich und Du, ja oft wissen, dass es Formen der Übertreibung sind, kann doch der Eine davon stärker überrumpelt werden und den kompletten Gefühlssalat auf seinem Haupte versammelt haben und in seinem armen Herzen.

M. L. Das heißt möglicherweise auch – umgekehrt definiert –, dass die Zugänglichkeiten zu diesem Code die Hierarchisierung von Gesellschaft bedingt, weil er nicht allen zugänglich ist. Diese Codierung der Liebe ist auch ein Spiel, eine Form der Verfeinerung und liefert immer neue Spielregeln. Sie wird an den Rändern, wo diese Spielregeln verletzt werden, selber schon recodiert – hinsichtlich der Frage von Exzessen und Affären. Ich würde gerne noch einmal auf Folgendes zurückkommen: Was passiert, wenn der Satz »Ich liebe Dich« ins Nichts schießt? Man kann ihn ja nicht toppen, so sehr man sich auch um Überbietung bemüht, um Superlative wie »Ich liebe Dich ungemeinst«, oder die Grammatik ins Kraut schießen lässt, weil auch da Verletzungen stattfinden müssen, nicht unbedingt wie bei Schwitters aus ...

S. L. ... Frechheit ...

M. L. ... der Absicht, das Sprachskelett zu unterwandern und als Frechheit herauszustellen, sondern einfach, weil die ganze Munition verschossen ist. Der Satz ist gesagt und verpufft. Wo ist dann der Kredit, den man noch hat?

S.L. Schlimm ist es auch, einfach nur noch auf das Erbarmen des anderen ...

M.L. Entsetzlich, entsetzlich!

S.L. ... hoffen zu müssen. Das ist das Allerschlimmste! Der dann auch noch besonders freundlich wirkt.

M.L. Man will das Erbarmen vermeiden – wo fängt denn das Vermeiden an? Erbarmen, das hat auch noch so etwas Christliches.

S.L. Ja, in der Liebe ist das Erbarmen ein schwieriges Kapitel.

M.L. Lassen wir das lieber. Ein Gedicht kann ja auch eine bestimmte Sprach-Enklave sein, eine Mediengeschichte des Satzes »Ich liebe Dich«, wenn man die Liebe als ein Medium begreift, quer durch die Zitatenakkumulation und -kompostierung. Ich zitiere ein Beispiel aus *Offene Unruh*. Dort heißt es, immerhin in Anführungsstriche gesetzt: »Dich zu finden, ach, Dich, lernt' ich die Liebe«. Das ist Klopstock! Der Satz ist der Hammer. Der Code, die Sache geht hier ohne Objekt dem transitiven ›Gebrauch‹ voraus. Und jemand lernt das wie eine Sprache. Nur dadurch ist für ihn gewährleistet, die Einzige zu finden. Das klingt wie ein höfisches Ritual. Das ist doch interessant. Aber was hat er dann gelernt? Das ist die Frage. Umgangsformen, im banalsten Sinne, vielleicht. Etwas, was man ›anbaggern‹ nennt.

S.L. Ich möchte weiter nach dem Redefluss fragen, in den der Verliebte gerät. Ich glaube, dass der Redefluss zunächst einmal in sehr aufschäumenden inneren Monologen stattfindet. Das ist das Allererste. Aber nur ein Bruchteil davon wandert über den Tisch oder zu dem anderen hin, den es zu bestricken gilt. Ich glaube, dass

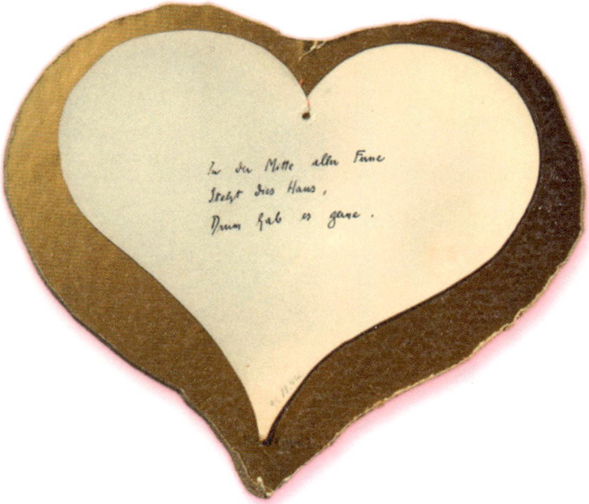

1934 Broch

ein Verliebter im Kopf einen Rausch mit permanenten Monologen erlebt, in denen er aber eigentlich sich selbst vorstellt. Diese Monologe sind neue, strahlende Selbstdarstellungen. Ich glaube, das ist überhaupt der Kern des Verliebtseins: sich in einem strahlenden Glanz selbst wieder zu sehen und sich fast neu zu erfinden. Die Monologe umreißen diese neue, wunderbare Person, die da plötzlich unter dem blauen, aufgerissenen Himmel dahinschreitet. Und nur ein Bruchteil dessen wird verwandt, um den anderen dann wirklich zu bestricken.

M.L. Ja, genau. Diese Idealisierungs-Stereotypie ist eigentlich eine Zumutung, ein narzisstischer Spiegel. Die Idealisierung ist in der Kulturgeschichte der Liebe oft ein paradoxes Moment, handelt es sich doch nicht selten um die Selbstidealisierung dessen, der Ich sagt – und nicht unbedingt um die Idealisierung des anderen.

S.L. Aber – in der Vorstellung zumindest – natürlich immer schön unterspült von so etwas wie dezenter Leibeserniedrigung. Das geht damit einher. So strahlend monologisch sich dieses Ich fixiert, so sehr kann es – zumindest bei Frauen – kontaminiert sein von einer Vorstellung der süßen leiblichen Demütigung. Das *kann* sein. Ich weiß nicht, ob das mit dem Wandel der Geschlechter heute noch wirklich so ist. Aber zumindest war das bei den Frauen einmal massiv der Fall. Ich glaube, dass es auch bei Männern so etwas geben muss, hohe leibliche Irritation. Man setzt sich ja einer Gefahr aus, das darf man nicht ganz vergessen, und die Gefahr ist leiblicher Art. Das Erschreckende ist einfach, jemanden im Ernstfall wirklich nackt zu sehen. Über diesen Punkt muss man irgendwie hinüber. Und das war, glaube ich, auch in früheren Generationen schon so. Alle Rhetorik versucht, diese Schrecksekunde irgendwie zu bannen. In diesem Punkt gibt es vielleicht doch einen Unterschied in der leiblichen Grundverfassung zwischen Männern und Frauen.

M.L. Wo auch die Sollbruchstelle liegt zwischen Imagination und imaginativem Exzess und plötzlich sich einstellender Realität, sodass ein größtmögliches Erschrecken zutage treten kann – mit Totalrückzug.

S.L. Im schlimmsten Fall.

M.L. Das sind die groteskesten Momente ... Das habe ich selbst einmal in einer Diskothek auf Korsika erlebt, auf einem Terrassen-Campingplatz. Zwei Typen standen bei brüllender Hitze in voller Motorradmontur herum, man sah, wie sie sich in den Eimer schwitzten. Es floss mächtig Alkohol, alle tanzten auf einer ganz kleinen Fläche. Ich selbst war nur Voyeur ... Die zwei Typen wurden aufgefordert zu tanzen. Und da sagten sie – auf Hessisch –: Wir sind keine Dancer, wir sind Ficker. Das sagten die tatsächlich. Ich bin in die Knie gegangen vor Lachen. Die Mädels standen blöd herum: Abfuhr. Aber dann kam die Gegenoffensive. Ein Mädel hat sich einen der beiden Typen angeguckt und gesagt: So doof sieht der gar nicht aus, wie der gerade gequatscht hat. Dann ging sie zu ihm hin und sagte: Wollen wir mal sehen, was da jetzt los ist. Der Typ klammerte sich geradezu an seinen Kumpel und hat ganz langsam den Rückzug angetreten. Das fand ich eine fantastische Szene.

S.L. Der Film beschäftigt sich ja viel zu wenig mit ...

M.L. Das war kein Film!

S.L. Ja, aber auch der Film befasst sich viel zu selten mit dem köstlichen Liebesmurks. Das ist ja geradezu eine Höllenpest, dass in den heutigen Filmen die Leute sehr schnell einfach mehr oder weniger gelungen übereinander herfallen – und es aussieht wie im Fitnessstudio. Und keiner stört sich daran.

M. L. Und wahnsinnig uninteressant ist es auch.

S. L. Aber interessant ist die wahre Komik, sind die leichten Vermurksungen, die eintreten, wenn ein vorher äußerst begehrter Mann plötzlich ein bisschen umständlich sein Unterhösle auszieht.

M. L. Luhmann spricht von der – ganz normalen – Unwahrscheinlichkeit der Liebe. Das Entsetzliche ist, dass es im Film – nach der Vorbereitung durch Musik und Verlangsamung – mit größter Wahrscheinlichkeit zu einer total glatten Liebesszene kommt. Es ist ganz klar, die kommt jetzt und die interessiert mich gar nicht … Ich bin immer dankbar, wenn das nur angedeutet wird.

S. L. Und Schluss, der Rest ist klar.

M. L. Im Vorfeld unseres Gesprächs wurde auch die Frage gestellt, ob Schriftsteller Leute sind, die sich nur verlieben, um davon reden zu können. Bei Kafka hat man manchmal den Verdacht. Bei mir habe ich nicht den Verdacht. Ob trotzdem mögliche Dinge ausgebeutet werden, das ist noch eine andere Frage. Über Kafka wurde ja gesagt, dass seine Literatur ihm dazu diente, Leben vorzuinszenieren.

S. L. Also bei Milena würde ich das nicht sagen. Aber bei Kafka und Felice Bauer schon …

M. L. Bei Kafka war Liebe mit Gott weiß was für Ängsten verbunden … Die Einlösung würde vielleicht das Ende der Literatur bedeutet haben, aus welchen Kastrationsängsten heraus auch immer. Rilke mied die Psychoanalyse, weil sie – so seine große Furcht – auch das Ende seiner Literatur bedeutet hätte. Für manche Autoren gibt es also über die Liebe hinaus noch eine größere Liebe, das ist die zur Literatur, und der wird alles geopfert. Nur sie selbst nicht.

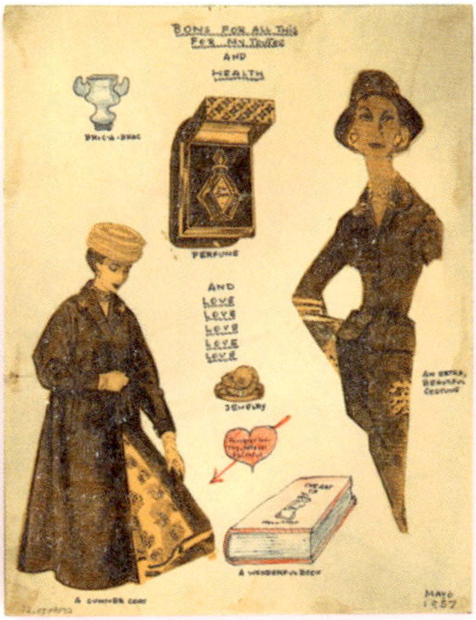
AND
HEALTH
PERFUME
AND
LOVE
LOVE
LOVE
LOVE
LOVE
JEWELRY
AN EXTRA, BEAUTIFUL COSTUME
A WONDERFUL BOOK
A SUMMER COAT
MAYO

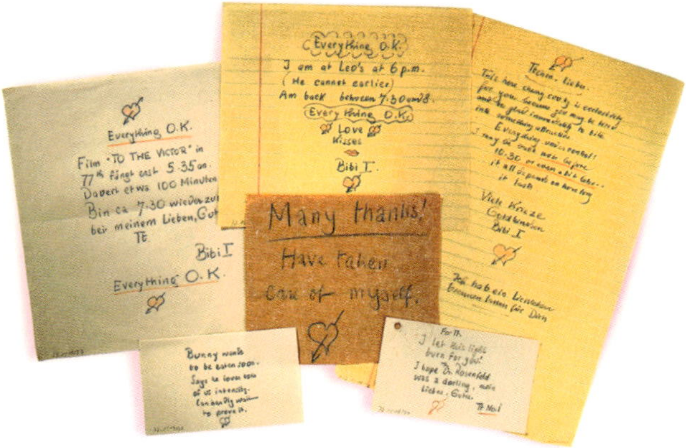
Everything O.K.
Film "TO THE VICTOR" in
77th fängt caSt 5.35 an.
Dauert etwa 100 Minuten
Bin ca 7.30 wieder zu
bei meinem Lieben, Gut
TE
Bibi I
Everything O.K.
Everything O.K.
I am at Leo's at 6 p.m.
(He cannot earlier)
Am back between 7.30 and 8.
Everything O.K.
Love
Kisses
Bibi I.
Viele Küsse
Bibi I
Many thanks!
Have taken
care of myself.
Bunny wants
to be eaten soon.
I let this light
burn for you!
I hope Dr. Rosenfeld
was a darling
TE Moi

Toutou's
NAME DAY
November
19
"FOREVER LOVING
FOREVER LOYAL"

S. L. Wenn ich mir meine Kollegen, die ich kenne und deren Bücher ich kenne, ansehe, so würde ich das eher bezweifeln.

M. L. Heutzutage.

S. L. Heutzutage. Dass alle von Erlebtem schmausen, in indirekter oder sehr direkter Weise, das ist vollkommen klar. Auch dass sie manchmal in der Rückerinnerung Figuren retouchieren und mit anderen zusammenbacken ... Es muss ja Erfahrung hinein in die Texte, das ist selbstverständlich. Aber dass ein Autor sich heute im Privatleben verliebt um der Schreibzwecke willen, das wage ich zu bezweifeln. Das kenne ich zumindest von mir nicht.

M. L. Man muss sich mal vorstellen, was passiert, wenn es dann nicht klappt. Auf die Frage »warum hat der nichts mehr veröffentlicht?«, müsste man antworten: »Dem ist es nicht gelungen, sich zu verlieben.«

S. L. Das wäre immerhin ein schöner, ehrenhafter Grund.

M. L. Und er würde überall eingeladen, in Talkshows, überall, würde mit Preisen überhäuft. Endlich einer, der nichts mehr geschrieben hat! Das wäre schon fast etwas Heiliges. Einem bestimmten Schriftstellertyp wäre das vielleicht zuzutrauen. Einem Konservativen, der durch Haltung, Kleidung und Ausdrucksweise sehr elitär erscheinen will.

S. L. Also es gibt natürlich noch andere Modelle. Wenn man an Georges Simenon denkt, der mit hunderten, wenn nicht tausenden von Frauen das Begehren ...

M. L. Dass der noch Zeit hatte, so viel zu schreiben ...

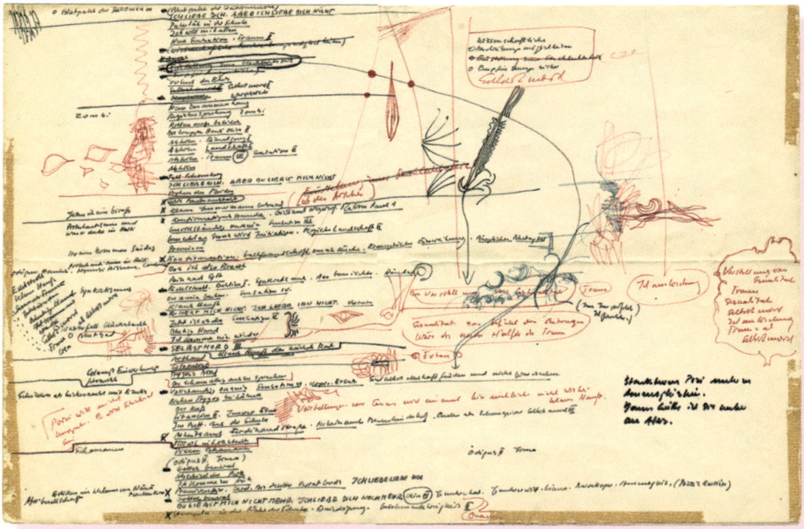

S.L. ... die Begehrensflamme permanent am Kochen hielt, um überhaupt schreiben zu können. Simenons exzessive Suche nach Frauen, um etwas in sich permanent am Gären zu halten, ist sicher ein Sonderfall. Dabei geht es aber nicht so sehr um das einzelne Erlebnis, das dann in eine Geschichte wandert ...

Aber doch um eine rhetorische Energie, die man eigentlich braucht.
S.L. Wahrscheinlich ja.

Es geht also gar nicht um die konkrete Frau, ich muss mich vielmehr in diese rhetorische Energie hineinsteigern.
S.L. Das kann sein.

Beim Satz »Ich liebe dich« führt man ja ein bisschen ein Selbstgespräch. Deswegen kippt er auch so oft um in den Satz »Ich liebe mich«.
M.L. Im Sinne von: ein Instrument üben.

Ja, oder sich in Stimmung bringen oder Wallung. Je nachdem.
S.L. Ich glaube mehr daran, dass das, wovon ein Schriftsteller oder Dichter ein Leben lang zehrt, Pubertätserfahrungen sind, die er verwandeln kann. Bei jungen Menschen sind die Gefühle ja ganz stark. Und zur Selbstfindung, wenn das große Abenteuer beginnt, gehört es, sich mit dem anderen Geschlecht – vorsichtig zunächst, aber dann direkt – auseinanderzusetzen und gar zu lieben. In dieser Zeit ist alles gefährdet und das eigene Selbst von schweren Schwankungen ergriffen. Das Erotische, das plötzlich als schwerer Ballast dazu kommt, wirft einen als jungen Menschen völlig aus der Bahn. Das ist eine große Erfahrung, die auch heute nicht versiegt bei jungen Leuten – trotz aller Coolness.

M.L. Es gibt das Sentimentalisierungspotenzial des Naiven. Nicht dass man dahin zurück möchte, aber man sentimentalisiert das. Das heißt aber nicht, dass der Stoff dann wirklich trieft vor Sentimentalität oder kitschig ist. Lacan oder Barthes, die haben eine ganz einfache Formel für diesen Zusammenhang: Mutter.

S.L. Das finde ich zu einfach.

M.L. Bei Barthes gibt es ja in neueren Studien biografische »Enthüllungen« diesbezüglich.

S.L. Bei Barthes trifft das schon zu. Bei mir, tut mir leid, kommt Mutter auch in sehr entlegenen Formen nicht vor. Also Vorsicht mit der Mutter! Ich wollte sagen, dass die Pubertätserfahrungen rückblickend extrem lächerlich sind. Trotzdem sind sie so intensiv wie kaum etwas anderes, das man später in dieser Hinsicht erleben kann. Ein Jugendlicher, der über ein Liebeserlebnis nicht fast in den Selbstmord getrieben wird, der taugt ja eigentlich nichts, um es überspitzt zu sagen.

M.L. Das kann ich bestätigen.

S.L. Bis an den Rand muss man als junger Mensch kommen in diesen Dingen. Oder zumindest ist diese Gefahr immer sehr nah und schwebt über einem. Weil das wirklich so gefährlich ist. Von diesen Gefahren, glaube ich, zehren nicht nur Schriftsteller ein Leben lang. Natürlich in vollkommen verwandelter Form, weil es das Altern mit sich bringt, dass man solche Dinge weiser und anders in andere Bahnen bringt.

M.L. Das Alter bringt oft einen Abstand zu dieser Zeit mit sich, aber vielleicht auch die Erkenntnis, dass man erfahrungstechnisch oder bezüglich der eigenen Konfiguration nicht unbedingt viel weiter gekommen ist. Ich meine damit nicht, dass man die Fehler wiederholt, die man immer schon wiederholt hat, sondern dass es eine Grundanmutung, eine Haltung, ein Sich-Verhalten gibt, das vielleicht so etwas wie eine eingeborene Geschichte ist, die man nicht modifizieren kann – eine große Invariante. Man versucht immer, den eigenen Schatten zu überspringen, was aber nicht gelingt, weil man zurückgeworfen wird auf Grunderfahrungen oder weil diese Grunderfahrung schon die Zukunft in sich enthalten hat.

S. L. Das kann ich so nicht unterschreiben, zumindest nicht für mich selbst. Ich kann aber kurz schildern, dass mein ganzes Pubertätsleben, von zwölf bis mindestens 17, völlig überschattet war von Bob Dylan.

M. L. Ach, das ist ja fürchterlich.

S. L. Ich kann es anders nicht sagen: Es war überschattet davon. Nicht von der konkreten Einbildung, dass ich Dylan je hätte imponieren können – ich bin nicht einmal in ein Konzert gegangen, das wollte ich gar nicht, ich wollte keinen Kontakt mit irgendeiner Form aufgeschobener Realität, so schlau war ich damals eigentlich schon. Aber das hat natürlich jede Begegnung mit irgendeinem Bürschlein überschattet, das mir hätte gefallen können … Die Differenzen war groß, um es einmal so zu sagen. Und solches Vergleichsverhalten ist, glaube ich, heute mindestens ebenso stark. Natürlich wird nicht mit Bob Dylan verglichen, und übrigens auch längst nicht mehr mit Romanfiguren, sondern mit Leuten, die auf der Bühne stehen. Es sind heute andere Leute, die da als Vorwegfähnchen zirkulieren, aber ich glaube, dass erotische Prägungen sehr stark von solchen Figuren ausgehen. Spätestens in unserer Generation wurde in massiver Form auf die Bühne hingeschwärmt.

1979 Grieshaber

Das war noch nicht so stark in der Jazz-Generation, die waren ein bisschen gefeiter davor. Die haben es vielleicht eher mit Schauspielerinnen oder Schauspielern gehabt. Aber bei uns, in der so genannten Pop-Generation, ist das Bühnenspektakel entscheidend, egal, wer es veranstaltet, Mick Jagger oder jemand anderes. Das beeinflusst die ganz Kleinen massiv, wenn sie in diese Welt geraten. Und es ist ein schwieriger und langer Weg, das Realitätsprinzip anzuerkennen, zu erkennen, dass man selbst nicht so ist, selbst nicht so in diese Welt gehört, dass man in einer anderen Welt einen anderen Menschen finden muss.

M.L. Hochinteressant als Katalysator ist für mich David Bowie, weil er Transgender bis zum Exzess praktiziert hat. Dieser Typ hatte auch Verliebungspotenzial. Frauen interessierten mich auf der Bühne gar nicht, sondern Männer. Nicht in dem Sinne, dass ich mich mit ihnen identifiziert hätte, sie hatten vielmehr eine mehr oder weniger spielerische erotische Komponente, die für mich hochinteressant war. Mich interessierten nicht so die Exhibitionisten, sondern Typen, die beides hatten: Kraft und starke Sensibilität.

S.L. Ich würde gerne außer Luhmann noch einen anderen Gewährsmann auf die Frage nach der Liebe und Liebesverwicklung ansetzen, René Girard. Girard hat ja immer wieder untersucht, wie so etwas wie eine Lemming-Konkurrenz im Begehren auf dasselbe Objekt hin entsteht und dadurch das Begehren selber desaströs wird. Nicht nur für den, der begehrt, auch für den, der begehrt wird – in der Gesellschaft, der kleinen Pyramide, die sich da ergibt, in der Horde, die sich in ein Objekt verliebt und sich bekämpft. In seinem jetzt auf Deutsch erschienenen Buch *Shakespeare. Theater des Neides* hat Girard alle Shakespeare-Dramen und ihre Liebesverwicklungen unter diesem Aspekt untersucht. Das finde ich in manchen Teilen vielleicht etwas übertrieben, aber immer inter-

1979 Grieshaber

essant. Girard versucht, zu zeigen, dass die Shakespeare'schen Dramen aufgrund dieses geheimen, vom Autor selten je ausformulierten Wissens um die Funktionsweise des Begehrens bis heute so gut funktionieren. Das ist nicht veraltet, das ist über alle historischen Stationen hinweg ebenso desaströs geblieben wie damals.

M. L. Ich würde zwei Figuren anfügen: Walther von der Vogelweide, der unglaublich moderne Positionen formuliert hat jenseits der Minnerollen-Zuweisung, jenseits der Rhetorisierung und Codierung von Mann-Frau-Zuweisungen – zumindest rhetorisch. Und Petrarca, den ich in *Offene Unruh* verwende. »Und ich weiß sehr wohl, ich suche meine Wunden«: narzisstische Selbstreferenzialität, die man schon vom Spiegeltopos kennt. Luhmann hat zumindest für das 17. bis 19. Jahrhundert gezeigt, dass man den Code der Intimität und Liebe nicht individuell erfindet, dass dieser Code und seine Schemata vielmehr schon lange in einem gesellschaftstypischen Konstrukt, das nicht so leicht zu durchschauen ist, vereinbart bzw. ausformuliert wurden und sich dann individuell ausdifferenzierten in Formen der Abweichung, der Paradoxien der Liebe, zum Beispiel was die potenzielle Unentscheidbarkeit von Aufrichtigkeit und Unaufrichtigkeit betrifft. Gehört das Paradox der Liebe zur Natur der Liebe oder nicht? Auch Positionen des geahnten Unglücks, wenn man das Begehren einlösen würde, auch im Sinne des Selbstverlustes, waren im Code schon vorbedacht. Heute gibt es den Therapeuten. Über die Therapeuten und ihren Einfluss auf die Moral hatte Luhmann ja eine dezidierte Meinung. Der Therapeut setze die Labilität des Einzelnen an die Stelle der Liebe und entwickele für Liebe nur die Vorstellung einer wechselseitigen Dauertherapierung. Diese aber bloß vor dem Hintergrund einer Verständigung über Aufrichtigkeit, die Luhmann zufolge nur unaufrichtig sein könne.

1979 Grieshaber

S.L. Girard geht immer strikt von den biblischen Zehn Geboten aus. Darin wird nicht nur aufgezählt, wen oder was man nicht begehren darf – Knechte, Mägde und die Frau des anderen –, das Begehren an sich wird am Schluss noch einmal verboten. Ausgerechnet am Schluss kommt noch einmal der Donnerschlag: Das Begehren an sich ist die Gefahr. Das legt Girard in allen Varianten aus, sei es beim Neuen Testament, sei es in seinen Literaturbetrachtungen. Und da ist schon etwas dran: So, wie wir gestrickt sind, treibt uns eine böse Mimesis immer wieder dazu, dasselbe zu begehren, sei es das Geld, sei es die Frau des anderen, den berühmten Schauspieler und so weiter und so fort. Wenn die Beziehungen abstrakt sind, wenn ich also mit Millionen anderen Bob Dylan liebe, bleibt das natürlich zunächst einmal ungefährlich, da passiert nichts und es bleibt anonym. Aber wenn es in persönliche Kreise sickert, ist dieses Begehren schon sehr viel gefährlicher. Besonders wenn es – bei Shakespeare gibt es viele Beispiele – in Machtsituationen auftritt. Wenn zwei, ein Halbmächtiger und ein Ganzmächtiger, *ein* Objekt begehren, dann ist das Schlachtgetümmel nicht allzu fern. Das konkurrierende Begehren, das sich wechselseitig aufstachelt, erhöht im verliebten Glanz die Wertigkeit des Objekts, das man als Erster gewinnen will. Das ist eine fatale Fehlkonstruktion. Weil so überhaupt niemals die einigermaßen Richtigen zueinanderfinden können. Das geht gar nicht.

M.L. Das ist, glaube ich, ein basales Prinzip, nicht nur festzumachen am Sensationstopos Liebe. Das ist im Sport genauso: Die Bayern zahlen nach entsprechendem Gerede über seine Fähigkeiten das Doppelte für den Torwart Manuel Neuer.

S.L. Das ist ein Grundprinzip. Es geht ums Geld, um Macht, oder es geht um gesellschaftliche Positionen.

M.L. Oder denken wir an Ebay-Versteigerungen, bei denen gebrauchte Sachen manchmal teurer gekauft werden als neue – ohne die Garantie zu haben, dass sie funktionieren.

S.L. Ja, das ist kein Prinzip nur allein der Liebe. Aber es spielt massiv mit hinein in das Herumtreiben des Begehrens und seine unter Umständen desaströsen Folgen. Dazu passt für meine Begriffe sehr gut das Aufbrechen des extremen Ehe-Kodex' durch die 68er. Ich kann mich gut erinnern, wie die 68er diesen allzu steifen Kodex, eine entsetzliche Muffhaube, aufbrachen zugunsten der freien Liebe. Aber wie böse wurde das dann im Konkreten sobald wirklich Tür und Tor geöffnet waren und zumindest die Scham des Vertuschens nicht mehr galt, zumindest – egal, was der Einzelne treibt – nicht mehr die Scham des Verschweigens.

M.L. Ja, es herrschten quasi ersatzbiblische Verbote, die gar nicht verbalisiert wurden: Du sollst nicht irgendein Verbot haben! Du sollst nicht irgendeine Grenze kennen!

S.L. Genau darum ging es. Und es hatte ungeheure, desaströse Folgen für diese Generation. Man kann sie bei den älteren 68ern oft sehen. Die Frauen blieben mit diesem Konzept als Liebesleichen reihenweise auf der Strecke; sie hatten größte Mühe irgendwie zu einer etwas besonneneren Form der Liebe zurückzufinden.

M.L. Luhmann hat das wunderbar passend formuliert: Wenn die Hintergrundleitbilder und Standardisierungen wegbrechen und die Zumutungen einer irgendwie gearteten Idealität von Liebe abgebaut werden inklusive ihres rhetorisierten Diskurses, dann entsteht das Gegenteil von Freiheit, die sich eben nur vor dem Hintergrund der Übersteigerungen ins Ideale und Paradoxe konstituiert, da Ideal und Paradox eben ausgesprochene Formulierungshilfen der

Liebessemantik sind. Es droht der totale Absturz, weil ein Teil des Ichs und des Selbst zur Identifikation Leitbilder braucht – auch wenn sie abgelehnt werden. Das ist ja auch etwas, was sich soziologisch zeigen lässt in gesellschaftlichen Entwicklungen. Das kehrt zyklisch wieder. Nach dem Versuch der Jakobiner, Frankreich zu säkularisieren, mit den umfunktionierten Kirchen als »Altäre des Vaterlands« passierte genau das Gegenteil: Die Kirche war danach stärker als zuvor. Die 50er-Jahre sanktionierten moralisch, waren dabei gleichzeitig tabuisierend, dann kamen die so genannten 68er, danach gab es wieder einen reaktionären Zug, der seine Legitimation argumentativ über Grenzerfahrungen, das Zeigen auf Irrungen und Wirrungen, zu gewinnen versuchte.

S.L. Nochmals zurück zu Luhmann. Er beschreibt ja genau, wie die Passion selber stilisiert wird, wie die Liebespassion als eine Art Verrücktheit stilisiert wird, für die jeder im Geheimen eine gewisse Sympathie aufbringt. Dass ein Mensch in seiner Liebes-Passion entgrenzt und vollkommen woanders ist, wird ja gesellschaftlich akzeptiert. Umgekehrt tut ein Verliebter alles dafür, sich immer wieder vorzuspielen, dass er jetzt ganz außerhalb stünde und die Passion ihn so ergreife, dass sie ihn in ein anderes Land, ein anderes Leben, eine andere Gesellschaft führe. Das hat Luhmann sehr schön dargestellt. Die Pietisten hätten diesen grandiosen Ausnahmezustand selbstverständlich nicht toleriert, das ist klar. In ihren Augen schießt der Tumult in die falsche Ekstase hoch.

Wir haben jetzt über viele Theoretiker gesprochen. Doch warum ist dieser Satz für nahezu jeden von uns so wichtig?
M.L. Weil einem die Liebe, ob man will oder nicht, widerfährt. Manchmal wird derjenige, dem sie nicht widerfährt, oder der vorgibt, sie widerführe ihm nicht, schon fast beneidet.

2. VERS

NEW YORK CITY is DIE HEISSESTE
STADT, wenn man einen
neuen BOYFRIEND & ein Hotelzimmer
hat!
NEW YORK CITY is n Ding für sich
und selbstverfreilich ganz bestimmt auch n Ding für MICH!
NEW YORK, ich schenke dir mein HERZ,
ich liebe dich gar sehr,
ich könnte nicht mehr ohne dich,
ich lieb dich immer mehr!
Naturlich lieb ick och Berlin und
Amsterdam & HOLLYWOOD & EIFERSUCHT DAS
IS NE KRANKHEIT, ich liebe alle,
alles gut!

CHORUS → UND.... NEW YORK!

...Und es geht Hopphopphopphopp
straight up to the TOP 2×
Mensch, lass das LICHT rein
David Bowie wird heut nacht
hier sein, zu fein!
Ich creire EXTASE in meiner WELT!
Ich bin doch ein Sternenkind,
der reinste SUPERHELD!
Und ob's dir gefällt oder nicht gefällt:
Geld regiert diese Welt
aber doch nicht jene Welt, Geld!
Ich bin die Liebe, ich bin das Leben
Ich bin die Mutter, ich bin das KIND!
.....Wer auch immer will soll kommen,
und sich in meiner Liebe sonnen.....

S. L. Na ja, es fehlt ihm aber auch etwas.

M. L. Das ist die Frage. Diese Leute gewinnen ihre Souveränität vielleicht dadurch, dass sie nie zugeben, dass ihnen etwas fehlt. Aber tatsächlich können sie gar nicht wissen, dass ihnen etwas fehlt. Denn es kann immer nur dann etwas fehlen, wenn es schon erfahren wurde.

S. L. Eine unbändige Liebeserfahrung erlebt man in jungen Jahren, im Alter wird das komisch und es ist Vorsicht geboten.

M. L. Wann fängt denn das Alter an?

S. L. Das fängt spätestens so mit 35 langsam an, da wird alles ein bisschen anders, vielleicht fängt es schon mit 28 an, dass es langsam anders werden müsste.

M. L. Was und wie denn?

S. L. In der Wahl der Personen, die man begehrt. Man muss die Fähigkeit entwickeln, zu unterscheiden, wer wirklich nur Unglück bringt und sonst gar nichts.

M. L. Aber leistet das nicht die Biologie?

S. L. Nein, ich kenne Frauen – fast in meinem hohen Alter –, die sich mit tödlicher Konsequenz immer wieder so verlieben, dass alle in ihrem Umfeld sagen: »Um Gottes willen, das wird furchtbar!« Alle wissen es, nur die Betreffende nicht.

M. L. Gerade *der* Satz stachelt dann allemal an.

LOTTCHEN, MEIN LOTTCHEN, ICH LIEB DICH NICHT MEHR

Lottchen, mein Lottchen, ich lieb Dich nicht mehr,
Ich lieb eine andre, die lieb ich viel mehr;
Die ist nicht so artig, die ist nicht so klein:
Lottchen, mein Lottchen, geschieden muss sein!

Muttchen, ach Muttchen, Du rietest mir schlecht,
Er hat eine andre, die lieber er möcht;
Hättst Du nicht gesagt, ich soll tugendhaft sein:
Muttchen, ach Muttchen, er wäre noch mein!

S.L. Man muss eigentlich schon vor dem Jahr 30 damit aufhören, masochistischer Wiederholungstäter seiner Selbst zu werden, weil diese Art von Unglück sonst immer lächerlicher wird. Der Typ des Casanova kann das lange treiben, das ist etwas anderes ... Der fähige Frauenjäger, der bis ins höhere Alter Frauen jagt, sie gutmütig jagt, sie becirct und auch in der Becircung ganz gut mit ihnen umgeht, der kann das lang treiben, der ist keine lächerliche Figur.

M.L. Würdest du diesen Typus irgendwo im Reiche des literarischen Briefeschreibers ausmachen können?

S.L. Da fällt mir gerade keiner ein. Das müsste ja einer sein, der auch wirklich erotischen Umgang hatte und nicht nur Briefe schrieb. Simenon ist, glaube ich, gehört eher auf die Don-Juan-Seite, er verkörpert das aggressive Prinzip. Casanova, dem waren die Frauen nicht gram, das ist ein Unterschied. Es gibt sie bis heute, diese etwas lächelnden Verführer, die Schweigen bewahren, die die Frauen auch schützen, die nicht nur von ihren Frauengeschichten erzählen und sich damit groß tun. Man weiß, dass ihnen ein großer Schwarm erlegen ist, aber das ist in Ordnung. Damit kommt dieser Typus ganz gut ins Alter, das muss ich neidvoll zugestehen.

M.L. Also ein Vorteil für die Männer.

S.L. Das ist bis heute ein Vorteil für die Männer; bei den Frauen ist das schwieriger, selbst bei den sehr gut aussehenden Frauen, die sich in der Jugend wirklich die Männer gut wählen konnten. Und später wird es als übertrieben angesehen, wenn sie zu massiv versuchen, erotisch zu wirken. Ich finde, da ist bei den Frauen doch frühere Resignation geboten. Wohl gemerkt: Es geht um die Wirklichkeit, es geht nicht um das Anschwärmen. Für mich der schönste

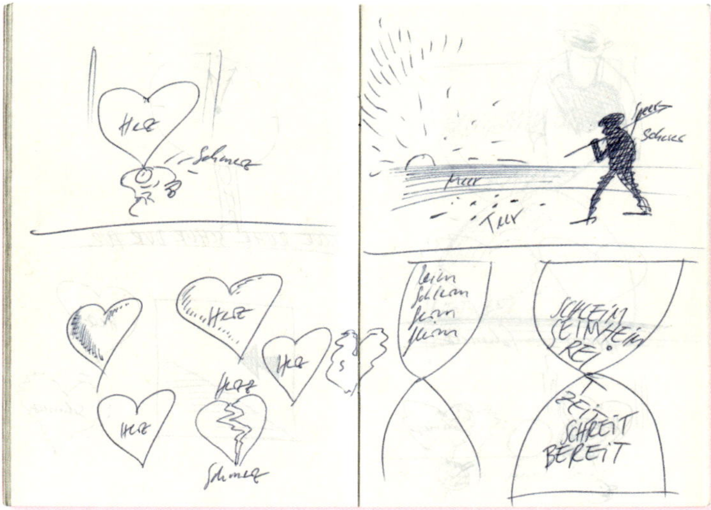
SCHREIT
BEREIT

Briefschreiber ist Pessoa, der an eine kleine hübsche Büromaus mit großen Augen geschrieben hat, aber zu einem Kuss ist er nie gekommen. Diese kleine Maus hat er bedichtet und eifersüchtigst umschwirrt, er stand vor ihrer Wohnung und den erleuchteten Zimmern und beobachtete, wer aus- und einging. Seine Briefe sind die bestrickenden Gefühle eines überäugigen Insekts, wunderbar. Das sind die schönsten Texte, die Pessoa überhaupt je geschrieben hat, da gerät er völlig außer sich. Und das ist so schön in dieser Diskrepanz: Einen Mann in einem mausgrauen Mäntelchen, der klein und dürr ist und eher unauffällig, den packt die große Leidenschaft, und er schreibt diese entzückenden Briefe. Das ist etwas, was mein Herz wirklich berührt. Aus der Unfähigkeit heraus, sich eine Frau einfach so zu angeln – das konnte er nie –, entsteht ein wundersamer Briefzauber, der die Kleine auch total entzückt … Und sie wartete darauf, dass er ein bisschen näher rücken möge; und er hat es nicht geschafft.

M.L. Bei den Briefwechseln, die wir im Hinblick auf unser Gespräch durchgesehen haben, hat mich Ricarda Huch unglaublich entzückt. Solche Zeilen hätte ich nicht von ihr erwartet. Sie war eine sehr impulsive Persönlichkeit, zumindest wenn es um das öffentliche literarische Leben ging, konnte sie schon einmal aus der Haut fahren … Die Briefe, die sie an ihren Mann schreibt, sind unglaublich, man könnte fast denken, dass sie von einem Mann geschrieben sind. Warum? Vielleicht erwartet man das einfach nicht in dieser Zeit, dass in souveräner Geste mögliche Bedenken und Gefahren der Eifersucht ausformuliert werden. Oder der eine Satz, über den ich nicht hinweggekommen bin: »Soll ich jetzt mal eine Seite schreiben wie ich dich liebe?«

S.L. Es passiert einem ja selten im Leben, dass man zu einer anderen Haltung gegenüber Menschen genötigt wird … Mein Stachel

Die Trauringe
von
Schillers Tochter Karoline
und Bergrat Junot.

1791/1838 Schiller
Ringe · Holzkiste · Bergkristall

wider Ingeborg Bachmann sitzt tief, das muss ich gestehen, spätestens seit *Malina*. Das ist für mich ein so unangenehmes Buch, das legt sich wie ein kleiner Pestfilm über alles, was sie geschrieben hat. Aber es hat mich positiv überrascht zu lesen, welche Subtilität die sehr junge Bachmann gegenüber Celan bewies, gegenüber diesem so schwierigen Mann, diesem so schwierigen Juden. Obwohl sie selber aus einer Nazifamilie stammte. Das sind große Briefe, und ich muss Abbitte tun wegen meines harschen Urteils. Ich polemisiere bei ihr gerne in Richtung Krematoriumsstimmchen, das Angeeignete, das Erstickte und so weiter. Aber die Briefe an Celan nötigen mich zur Vorsicht.

M. L. Wenn Benn die Negativfolie ist, dann würde ich noch einen nennen wollen, der mir gerade einfällt – als positives Beispiel: unbedingt Rilke. Für mich zählen die Briefe Rilkes mit zu seinem Hauptwerk. Er vermag, eine erfindungsreiche, aber auch differenzierte Rhetorik zu entfachen. Er hat ein paar Formeln zur Hand, die er einsetzt, stets aber adressiert er dem Anlass und dem Gesprächspartner bzw. der Gesprächspartnerin entsprechend individuell. Für jeden Briefpartner scheint er ein eigenes Register zu besitzen, mit allen implantierten Rückzugsgefechten, klar.

Hat sich seit damals die Situation geändert? Wir haben andere Medien der Liebe, andere Transportmöglichkeiten; nicht mehr der Roman ist die Hauptinspiration, sondern der Film. Aber ändert die Liebe sich oder ist sie nicht doch konstant? Wie historisch ist Liebe?
S. L. Es haben gewaltige Änderungen stattgefunden, das kann man nicht leugnen. Wenn man an das Galanteriewesen denkt, davon sind wir heute wirklich sehr weit entfernt. Oder denken wir an diese unglaublich ausgefeilten, mitunter sehr direkten erotischen Passionen, davon sind wir heute wirklich weit weg. Wir sind in einer sehr profanen Schwitz-Welt gelandet, da ist sonst nicht viel

2011 Geiger
»Auch eine Beziehungskiste«

los. Hinzugekommen sind die extrem absurden Perversionen, die natürlich schrecklich sind, aber auch albern, die ausgebreitet werden in Filmen, im Fernsehen, in Talkshows und so weiter.

M. L. Das zeigt vor allen Dingen, dass Liebe *das* Medium der Kommunikation ist. Und natürlich auch, dass die Imagination vielfältiger und ungefährlicher ist, in dem Sinne, dass sie vor realen Enttäuschungen bewahrt. Bloße Imagination ist auch Selbstschutz.

S. L. Ich glaube, wenn ich heute jung wäre und mit diesen Filmen aufwachsen müsste, würde ich gerne Nonne werden. Weil das so abschreckend ist: Da ist eine Art von leiblicher Sportbetätigung im Gange, die nur banal wirkt. Man imaginiert sich doch in einer Verführungsszene auch so etwas wie ein vorsichtiges Zurückzucken der Hand, ein zartes Hin und Her, bis es ein bisschen handgreiflicher wird ... und dann vielleicht überwältigend anders handgreiflich wird. Aber das fehlt heute völlig, das ist total ausgeblendet.

M. L. Es ist eine wahnsinnige Diskrepanz: Diese Szenen fallen hinter die heutigen Errungenschaften – auch im ganz profanen Alltag – dermaßen zurück und bilden einen Kontrast zu Hightech-Autos, Hightech-Medien. Diese Liebeszenen sind stereotyp: So ihr geht jetzt ins Bett miteinander. Dämmerlicht, sie ist halb nackt, er hat das Hemd offen ...

S. L. Das schlimmste sind diese schmätzenden Küsse, wie ich das immer nenne.

M. L. Entsetzlich!

S. L. Das wirkt so, als würden sie gegenseitig Kaugummis austauschen.

Wahrscheinlich geht das so.
S.L. Mit großem Speichelaufwand, furchtbar!

M.L. Das zeigt aber auch die Sprach- und Darstellungsgrenzen des so genannten Topos ›Liebe‹.

S.L. Besonders im Film.

M.L. Also was kann man da machen? Küssen, Geschlechtsverkehr … hm.

S.L. Ja, so halb unter der Bettdecke, das kennt man aus unzähligen Filmen. Und dann immer diese schweißglänzenden Rücken. Und das Ganze ganz laut, damit's dem Zuschauer in den Ohren dröhnt.

M.L. Und dann am anderen Morgen ist einer von beiden weg. Und da liegt vielleicht noch ein Zettelchen, aber dieses Zettelchen hat nicht die Qualität von Goethes Liebesbriefchen an Frau von Stein.

S.L. Oder nachts klingelt das Handy.

Aber schwebt die romantische Liebe letztlich nicht doch noch über all dem? Die uneinlösbare Vorstellung, dass es den einen Richtigen, Wahrhaftigen gibt – als Kontrast zur Wirklichkeit.
S.L. Das gibt es sicher noch. Diese kleine Hysteriewelle, diese Riesenerfolge von Vampir-Bücher für Mädchen, in denen überhaupt nichts Handgreifliches passiert, sondern der Vampir, der das Blut und überhaupt das Geschlecht aussaufen will, auch noch gezähmt wird, das ist doch vielsagend.

M.L. Ja, das ist ein Regulativ. Und diese Vampir-Geschichten finde ich auch gar nicht uninteressant, weil sie eine diachrone Tradition haben und eine komplette Imagination öffnen.

S. L. Dieser Überhang des Zupackens wird konterkariert vom Überhaupt-nicht-Berühren – bei gleichzeitiger Todesgefahr. Die Liebe braucht im Hintergrund immer die schwere Dramatik, dass sie zum Tode führen könnte, wenn man sich da vertut. Das ist wichtig, ohne das ist sie nicht zu haben.

M. L. Die Liebesidyllen und Schäferdichtungen, die aus der Anakreontik kommen, werden im 18. Jahrhundert – bei Schiller, Goethe, Lenz, gegen Wieland – versuchsweise dekontaminiert, indem auch deren komische Aspekte herausgelockt werden. Goethe imitiert in seinem *Schweizerlied* das Schwyzerdütsch, das er gar nicht kann – und das merkt man auch sofort. Was da passiert, ist hoch komisch: Die Schäferdichtung wird von Goethe in der Rollenverteilung umgekehrt: Sie verführt ihn! Alles ist auf den Kopf gestellt, eigentlich eine Groteske: »Uf'm Bergli / Bin i gsässe, / Ha de Vögle / Zugeschaut; / Hänt gesunge, / Hänt gesprunge, / Hänt's Nästli / Gebaut. // In ä Garte / Bin i gstande, / Ha de Imbli / Zugeschaut; / Hänt gebrummet, / Hänt gesummet, / Hänt Zelli / Gebaut. // Uf d'Wiese / Bin i gange, / Lugt'i Summer- / Vögle a; / Hänt gesoge, / Hänt gepfloge, / Gar z'schön hänt's / Getan. // Und da kummt nu / Der Hansel, / Und da zeig i / Em froh, / Wie sie's mache, / Und mer lache / Und mache's / Au so.«
Warum erzähle ich das? Ich lief neulich von Marbach nach Poppenweiler – für den Namen kann ich nichts –, und da steht eine Dorf-Linde. Und wer steht unter der Linde? Ein Jüngling und ein Mädchen – und schauen sich an. Und ich habe gedacht, jetzt muss ich in Tränen ausbrechen vor Lachen oder vor Entzücken. Und als ich nach etwa vierzig Minuten zurückkomme, stehen die beiden immer noch unter der Linde und tun nichts, als sich intensiv anzuschauen. Ich meine, wenn es dieses vorher angesprochene romantisierte Regulativ nicht gäbe, würde sehr viel fehlen. Was wäre denn dann? Gott gibt es nicht mehr ...

1905 Reventlow
Bilder

S. L. Ja, es hat sich doch recht viel geändert. Ich denke zum Beispiel, dass sich die Gesellschaft tendenziell sehr stark homosexualisiert.

M. L. Das ist eine interessante These, ich dachte, sie pragmatisiert und ökonomisiert sich.

S. L. Nein, sie homosexualisiert sich, das Finden der beiden Geschlechter wird komplizierter.

M. L. Für diese starke These bräuchten wir wirklich Statistiken.

S. L. Heute wird Homosexualität offen gelebt; man kann schwer sagen, wie das in den 50er-Jahren war. Vielleicht sind die Schwierigkeiten für beide Geschlechter gewachsen, zueinander zu kommen.

M. L. Vielleicht ist das aber auch dadurch zu erklären, dass da etwas aus der Latenz befreit wurde.

S. L. Ja, mit Sicherheit. Früher muss es mehr Menschen mit homosexuellen Neigungen gegeben haben, die nicht ausgelebt wurden. Heute ist es einfacher, sich auch der Familie zu offenbaren; und selbst in der Schule wird man, glaube ich, nicht mehr so schlimm ausgegrenzt, wenn diese Neigung klar wird.

M. L. Zur Vielfalt der Codes noch eine Bemerkung. Es ist interessant zu beobachten, wie die Einführung neuer Medien – zum Beispiel Handy und SMS – diese Codes tatsächlich modifiziert und die Leute durch eine Restriktion der Zeichen im Volumen wie auch in der Darstellbarkeit zwingt, erfinderisch zu werden. In der Handschrift ist es ja leichter, irgendwelche Zeichen oder die ganze Schrift zu verändern, sozusagen seine eigene Passionsgeschichte der Hand-

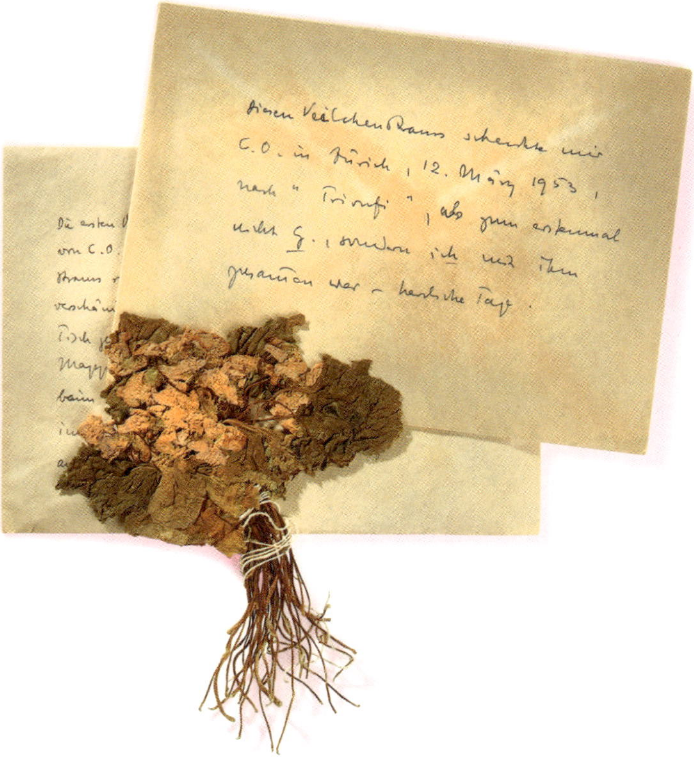

1952 Rinser
Blumen

schrift oder dem Papier aufzuoktroyieren. Auch im gekünstelten Sinn.

S. L. Ja, eine Träne oder einen Parfumtropfen oder ein Rosenblättchen, Blut, ein bisschen Schweiß von der Hand ...

»Mein Schokoladenmund hat die Briefmarke geküsst« – so haben wir gestern auf einem Fund gelesen ...

S. L. So einen Brief hätte ich sofort abgewiesen.

M. L. Aber was ist passiert? Es dauerte gar nicht lange, da wurden, unbewusst, mittlerweile traditionelle Genres – wie beispielsweise das Typewriter-Poem – aufgegriffen, da begannen Leute, den digitalen Zeichensatz zu nutzen und kombinierten aus dem, was digital zur Verfügung steht, irgendwelche Icons: Herz, Tränen und so weiter. Aber auch das ist mediengeschichtlich interessant: Durch eine gewisse Not der Erfindung finden alte, analoge Codes wieder Eingang in technisch ›neue‹ Medien. Wenn die Leute irgendwelche Botschaften, Tags, hinterlassen, ob nun gesprayt oder von Hand irgendwo an eine Mauer gemalt, dann überführen sie umgekehrt oftmals genuin digitale Zeichen in ein analoges Medium, das der Zeichnung oder des gesprayten Bildes. Solche Transfers finde ich auch deswegen so bemerkenswert, weil ich schätzungsweise siebzig Prozent davon nicht kenne und nicht identifizieren kann.

S. L. Es ist eine verborgene Welt.

M. L. Ich habe auch diverse SMS bekommen, die mein Handy nicht darstellen kann. Dann habe ich zurückgeschrieben, dass ich nicht weiß, was es heißt. Antwort: Das heißt, was da steht! Für das, was da steht, gibt es keinen Ersatz. Hmm ... Worum geht's da ungefähr? Es geht da um ... quasi ... »ich hab' dich lieb«. Aha.

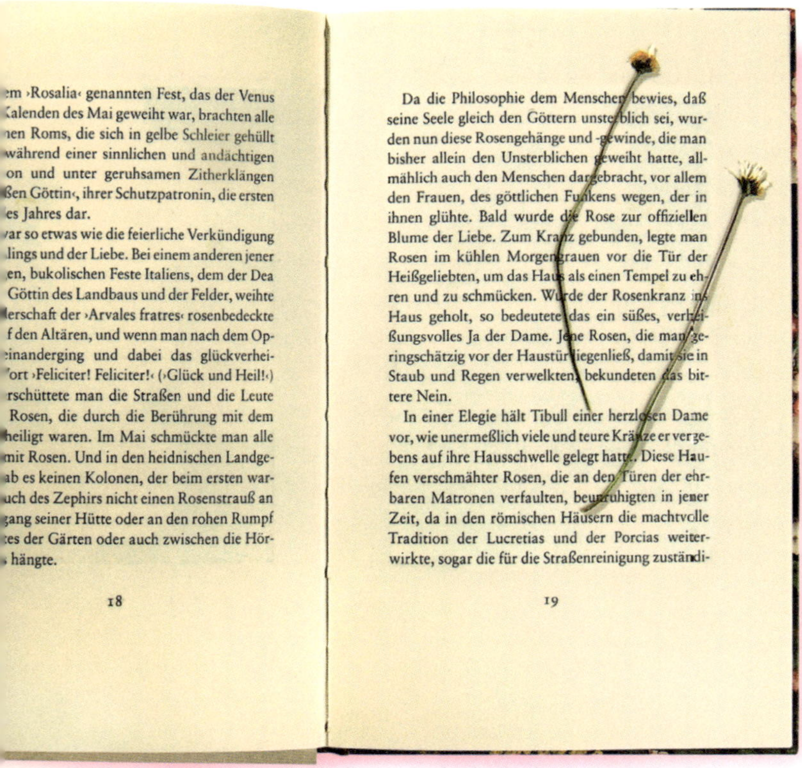
em ›Rosalia‹ genannten Fest, das der Venus
Kalenden des Mai geweiht war, brachten alle
nen Roms, die sich in gelbe Schleier gehüllt
während einer sinnlichen und andächtigen
on und unter geruhsamen Zitherklängen
ßen Göttin‹, ihrer Schutzpatronin, die ersten
es Jahres dar.
var so etwas wie die feierliche Verkündigung
lings und der Liebe. Bei einem anderen jener
en, bukolischen Feste Italiens, dem der Dea
Göttin des Landbaus und der Felder, weihte
erschaft der ›Arvales fratres‹ rosenbedeckte
f den Altären, und wenn man nach dem Op-
einanderging und dabei das glückverhei-
ort ›Feliciter! Feliciter!‹ (›Glück und Heil!‹)
rschüttete man die Straßen und die Leute
Rosen, die durch die Berührung mit dem
heiligt waren. Im Mai schmückte man alle
mit Rosen. Und in den heidnischen Landge-
ab es keinen Kolonen, der beim ersten war-
uch des Zephirs nicht einen Rosenstrauß an
gang seiner Hütte oder an den rohen Rumpf
es der Gärten oder auch zwischen die Hör-
hängte.

18

Da die Philosophie dem Menschen bewies, daß seine Seele gleich den Göttern unsterblich sei, wurden nun diese Rosengehänge und -gewinde, die man bisher allein den Unsterblichen geweiht hatte, allmählich auch den Menschen dargebracht, vor allem den Frauen, des göttlichen Funkens wegen, der in ihnen glühte. Bald wurde die Rose zur offiziellen Blume der Liebe. Zum Kranz gebunden, legte man Rosen im kühlen Morgengrauen vor die Tür der Heißgeliebten, um das Haus als einen Tempel zu ehren und zu schmücken. Wurde der Rosenkranz ins Haus geholt, so bedeutete das ein süßes, verheißungsvolles Ja der Dame. Jene Rosen, die man geringschätzig vor der Haustür liegenließ, damit sie in Staub und Regen verwelkten, bekundeten das bittere Nein.

In einer Elegie hält Tibull einer herzlosen Dame vor, wie unermeßlich viele und teure Kränze er vergebens auf ihre Hausschwelle gelegt hatte. Diese Haufen verschmähter Rosen, die an den Türen der ehrbaren Matronen verfaulten, beunruhigten in jener Zeit, da in den römischen Häusern die machtvolle Tradition der Lucretias und der Porcias weiterwirkte, sogar die für die Straßenreinigung zuständi-

19

1998 Lentz
Orakel

Ich schaue mir das noch mal an und stelle fest: Das ist erfindungsreich! Das ist eine *imitatio*, eine sehr stark zeichenreduzierte Darstellung von etwas sehr Konkretem.

S.L. Der Herr Lentz bekommt folglich eine ganz andere Fanpost als ich. Mir schreibt kein Mensch so! Ich muss mir jetzt Sorgen machen.

M.L. Das ist keine Fanpost.

Früher gab es die Sprache der Briefmarken oder auch der Kelims, in die in der Türkei ganze Liebeserklärungen hineingewoben werden.
M.L. Ich habe vor langer Zeit einen Brief bekommen, für den der Absender die Briefmarke liebevoll selbst gezeichnet hat. Und die Marke ist abgestempelt worden, wurde also nicht als Kunst oder *fake* erkannt.

S.L. Worüber wir noch gar nicht gesprochen haben, ist die geglückte Liebe. Die gibt es ja auch. Wir reden bisher eigentlich permanent über das Zeitmaß der Liebe, das ein sehr begrenztes ist, das Aufschäumen, das Begehren, das Zerstörerische ...

M.L. ... die Instabilität ...

S.L. ... den Wahn, der dabei ist, und darüber, was den einen zum Objekt macht und den anderen zum Subjekt. Aber es gibt so etwas wie die geglückte Lebensliebe, das darf man nicht ganz vergessen. Paare, die fünfzig, sechzig Jahre zusammen gut durchs Leben gekommen sind und unböse im feinsten Sinne miteinander umgehen, das gibt es manchmal, solche Paare haben meinen größten Respekt. Das ist etwas so Herzerwärmendes und Seltenes, dass es das Geglückte geben kann, dass sich ein stürmisches Begehren in

1993 Politycki
»Zweimal zwei Vögel«

der Jugend wandeln kann in eine tolerante Fürsorge und Nachgiebigkeit. Sicher gab es dazwischen Verwerfungen mit Affären oder was auch immer, davon bleibt ja heute keiner ganz ungestört, das ist ja kaum vorstellbar in unserer Welt. Aber letztlich, glaube ich, ist die geglückte Beziehung für einen jungen Menschen immer noch ein Wunschziel, ein schwer zu erreichendes. Es ist eine ungeheure Kraft in den Menschen, denen das gelingt, sie sind verdoppelt, wirklich im besten Sinne kräftemäßig verdoppelt.

M. L. Für ein solches Wunschdenken prototypisch ist Rilke …

S. L. Ja, aber er hat dieses Ideal nicht gefunden oder konnte es nicht leben. Geglückte Beziehungen sind sehr selten bei Schriftstellern, es gibt wenig Beispiele, man muss lange, lange suchen. Vielleicht hatte Nabokov mit seiner Frau ein solches Verhältnis …

M. L. Beckett!

S. L. Das würde ich nicht ganz so sagen; er war bestimmt sehr rücksichtsvoll und hat immer zu seiner Frau gestanden, aber die Beziehung war, glaube ich, schwieriger. Ich kenne ältere Gelehrte, die eine tolle Frau haben. Ich kenne ein paar Leute, die auf die achtzig zugehen und bei denen es so ist.

Sagen die sich noch den Satz »Ich liebe dich«?

S. L. Ja, da bin ich sicher. Diese Art alt zu werden, hat schon damit zu tun, dass man immer wieder zu so etwas wie diesen ganz feinen, Liebe bekundenden Gesten zurückfindet. Ohne das geht es nicht. Es ist auch die große Kunst, über ein langes Leben hinweg dem anderen sprachlich und gestisch eine schöne Bestätigung zukommen zu lassen, dass er oder sie ein wunderbarer Mensch sei. Egal, ob das ein bisschen gespielt ist, das ist egal.

M. L. … Dass es etwas gibt jenseits gesellschaftlicher Profitabilität.

S. L. Das sind geschützte Beziehungen, die sehr viel miteinander bestehen können, bei denen man das Gefühl hat, das diese Ehen auch sehr offen gegenüber anderen sind. Da sitzt nicht der eine eifersüchtig neben dem anderen und begutachtet, was der tut oder treibt. Überhaupt nicht. Die sind sehr, sehr frei mit anderen.

M. L. … Das ist vielleicht noch die wahre Metaphysik.

S. L. Ich bin jedes Mal entzückt, wenn ich solche Menschen sehe. Mich drängt es geradezu in deren Nähe, weil ich das von beiden Seiten als wohltuend empfinde. Frau und Mann sind da beide gut aufgehoben in ihren Rollen. Da ist weder die Frau eine Verliererin noch der Mann ein Verlierer.

M. L. Es gab mal eine Fernsehsendung, sehr nüchtern gehalten, in der die Paare selber sprachen, das wurde nicht inszeniert. Die saßen immer vor einer neutralen Wand auf der Bank, Mann und Frau nebeneinander, das war eine tolle Sendung. Und sie redeten einfach miteinander. Es wurden auch keine Frage gestellt, manchmal gab es einfach zwanzig Sekunden lang Stille.

Das Gegenteil also zu Dix' altem Ehepaar, das nebeneinander sitzt und nicht mehr redet.

S. L. Diese Paare gibt es natürlich auch. Aber gewisse versöhnliche Aussichten sollten wir nicht vergessen, weil sie vielleicht doch im Geheimen unsere Wünsche sind.

Moderation und Zwischenfragen: Heike Gfrereis.

Heike Gfrereis

Die Ausstellung

Es gibt Sätze,
die alles riskieren
und nur selten
eine zweite Chance
erhalten.

»Wenn ich Dich lieb habe, was geht's Dich an?«, erklärt Goethes Philine selbstbewusst Wilhelm Meister, während sich Schillers Franz Moor plump verrät: »Ich liebe dich, wie mich selbst, Amalia!«. Im *Mailied* feiert ihn Goethe als Anfang aller Literatur: »So liebt die Lerche / Gesang und Luft, / und Morgenblumen / Den Himmelsduft, // Wie ich dich liebe / Mit warmem Blut, / Die du mir Jugend / Und Freud und Mut // Zu neuen Liedern / Und Tänzen gibst.«

In Heines *Buch der Lieder* ist er Zeichen der Verlogenheit: »Wenn ich mich lehn an deine Brust, / Kommt's über mich wie Himmelslust; / Doch wenn du sprichst: ›Ich liebe dich!‹, / So muß ich weinen bitterlich.«

Drei Wörter, mehr nicht. Ein Satz, der in sich geschlossen und perfekt ist.

Roland Barthes hat ihn als »Holophrase« bezeichnet, als einen nicht zerlegbaren Satz, in dem die eine Hälfte des aristophanischen Kugelmenschen (Ich) die andere Hälfte (Dich) umfasst: eine in sich geschlossene Spiegelfigur, in der es weder für den Absender noch den Adressaten eine Möglichkeit des Entkommens gibt (*Fragmente einer Sprache der Liebe*). Niklas Luhmann lässt mit Sätzen wie »Ich liebe Dich« die Liebe erst beginnen: »Der Code (der Liebe) ermutigt, entsprechende Gefühle zu bilden« (*Liebe als Passion*). Umberto Eco glaubt an den Satz nur als Zitat: »Wie jetzt Liala sagen würde: Ich liebe Dich inniglich.« (*Nachschrift zum ›Namen der Rose‹*). Wilhelm Genazino erklärt ihn für unmöglich: »Haben Sie nicht sofort den Verdacht, dass da jemand kalkuliert spricht, wenn Sie diesen Satz hören? Also mich würde dieser Verdacht sofort befallen. ›Ich liebe dich‹ – das klingt so überschwänglich, so angestrengt. Für mich hat diese Formel einen bedrohlichen Verwurstungsgrad erreicht. In Texten kommt sie bei mir gar nicht vor. Ich umschiffe diesen Satz, weil ich nicht in die Klischeefalle tappen will.«

Die Ausstellung heftet sich den Spuren an die Fersen, die das offensive »Ich liebe Dich!« im Archiv hinterlassen hat.

Sie folgt seinen Ausformungen und Auswirkungen, seinen trivialen und originellen, platten und intensiven Aspekten, seitdem es Ende des 18. Jahrhunderts zum Inbegriff der romantischen Liebesformel geworden ist, die verspricht, zwei Menschen den Himmel auf Erden zu schenken. Davor ist die irdische Liebe eine einfache Sache mit einem eindeutigen Ziel (»Ziegen wünschen sich Klee und Wölfe sich Ziegen – der Kranich giert nach der Furche des Pfluges – ich, Mädchen, liebe dich rasend«, Theokrit) oder aber eine Kunst des Verschweigens und Umschreibens und, wenn man doch davon schreibt, eher der doppeldeutige Zustand eines Ichs ohne Du als ein Ereignis zwischen zwei Menschen. »Odi et amo« (›Ich hasse und ich liebe‹) steht bei Catull: »Nescio« (›Ich weiß nicht, warum‹). Die Liebe als Zeichen höherer Gewalt verschlägt einem die Sprache. »To fall in love« heißt es heute noch im Englischen. Das »Ich liebe Dich« gehörte lange Zeit zum religiösen Bekenntnis und verlangt das Äußerste. In Tassos Epos *Das Befreite Jerusalem* gesteht Chlorinde ihrem Geliebten Tankred nur in dessen Traum, nachdem er sie aus Versehen getötet hat: »So leb', und wisse noch – ich darf's gestehen – / Ich liebe dich, so sehr ich lieben darf.« Erst das »Ich liebe Dich« verleiht der Liebe den Willen eines Subjekts und das Gesicht eines Gegenüber. »Im Spanischen ist das Wort für ›ich liebe Dich‹ dasselbe wie ›ich will dich‹: ›te quiero‹. Ist das nicht sinnvoll?« (Clotilde Schlayer 1924 an Walter Kempner)

Doch wie ist dieser Satz immer noch und immer wieder zum ersten Mal möglich? 66 + 6 Beispiele, von Goethe bis Gernhardt, chronologisch gehängt, nicht weiter unterschieden in reale und fingierte Liebeserklärungen: eine kleine Geschichte von drei Worten, die immer wieder an die Grenzen führen – der Grammatik, der Gesellschaft, der Geschlechter, der Sprache, der Literatur oder auch der Liebe selbst. Bodenlos und ohne Ende, »so ganz Unruhe« (Michael Lentz).

Händedruk, und doch wenn ich wieder weg war, wenn ich Alberten an deiner Seite sah, verzagt' ich wieder in fieberhaften Zweifeln.

Erinnerst du dich der Blumen die du mir schiktest, als du in jener fatalen Gesellschaft mir kein Wort sagen, keine Hand reichen konntest, o ich habe die halbe Nacht davor gekniet, und sie versiegelten mir deine Liebe. Aber ach! diese Eindrükke gingen vorüber, wie das Gefühl der Gnade seines Gottes allmählig wieder aus der Seele des Gläubigen weicht, die ihm mit ganzer Himmelsfülle im heiligen sichtbaren Zeichen gereicht ward.

Alles das ist vergänglich, keine Ewigkeit soll das glühende Leben auslöschen, das ich gestern auf deinen Lippen genoß, das ich in mir fühle. Sie liebt mich! Dieser Arm hat sie umfaßt, diese Lippen auf ihren Lippen gezittert, dieser Mund am ihrigen gestammelt. Sie ist mein! du bist mein! ja Lotte auf ewig!

Und was ist das? daß Albert dein Mann ist! Mann? — das wäre denn für diese Welt — und für diese Welt Sünde, daß ich dich liebe, daß ich dich aus seinen Armen in die meinigen reissen möchte? Sünde?

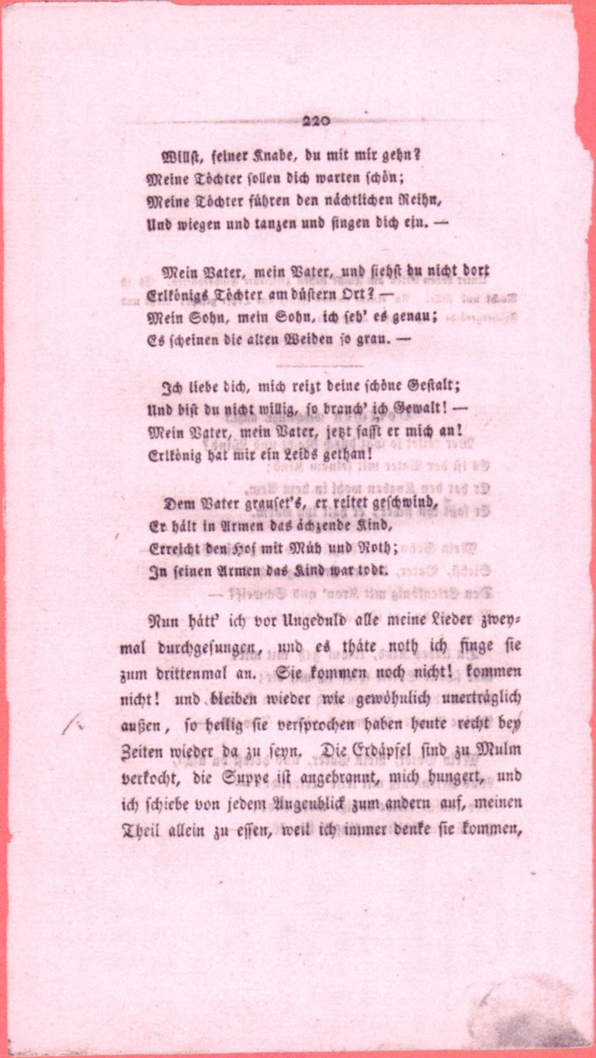

Willst, feiner Knabe, du mit mir gehn?
Meine Töchter sollen dich warten schön;
Meine Töchter führen den nächtlichen Reihn,
Und wiegen und tanzen und singen dich ein. —

Mein Vater, mein Vater, und siehst du nicht dort
Erlkönigs Töchter am düstern Ort? —
Mein Sohn, mein Sohn, ich seh' es genau;
Es scheinen die alten Weiden so grau. —

Ich liebe dich, mich reizt deine schöne Gestalt;
Und bist du nicht willig, so brauch' ich Gewalt! —
Mein Vater, mein Vater, jetzt faßt er mich an!
Erlkönig hat mir ein Leids gethan!

Dem Vater grauset's, er reitet geschwind,
Er hält in Armen das ächzende Kind,
Erreicht den Hof mit Müh und Noth;
In seinen Armen das Kind war todt.

—

Nun hätt' ich vor Ungeduld alle meine Lieder zweymal durchgesungen, und es thäte noth ich finge sie zum drittenmal an. Sie kommen noch nicht! kommen nicht! und bleiben wieder wie gewöhnlich unerträglich außen, so heilig sie versprochen haben heute recht bey Zeiten wieder da zu seyn. Die Erdäpfel sind zu Mulm verkocht, die Suppe ist angebrannt, mich hungert, und ich schiebe von jedem Augenblick zum andern auf, meinen Theil allein zu essen, weil ich immer denke sie kommen,

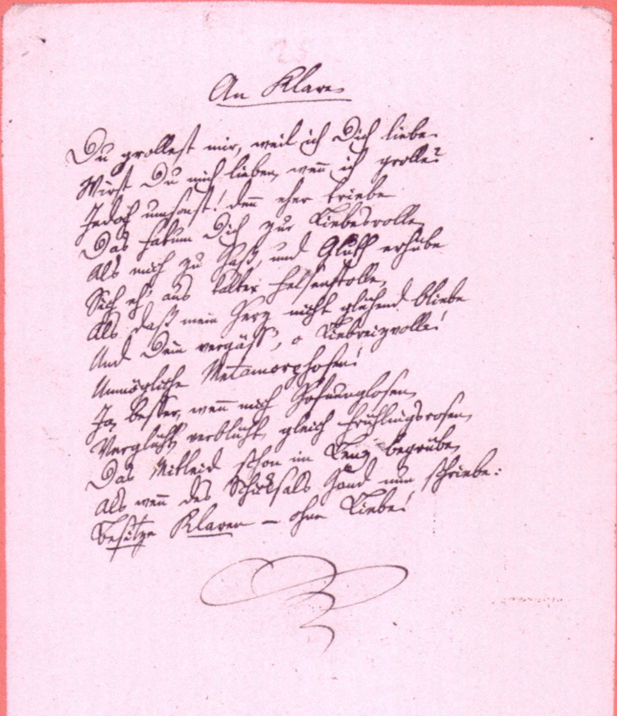
An Klaren

Du grollest mir, weil ich Dich liebe –
Wirst Du mich lieben, wenn ich grolle?
Jedoch umsonst! denn eher triebe
Das Fatum Dich zur Liebevollen,
Als mich zu Haß und Groll erhübe
Dich, ach, aus kalter Felsenstolle,
Als daß mein Herz nicht glühend bliebe,
Und Dein vergäße, o Liebreizvolle!
Unmögliche Metamorphosen!
Ja besser, wenn mich Hoffnungslosen,
Verglüht, verblüht, gleich Frühlingsrosen,
Das Mitleid schon im Lenz begrüben,
Als wenn des Schicksals Hand uns schriebe:
Besitze Klaren – ohne Liebe!

2001.123.9

um 1795 Haug

Elisabeth.

Was verliert ihr?

Leicester.

Dein Herz, dein liebenswürdig Selbst verlier ich.
Bald wirst du in den jugendlichen Armen
Des feurigen Gemahls dich glücklich fühlen,
Und ungetheilt wird er dein Herz besitzen.
Es ist von königlichem Blut, das bin
Ich nicht, doch trotz sey aller Welt geboten,
Ob einer lebt auf diesem Erdenrund,
Der mehr Anbetung für dich fühlt, als ich.
~~Der Duc von Anjou hat dich nie gesehn,~~
Nur deinen Ruhm und Schimmer kann er lieben.
Ich liebe Dich. Wärst du die ärmste Hirtin,
Ich als der gröste Fürst der Welt geboren,
Zu deinem Stand würd ich herunter steigen,
~~Mein Diadem zu deinen Füßen legen.~~

Elisabeth.

Beklag' mich, Dudley, schilt mich nicht — Ich darf ja
Mein Herz nicht fragen. Ach! das hätte anders
Gewählt. ~~Und~~ wie beneid' ich andre Weiber,
Die das erhöhen dürfen, was sie lieben.
So glücklich bin ich nicht, daß ich dem Manne,
Der mir vor allen theuer ist, die Krone
Aufsetzen kann! — Der Stuart wards vergönnt,
Die Hand nach ihrer Neigung zu verschenken,
Die hat sich jegliches erlaubt, sie hat
Den vollen Kelch der Freuden ausgetrunken.

Leicester.

Jetzt trinkt sie auch den bittern Kelch des Leidens.

Elisabeth.

Sie hat der Menschen Urtheil nichts geachtet.
Leicht wurd' es ihr zu leben, nimmer lud sie
Das Joch sich auf, dem ich mich unterwarf.
Hätt' ich doch auch Ansprüche machen können,
Des Lebens mich, der Erde Lust zu freun,
Doch zog ich strenge Königspflichten vor.
Und doch gewann sie aller Männer Gunst,
Weil sie sich nur beflißz, ein Weib zu seyn,
Und um sie buhlt die Jugend und das Alter.
So sind die Männer. Lüstlinge sind alle!
Dem Leichtsinn eilen sie, der Freude zu,
Und schätzen nichts, was sie verehren müssen.
Verjüngte sich nicht dieser Talbot selbst,
Als er auf ihren Reiz zu reden kam!

Leicester.

Vergib es ihm. Er war ihr Wächter einst,
Die List'ge hat mit Schmeicheln ihn bethört.

Elisabeth.

Und ist's denn wirklich wahr, daß sie so schön ist?
So oft mußt' ich die Larve rühmen hören,
Wohl möcht' ich wissen, was zu glauben ist.
Gemählde schmeicheln, Schilderungen lügen,
Nur meinen eignen Augen würd' ich traun.
— Was schaut ihr mich so seltsam an?

Leicester.

Ich stellte
Dich in Gedanken neben die Maria.
— Die Freude wünscht ich mir, ich berg' es nicht,

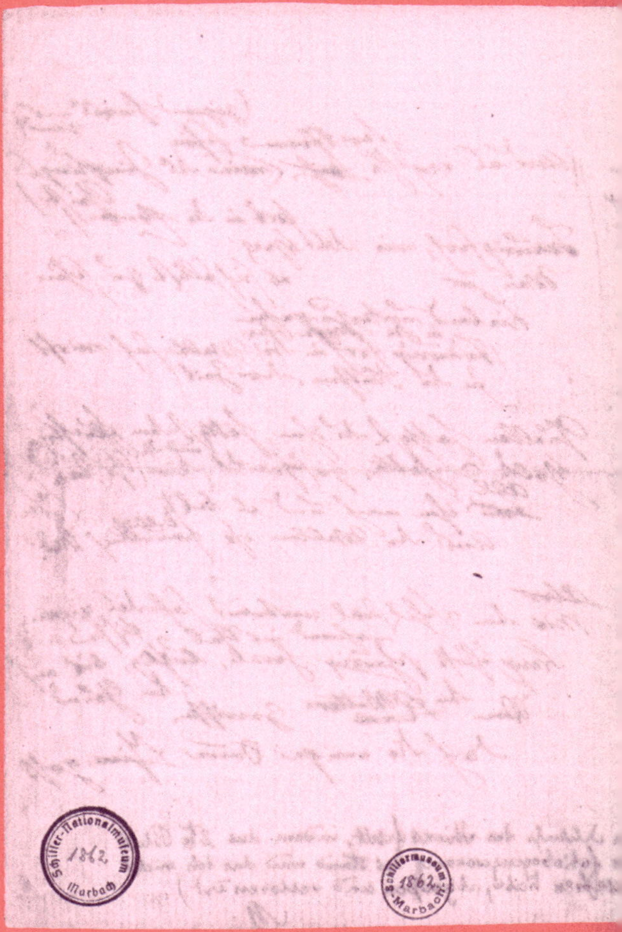

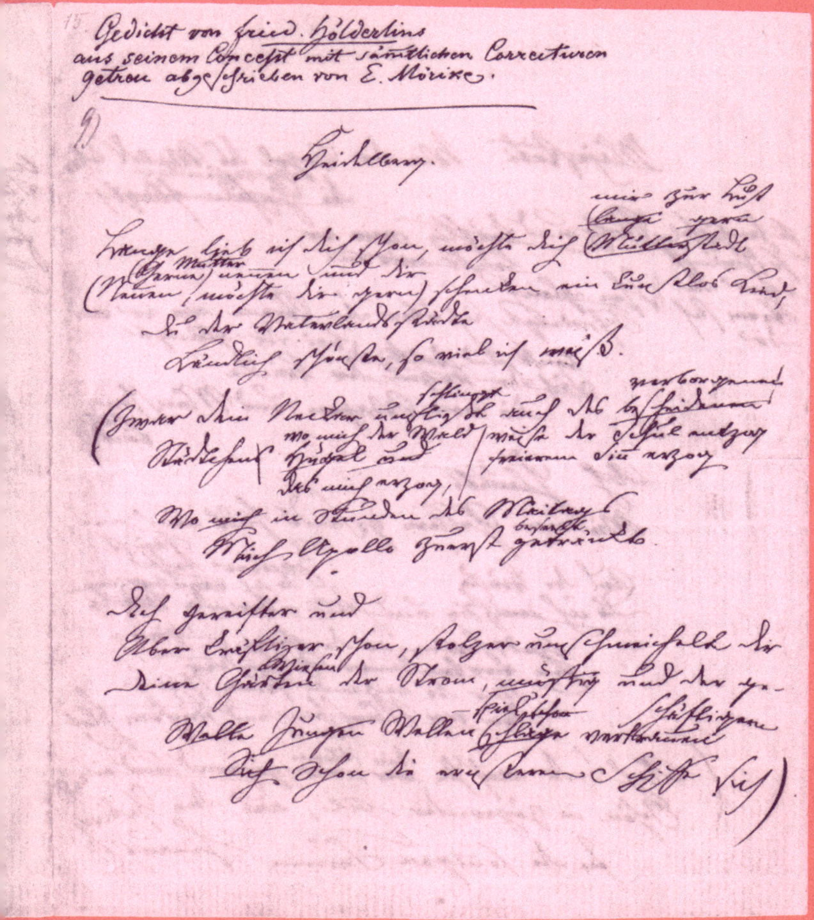
Gedicht von Fried. Hölderlins
aus seinem Concept mit sämtlichen Correcturen
getreu abgeschrieben von E. Mörike.

6

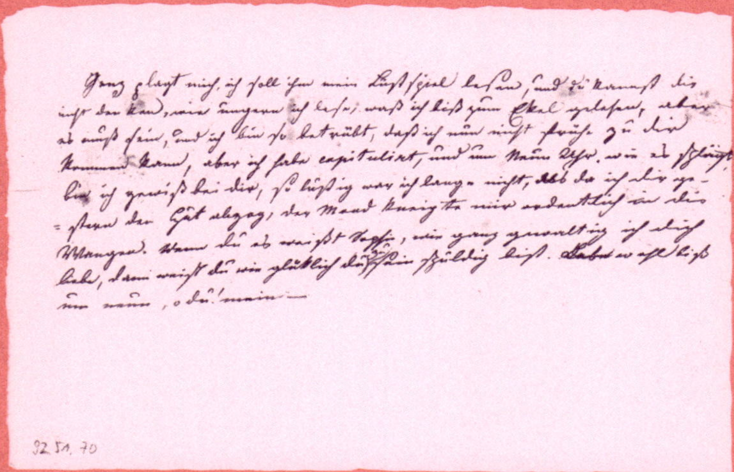

Franz plagt mich, ich soll ihm mein Lustspiel lesen, und du kannst dir nicht denken, wie ungern ich lese; was ich bis zum Ekel gelesen, aber es muß sein, und ich bin so betrübt, daß ich nun nicht früh zu dir kommen kann, aber ich habe capitulirt, und um Neun Uhr, wenn es schlägt, bin ich gewiß bei dir, so lustig war ich lange nicht, als da ich dir gestern den Hut abzog, der Mond leuchtete mir ordentlich in die Wangen. Wenn du es weißt Sophie, wie ganz gewaltig ich dich liebe, dann weißt du wie glücklich du zu sein schuldig bist. Lebe wohl bis um neun, o du! mein —

92.51.70

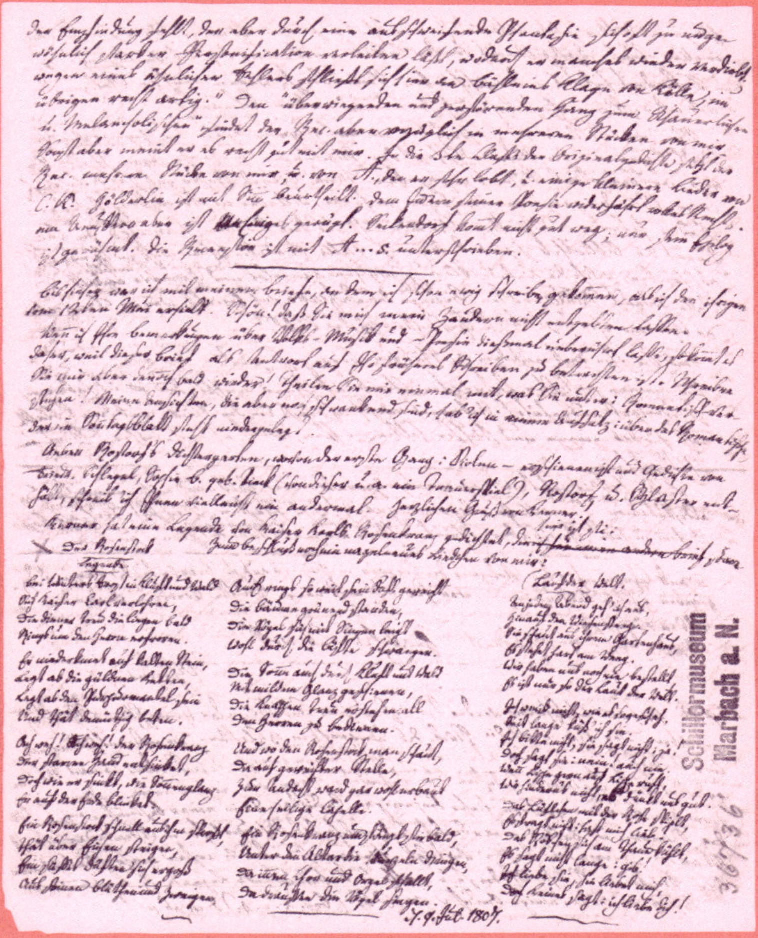
Schillermuseum
Marbach a. N.

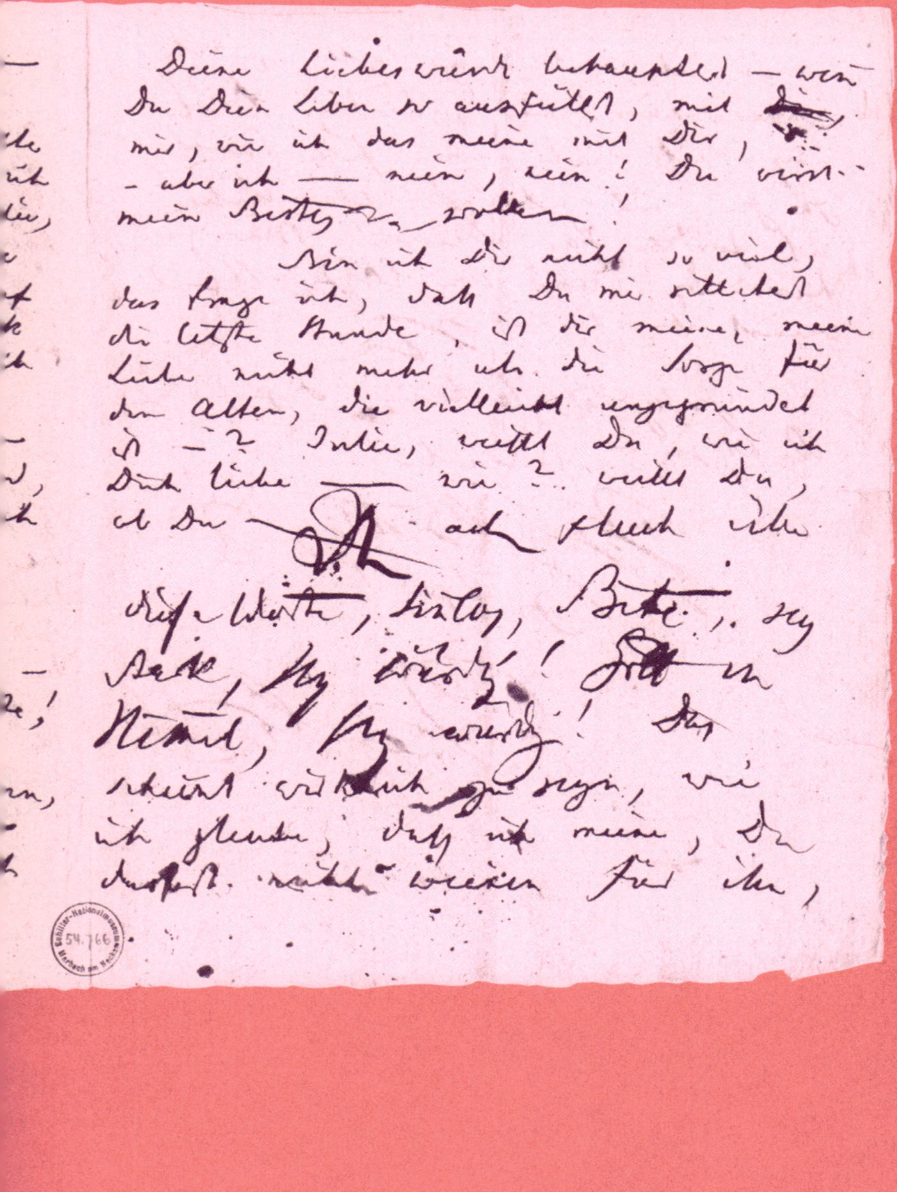

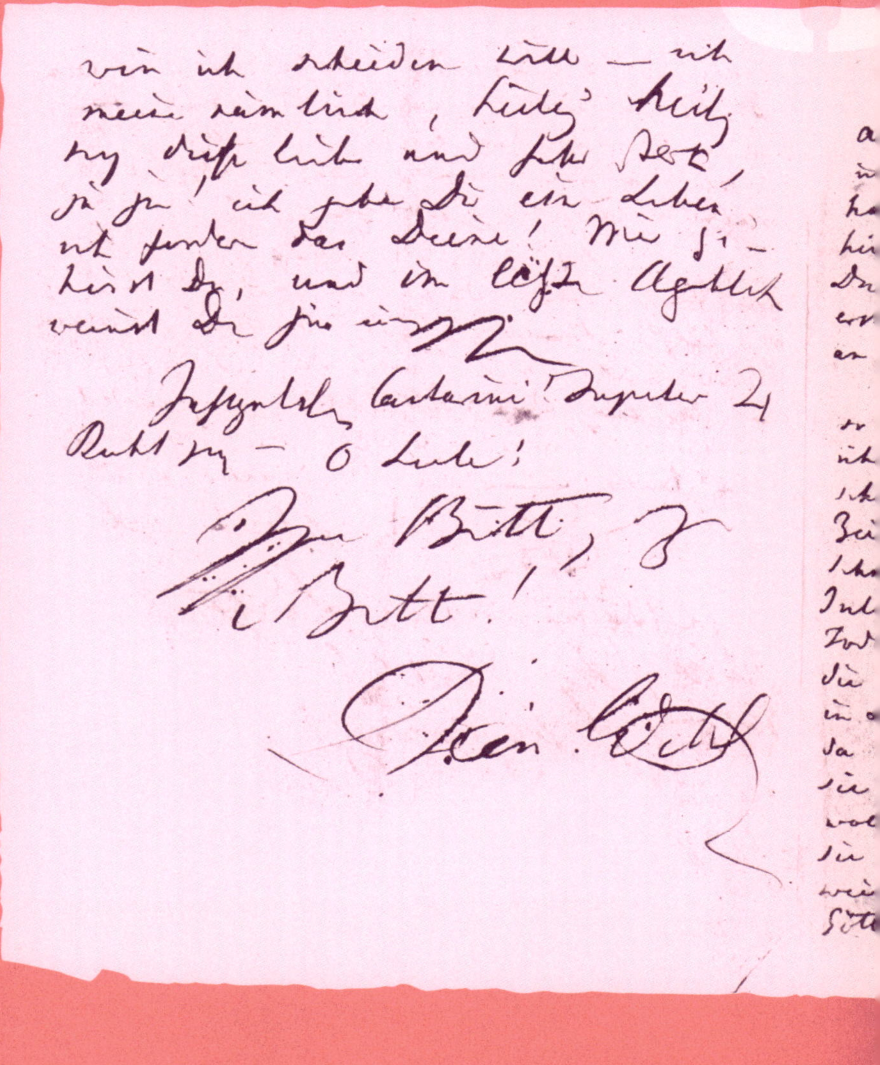

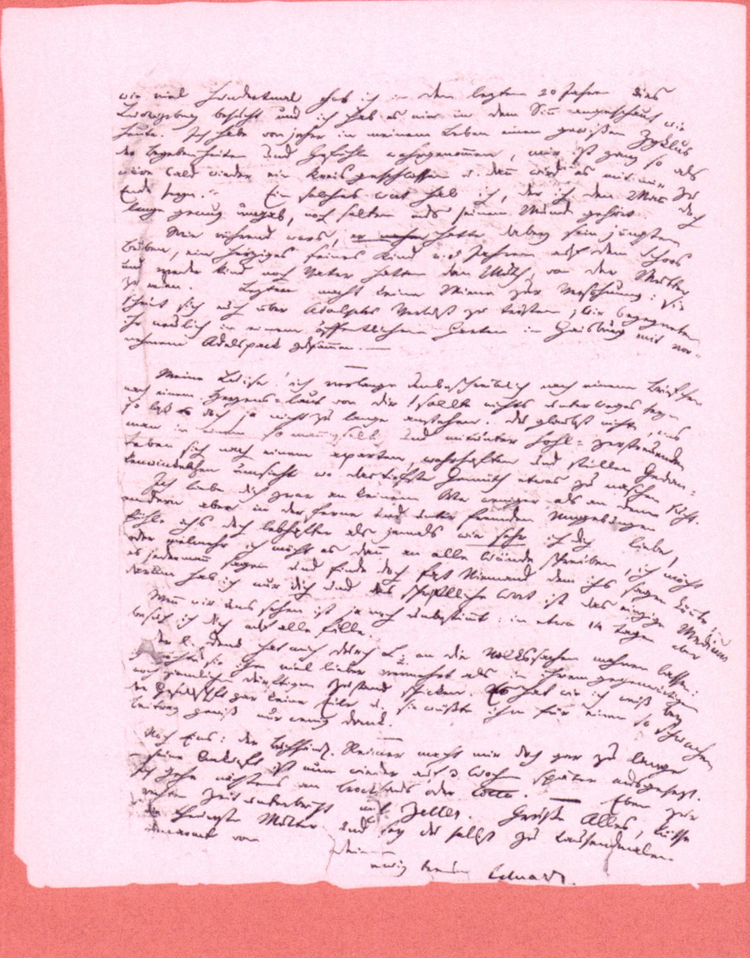

9

10

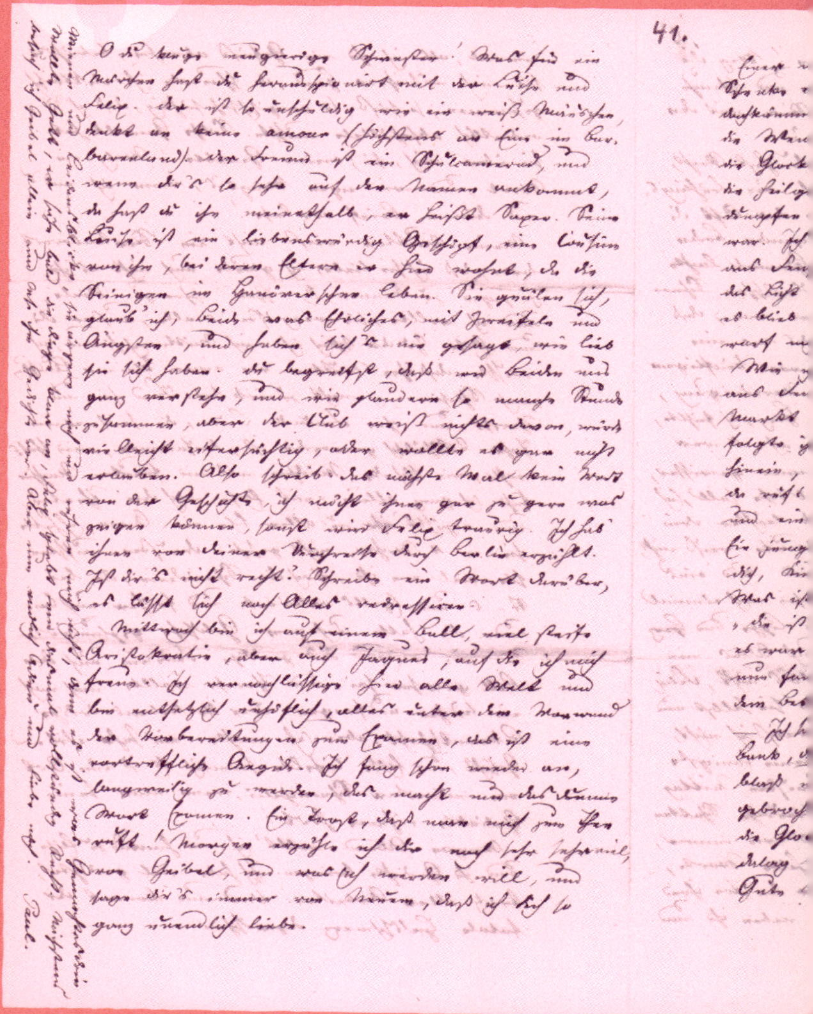

11

singen.

Zuletzt, meine liebe Lou, die alte tiefe herzliche Bitte: werden Sie, die Sie sind! Erst hat man Noth, sich von seinen Ketten zu emancipiren, und schließlich muß man sich noch von dieser Emancipation emancipiren! Es hat Jeder von uns, wenn auch in sehr verschiedener Weise, an der Ketten-Krankheit zu laboriren, auch nachdem er die Ketten zerbrochen hat.

Von ganzem Herzen Ihrem Schicksale gewogen — denn ich liebe auch in Ihnen meine Hoffnungen. F. N.

12

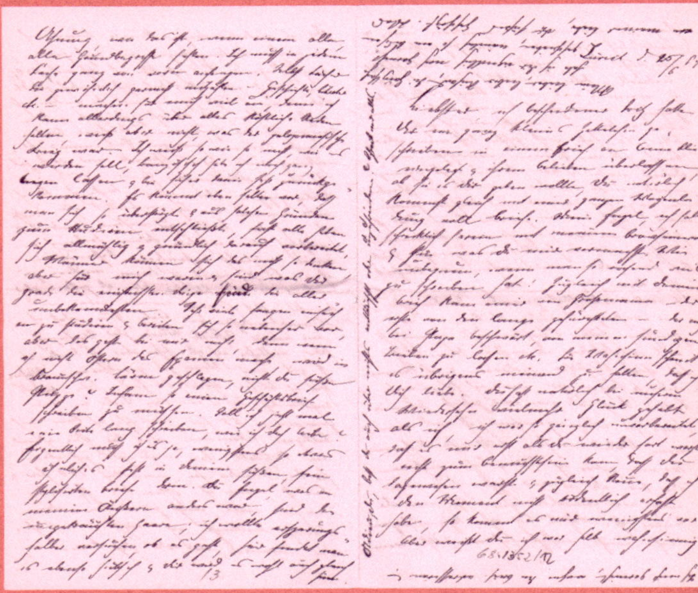

4 6

"O könntest Du in meine Seele schauen
Du würdest nie mit ~~rechtem~~ [kühlem] Wort mich kränken
Du würdest mit unendlichem Vertrauen
Dich ins Mysterium meiner Liebe senken "

Du würdest ahnen, was mich einst gequält
Eh' Ruh ich fand in Deinen Armen
Begreifen ~~wie~~ [auch warum] Dein Freund gefehlt
Und seines kranken Geiste sich erbarmen

Verstehn dass, was das Schönste in ihm war
Sich tief im Schlamm der Zeit verloren,
Eh es durch Dich so wunderbar
Zu neuem Leben ward geboren.

Und dass wenn ich nach kurzer Frist
Vor Deinem Bilde kindlich bete
Die Liebe der Charfreitagszauber ist
Der meine kranke Brust durchwehte.

Und ~~meine~~ [diese] Liebe, die [den Tod bezwang]
Den ~~Dichter und den Menschen sonst~~ [Im Geist und Körper zu bethören]
Du ~~würdest selbst andächtig sie verehren~~ [Mit deiner Seele tiefstem Drang]
~~Du aber liebst wie eine schöne Frau~~ [Würdest Du im Staube sie verehren]

Ich lieb, Dich ja als wie der ~~bunte~~ Tropfen der
Auf monotomen Sande weinte
Bis ihn das königliche Meer
Auf immerdar mit sich vereinte.

Du aber liebst wie jene schöne Frau
Die aus dem grünen Meeresschoss entstiegen.

4/1 7

Denn oftmals, wenn ich Deine blassen Lider küsste
Und leise fragte, Freundin, wenn ich wüsste,
Ob Du noch mein gedenkest, da ich fern
So sprachest Du, zerstreut, gelangweilt "Gern"
Und seltsam starr und träumend war Dein Angesicht
Wie wenn man von der Seelenwanderung spricht.

Ich lieb Dich nicht, wie ich Dich einst geliebt
In jener Zeit, die nah und fern
Ich lieb Dich gleich der gnadenreichen Blume
Gleich meinem leuchtend süssen Meeresstern

Ich liebe Deinen körperlosen Leib
Aus Rosenduft und Mondesglanz verwoben
Denn Du mit Deines Geistes Zauberkraft
Von Venus zur Madonna hast erhoben

Ich liebe in Dir meine eigene Seele
Die ich so wundersam Dir eingehaucht, [seltsam ernst]
Und die Du frei von jedem Fehle
Ins tiefste Meer der Schönheit eingetaucht

Ich lieb Dein leicht durchsognes Schattenbild
Das sich im Traum mir oftmals zeigte
Und wie zu einem mystischen Kuss
Auf meine bleiche Seele neigte.

Und sich das Neigen Deiner Lichgestalt
Erlöst von Unruh, Hast und Nervenqualen
Wenn nachts wie voll magnetischer Gewalt
Die dunkelblauen Anemonen strahlen

13

14

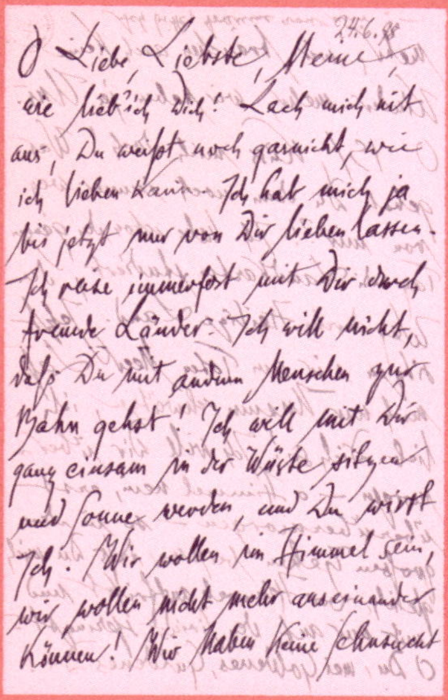

24.6.98

O Liebe, Liebste, Meine, wie lieb' ich Dich! Lach mich nicht aus, Du weißt noch garnicht, wie ich lieben kann. Ich hab mich ja bis jetzt nur von Dir lieben lassen. Ich reise immerfort mit Dir durch fremde Länder. Ich will nicht, daß Du mit andern Menschen zur Bahn gehst! Ich will mit Dir ganz einsam in der Wüste sitzen und Sonne werden, und Du wirst Ich. Wir wollen im Himmel sein, wir wollen nicht mehr auseinander können! Wir haben keine Sehnsucht

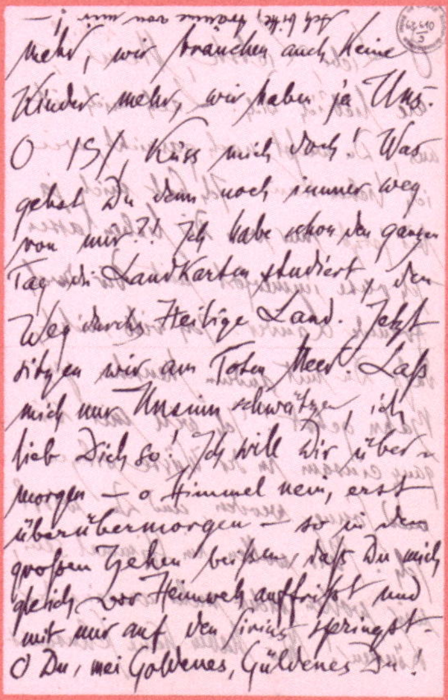

mehr, wir brauchen auch keine Kinder mehr, wir haben ja Uns. O Ist! Küss mich doch! Was gehst Du denn noch immer weg von mir?! Ich habe schon den ganzen Tag die Landkarten studiert, den Weg durchs Heilige Land. Jetzt sitzen wir am Toten Meer! Laß mich nur Unsinn schwatzen, ich lieb Dich so! Ich will Dir über-morgen – o Himmel nein, erst überübermorgen – so in den großen Zehen beißen, daß Du mich gleich vor Heimweh auffrißt und mit mir auf den Sirius springst. O Du, mei Goldenes, Güldenes Du!

Vittoria:

Wer? Mein Schicksal,
Mein ganzes Selbst verbietet's ungeheuer!

Der Baron:

Du lügst; Du liebst mich, aber Du hast Furcht.

Vittoria:

O nein, nicht Furcht, nur Ehrfurcht.

Der Baron:

Komm zu mir!
Wir wohnen —

Vittoria:

Auf dem Grabe uns'rer Jugend?
(Schüttelt den Kopf.)

Der Baron (will sie an sich ziehen):

Gehör' mir wieder! Denk' an das, was war!

Vittoria (zurücktretend):

Ich denk' daran. In mir ist keine Faser,
Die nicht dran dächte. Eben darum lass' mich!
Du denk' daran. Denk' an das Fürchterliche,
Das kam, als wir mit frevelhaftem Finger
Aufjagen wollten die verglühte Flamme.
Denk' an die Qual! Ich mein', ich muſs vergeh'n
Vor Scham, wenn ich d'ran denke. Auf dem Rand
Des Bettes saßen wir wie bleiche Mörder!
Denkst Du's? Die Luft der Nacht blieb stehn wie starr
Und draußen spie der Berg sein rothes Feuer
Und leuchtete auf Dein' und meine Qual.

Der Baron:

Was meinst Du?

Vittoria:

Die drei Tage in Neapel,
Wo wir als die Gespenster uns'rer selbst
Uns in den Armen lagen, schmählich tauschend
Mit bleichen Lippen nicht mehr wahre Worte!
Und Küsse, nein, vielmehr blutrothe Wunden
Ein jedes auf das arme Herz des andern
Über und über streuten, bis ein Grauen
Uns auseinander trieb!

16

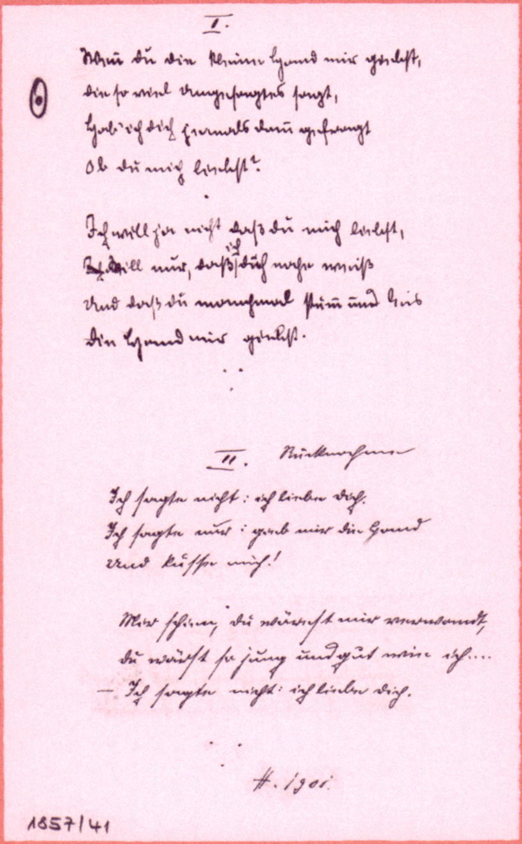

I.

Wenn du die kleine Hand mir gibst,
Die so viel Ungesagtes sagt,
Hab ich dich jemals denn gefragt
Ob du mich liebst?

Ich will ja nicht, daß du mich liebst,
Ich will nur, daß ich dich nahe weiß
Und daß du manchmal stumm und leis
Die Hand mir gibst.

II. Nachklingen

Ich sagte nicht: ich liebe dich.
Ich sagte nur: gib mir die Hand
Und küsse mich!

Mir schien, du wärest mir verwandt,
du warst so jung und gut wie ich....
– Ich sagte nicht: ich liebe dich.

H. 1901.

1857/41

17

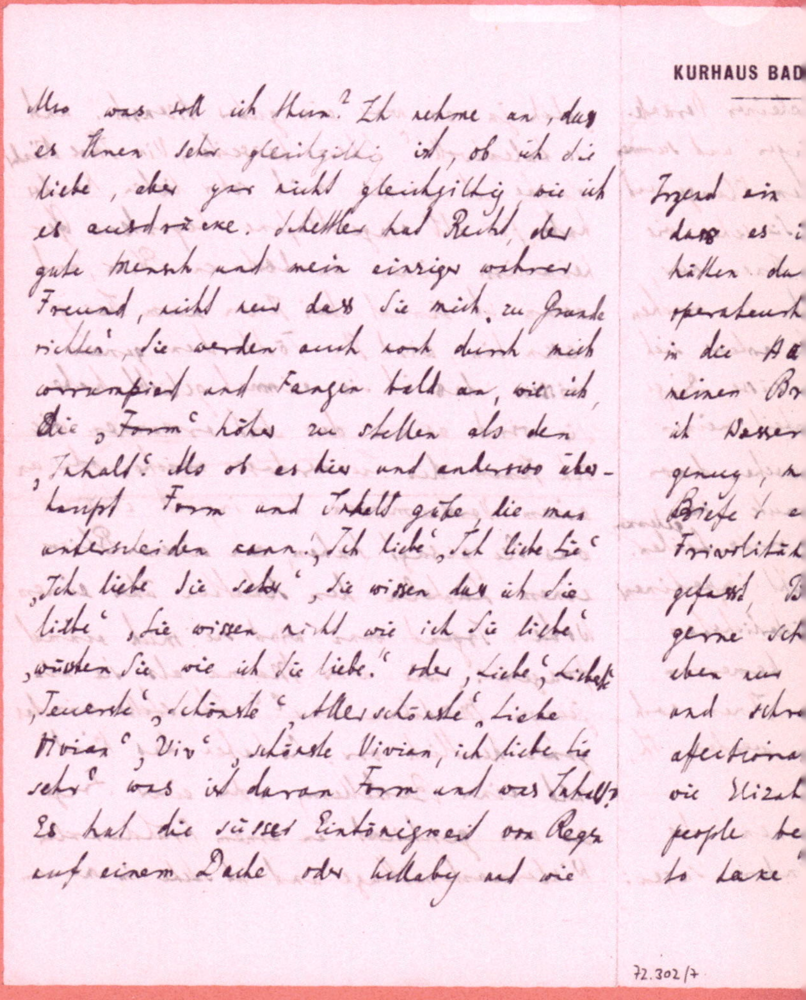
Also was soll ich thun? Ich nehme an, dass
es Ihnen sehr gleichgiltig ist, ob ich Sie
liebe, aber gar nicht gleichgiltig wie ich
es ausdrücke. Schettler hat Recht, der
gute Mensch und mein einziger wahrer
Freund, nicht nur dass Sie mich zu Grunde
richten, Sie werden auch noch durch mich
corrumpiert und fangen bald an, wie ich,
die „Form" höher zu stellen als den
„Inhalt". Als ob es hier und anderswo überhaupt Form und Inhalt gäbe, die man
unterscheiden kann. „Ich liebe" „Ich liebe Sie"
„Ich liebe Sie sehr", „Sie wissen dass ich Sie
liebe" „Sie wissen nicht wie ich Sie liebe"
„wüssten Sie wie ich Sie liebe." oder „Liebe", „Liebste"
„Teuerste", „Schönste", „Allerschönste", „Liebe
Vivian", „Viv", „schönste Vivian, ich liebe Sie
sehr" was ist daran Form und was Inhalt?
Es hat die süsse Eintönigkeit von Regen
auf einem Dache oder lullaby und wie

KURHAUS BAD

Irgend ein
dass es i
hätten da
operateurh
in die Ha
reinen Br
ich besser
genug, n
Briefe & a
Frivolitä
gefasst, B
gerne sch
eben nur
und schre
affectiona
wie Elizab
people be
to Laxe"

72.302/7

18

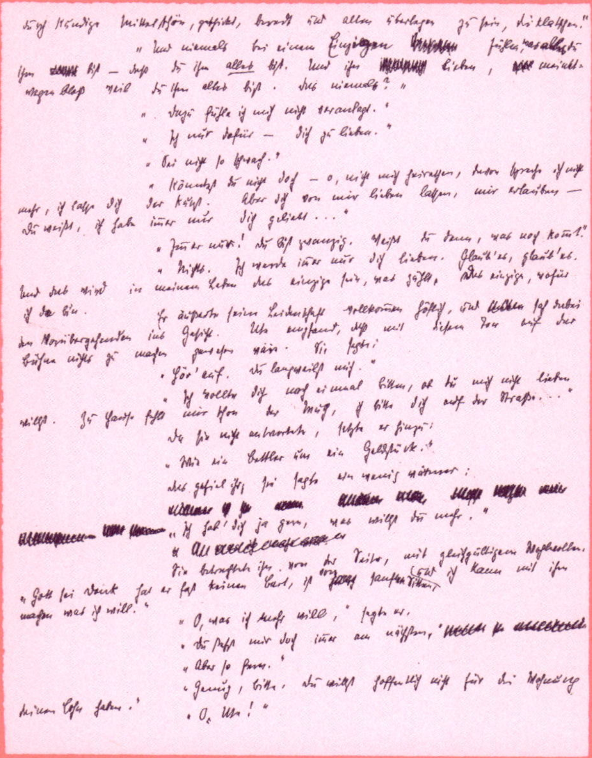

Kahler E. 5[illegible]

[25.9.1914] 2

Sonntag Abend

Ich liebe Dich.

Gib mich nicht auf, verlass mich nicht in Dir selbst!
Du bist grausam, Du bist leichtfertig, Du bist böse, wenn Du das thust. Du weisst nicht, wie ich darunter leide.

O wer dich h[illegible], wäre winterlos
Und machte das erfrorne Feld zum Garten ...
So einfach ist die Erde und so groß ...
Nun muss ich matt das neue Jahr erwarten ...

Muss ich? Dir nah sein heisst – im eisigen Hag
Irr ich umher nach Dir und frag die Winde
Mir glüht die Stirn und meine Pulse schlag
Klopft ahnungsvoll, daß ich den Sommer finde.

Süsse Fine, ich glaube ich bin ganz närrisch in dich verliebt!

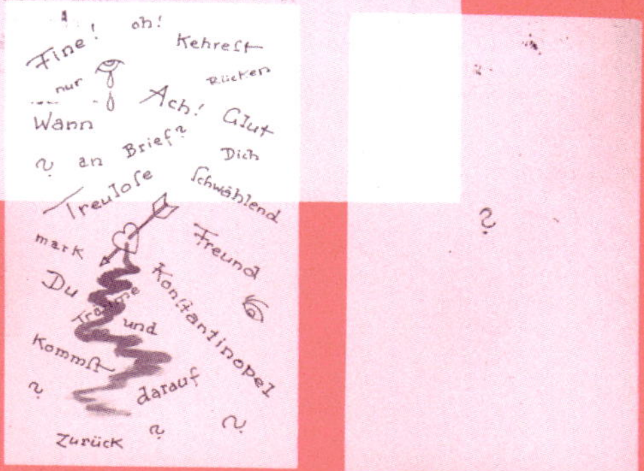

20

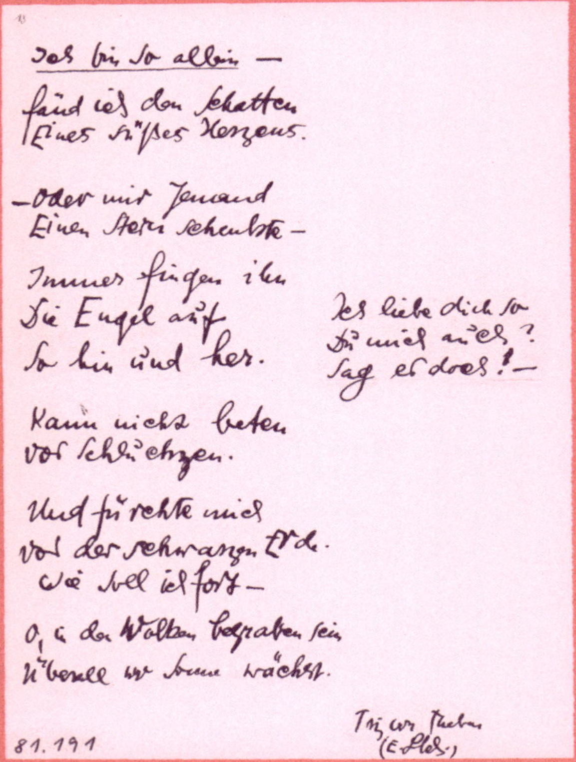
Ich bin so allein –

Fänd ich den Schatten
Eines süßes Herzens.

– Oder mir Jemand
Einen Stern schenkte –

Immer fliegen ihn
Die Engel auf
So hin und her.

Kann nicht beten
Vor Schluchzen.

Und fürchte mich
Vor der schwarzen Erde.
Wie soll ich fort –

O, in den Wolken begraben sein
Überall wo Sonne wächst.

Ich liebe dich so
Du mich auch?
Sag es doch! –

Prinz von Theben
(E. Sch.)

81. 191

21

6. November
Freitag

Mein Liebling, 14
heute wollen mir die
Worte nicht wie sonst
aus der Feder. Wir
erhalten heute die
Nachricht, daß mein
Vetter, der sechzehnjährige,
gefallen ist. Er war
ein schöner Mensch und
ich hatte ihn gern. —
Wenn du fühlst — ich
liebe dich mehr als
dies grauenvolle Leben.
Irgendwo sehen wir
uns wieder. Der Tod
ist nichts, und warte
nur, ich komme schon.
Dein Lieb

22

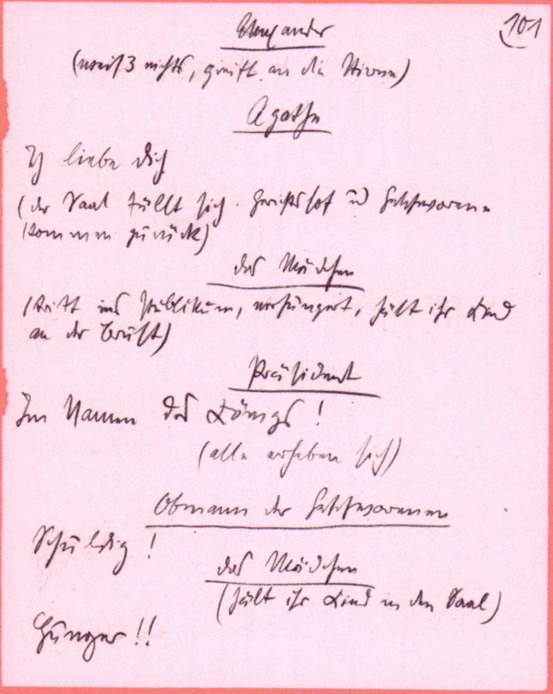

101

Alexander

(weiß nichts, greift an die Stirne)

Agathe

Ich liebe dich

(der Saal füllt sich. Gerichtshof und Geschworenen kommen zurück)

Das Mädchen

(tritt ins Publikum, verhungert, hält ihr Kind an der Brust)

Präsident

Im Namen des Königs!

(alle erheben sich)

Obmann der Geschworenen

Schuldig!

Das Mädchen

(hält ihr Kind in den Saal)

Hunger!!

23

#72 2.3.18

K i n o b r i e f

Sehr verehrtes gnädiges Frollein,

herzliebste Ella,

in Anbetracht meiner geradezu leidenschaftlichen Liebe zu Ihnen bitte ich Sie, sich mit mir betreffs Aussprache heute im Stadtpark am kleinen Eierhäuschen gegen 6.25 Uhr abends treffen zu wollen. Absatz.

O geliebte Ella, ich habe ja stets nur Ihnen geliebt – wenn aber Ihr hartherziger Vater, der Kommerzienrat mit der goldenen Uhrkette, in unsere Verbindung nicht einwilligt, dann müsste ich mich ja in den Kanal werfen! Oder ich müsste mich mit dem hiesigen Quellwasser vergiften–! Oder ich müsste mich gar erschiessen? –

O geliebte Ella – ich schiesse mich er. Lebe wohl und denken Sie noch des öfteren an Ihren unglücklichen

Flodoard Quolke.

Hier ging die Kugel durch!
Mein Leichnam liegt so Gott will für das nächste halbe Jahr in der Sporthalle. Amen.

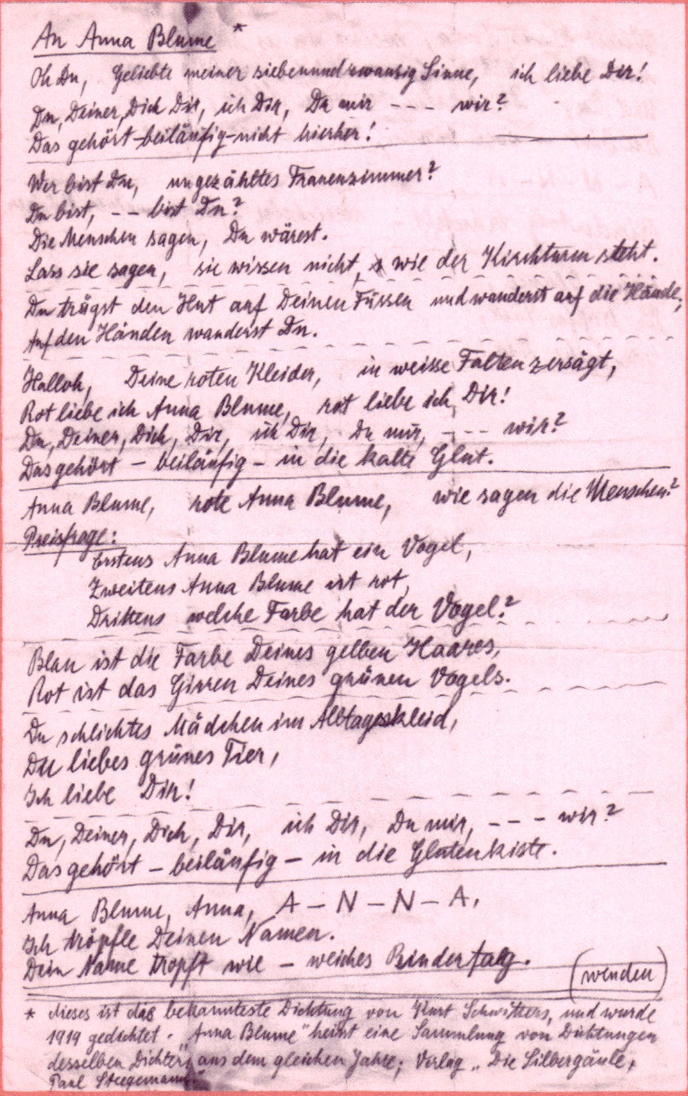

An Anna Blume *

Oh Du, Geliebte meiner siebenundzwanzig Sinne, ich liebe Dir!
Du, Deiner, Dich Dir, ich Dir, Du mir --- wir?
Das gehört - beiläufig - nicht hierher!

Wer bist Du, ungezähltes Frauenzimmer?
Du bist, -- bist Du?
Die Menschen sagen, Du wärest.
Lass sie sagen, sie wissen nicht, wie der Kirchturm steht.
Du trägst den Hut auf Deinen Füssen und wanderst auf die Hände,
Auf den Händen wanderst Du.

Halloh, Deine roten Kleider, in weisse Falten zersägt,
Rot liebe ich Anna Blume, rot liebe ich Dir!
Du, Deiner, Dich, Dir, ich Dir, Du mir, --- wir?
Das gehört - beiläufig - in die kalte Glut.

Anna Blume, rote Anna Blume, wie sagen die Menschen?
Preisfrage:
Erstens Anna Blume hat einen Vogel,
Zweitens Anna Blume ist rot,
Drittens welche Farbe hat der Vogel?

Blau ist die Farbe Deines gelben Haares,
Rot ist das Girren Deines grünen Vogels.
Du schlichtes Mädchen im Alltagskleid,
Du liebes grünes Tier,
Ich liebe Dir!
Du, Deiner, Dich, Dir, ich Dir, Du mir, --- wir?
Das gehört - beiläufig - in die Glutenkiste.

Anna Blume, Anna, A-N-N-A,
Ich tröpfle Deinen Namen.
Dein Name tropft wie - weiches Rindertalg.

(wenden)

* Dieses ist das bekannteste Dichtung von Kurt Schwitters, und wurde 1919 gedichtet. „Anna Blume" heißt eine Sammlung von Dichtungen desselben Dichters aus dem gleichen Jahre; Verlag „Die Silbergäule", Paul Steegemann.

Weisst Du es, Anna, weisst Du es schon?
Man kann Dich auch von hinten lesen,
Und Du, Du herrlichste von Allen,
Du bist – von hinten, – wie von vorne:
A – N – N – A.

Rindertalg träufelt – streicheln – über meinen Rücken.

Anna Blume,
Du tropfes Tier,
Ich liebe Dir!

Kurt Schwitters.

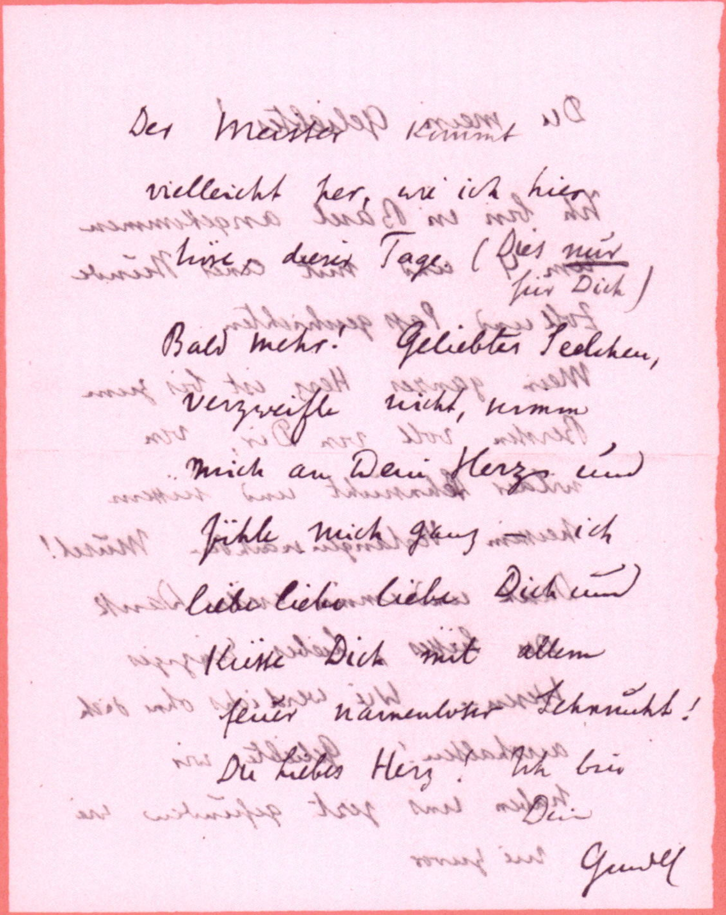

Der Meister kommt
vielleicht her, wie ich hier
höre, dieser Tage. (Dies nur
für Dich)
Bald mehr! Geliebtes Seelchen,
verzweifle nicht, nimm
mich an Dein Herz und
fühle mich ganz – ich
liebe liebe liebe Dich und
küsse Dich mit allem
Feuer namenloser Sehnsucht!
Du liebes Herz! Ich bin
Dein
Gundolf

25

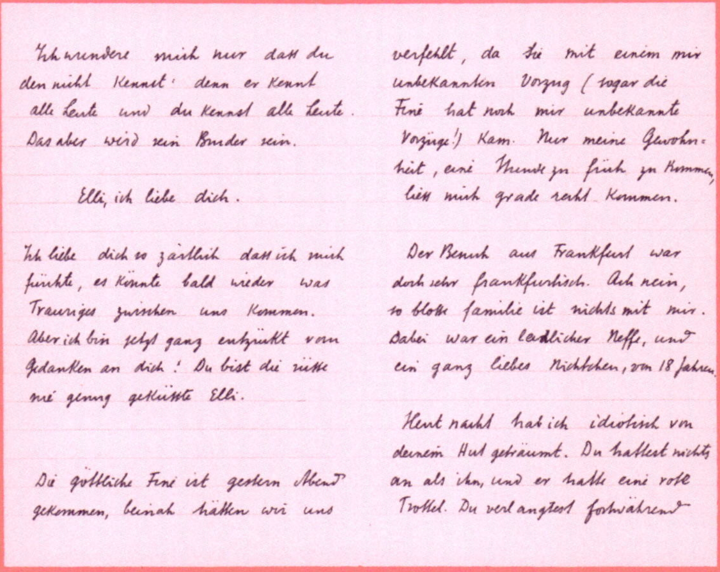
Ich wundere mich nur dass du den nicht Kennst: denn er Kennt alle Leute und du Kennst alle Leute. Das aber wird sein Bruder sein.

Elli, ich liebe dich.

Ich liebe dich so zärtlich dass ich mich fürchte, es Könnte bald wieder was Trauriges zwischen uns Kommen. Aber ich bin jetzt ganz entzückt vom Gedanken an dich! Du bist die süsse nie genug geküsste Elli.

Die göttliche Fini ist gestern Abend gekommen, beinah hätten wir uns verfehlt, da Sie mit einem mir unbeKannten Vorzug (sogar die Fini hat noch mir unbekannte Vorzüge!) Kam. Nur meine Gewohnheit, eine Stunde zu früh zu Kommen, liess mich grade recht Kommen.

Der Besuch aus Frankfurt war doch sehr frankfurtisch. Ach nein, so blosse familie ist nichts mit mir. Dabei war ein leidlicher Neffe, und ein ganz liebes Nichtchen, von 18 Jahren.

Heut nacht hab ich idiotisch von deinem Hut geträumt. Du hattest nichts an als ihn, und er hatte eine rote Troddel. Du verlangtest fortwährend

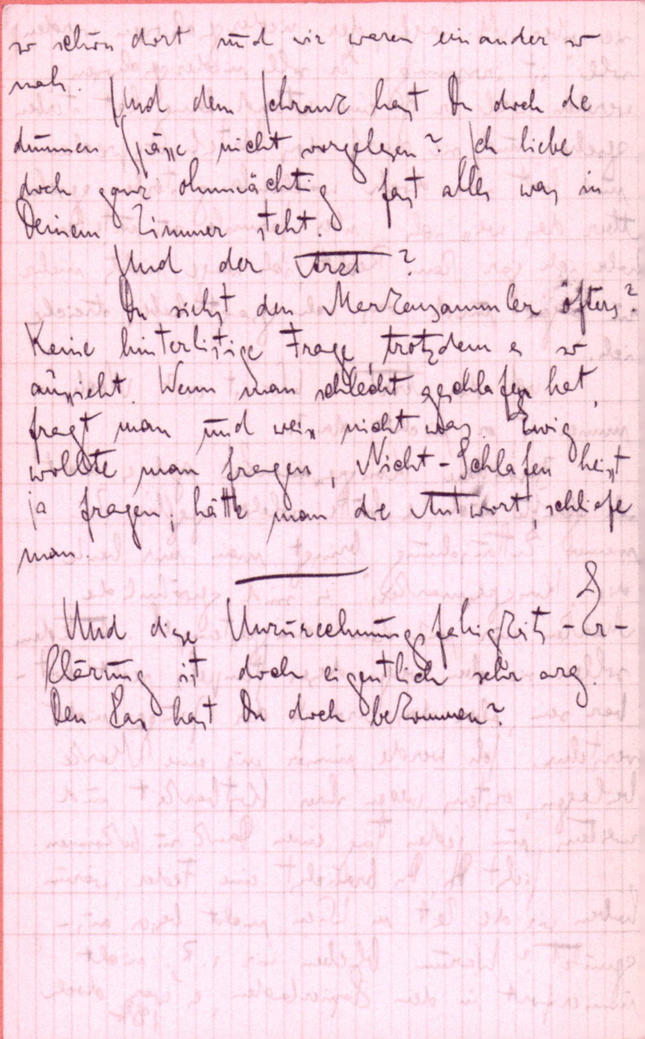

so schön dort und wir waren einander so nah. Und dem Schrank hast Du doch die dünnen Füße nicht [illegible]? Ich liebe doch ganz ohnmächtig fast alles was in Deinem Zimmer steht.

Und der Arzt?

Du siehst den Markensammler öfters? Keine hinterlistige Frage, trotzdem sie so aussieht. Wenn man schlecht geschlafen hat, fragt man und weiß nicht was. Ewig wollte man fragen, Nicht-Schlafen heißt ja fragen, hätte man die Antwort, schliefe man.

Und diese Unwurzelungsfähigkeits-Erklärung ist doch eigentlich sehr arg. Den Pass hast Du doch bekommen?

26

Dienstag

Wo ist der Arzt? Ich suche den Brief durch
ohne ihn zu lesen nur um den Arzt zu
suchen. Wo ist er?
Ich schlafe nicht, ich will nicht sagen daß
ich deshalb nicht schlafe, wirkliche Sorgen
legen den Unmusikalischen eher schlafen als
andere, aber doch schlafe ich nicht. Ist
es schon zu lange her seit der Wiener Reise?
Habe ich mein Glück zu sehr gelobt?
Hilft Milch und Butter und Salat nicht
und brauche ich die Nahrung Deiner
Gegenwart? Wahrscheinlich ist es keiner dieser
Gründe aber die Tage sind nicht schön.
Auch habe ich das Glück der leeren Wohnung
seit 3 Tagen nicht mehr ich wohne zuhause
(deshalb bekam ich auch gleich das Telegramm)
Es ist vielleicht gar nicht die Leere der
Wohnung, die mir so gut tut, oder nicht
hauptsächlich sie, sondern der Besitz zweier
Wohnungen überhaupt, eine Wohnung für
den Tag und eine andere entfernte für
Abend und Nacht. Verstehst Du das? Ich
nicht aber es ist so.
Ja, der Schrank. Um den wird wohl immer

181

…se Frage noch)
(Dir und
…
…t gezwungen
…be ich auch
…ndere Leben
…n die Augen!

…erfahre ich
Nachttisch
…elt sind. Ich
…fragt werden
Übersiedlung
…hätte gesagt:

…ch habe die
…en noch
…iben (etwa
…rklich unter-

…h wähle von

Montag ~~Samstag~~ nachmittag
(ich denke offenbar nur an Samstag)

Ich müßte ein Lügner sein, wenn ich nicht noch mehr sagte als heute im Morgenbrief, gerade Dir gegenüber, vor der ich so frei sprechen kann, wie vor niemandem, weil noch niemand so auf meiner Seite gestanden ist, wissend und wollend wie Du ~~trotz~~ allem, trotz allem (unterscheide das große Trotzallem vom gegen Trotzdem)

Die schönsten Briefe unter den Deinigen (und das ist viel gesagt, denn sie sind ja im Ganzen, fast in jeder Zeile das Schönste, was mir in meinem Leben geschehen ist) sind die, in denen Du meiner Angst recht gibst und gleichzeitig zu erklären suchst, daß ich sie nicht haben muß. Denn auch ich, mag ich auch manchmal aussehn wie ein bestochener Verteidiger meiner Angst, gebe ihr im tiefsten wahrscheinlich Recht, ja ich bestehe aus ihr und sie ist vielleicht mein Bestes. Und da sie mein Bestes ist, ist sie auch vielleicht ~~auch~~ das allein, was Du liebst. Denn was wäre sonst großes Liebenswertes an mir zu finden. Diese aber ist liebenswert.

36

D 80. 15134

26

Und wenn Du einmal fragtest, wie ich den Samstag „gut“ habe nennen können mit der Angst im Herzen, so ist das nicht schwer erklärt. Da ich Dich liebe (und ich liebe Dich also, Du Begriffsstützige, so wie das Meer einen winzigen Kieselstein auf seinem Grunde lieb hat, genau so überschwemmt Dich mein Liebhaben – und bei Dir sei ich wieder der Kieselstein, wenn es die Himmel zulassen) liebe ich die ganze Welt und dazu gehört auch Deine linke Schulter, nein es war zuerst die rechte und darum küsse ich sie, wenn es mir gefällt (und Du so lieb bist, die Bluse dort wegzuziehn) und dazu gehört auch die linke Schulter und Dein Gesicht über mir im Wald und Dein Gesicht unter mir im Wald und das Ruhn an Deiner fast entblößten Brust. Und darum hast Du recht, wenn Du sagst, daß wir schon eins waren und ich habe gar keine Angst davor, sondern es ist mein einziges Glück und mein einziger Stolz und ich schränke es gar nicht auf den Wald ein.

Aber eben
jener „halben S
einmal versch
schrieben ist
ich nicht hin
weil ich nicht
Angelegenheit d
seine Angelegenh
Welt und sehe
ich hinüberspr
noch einmal
man etwas
klingt das nich
Welt, die ich
einer unheimlich
pokus, einem
einem Wimpel
fürchte mich
In einer
erwischen wollen
beweisen, daß d
was jeder Ta
(„Vielleicht“ kann
anders bekom

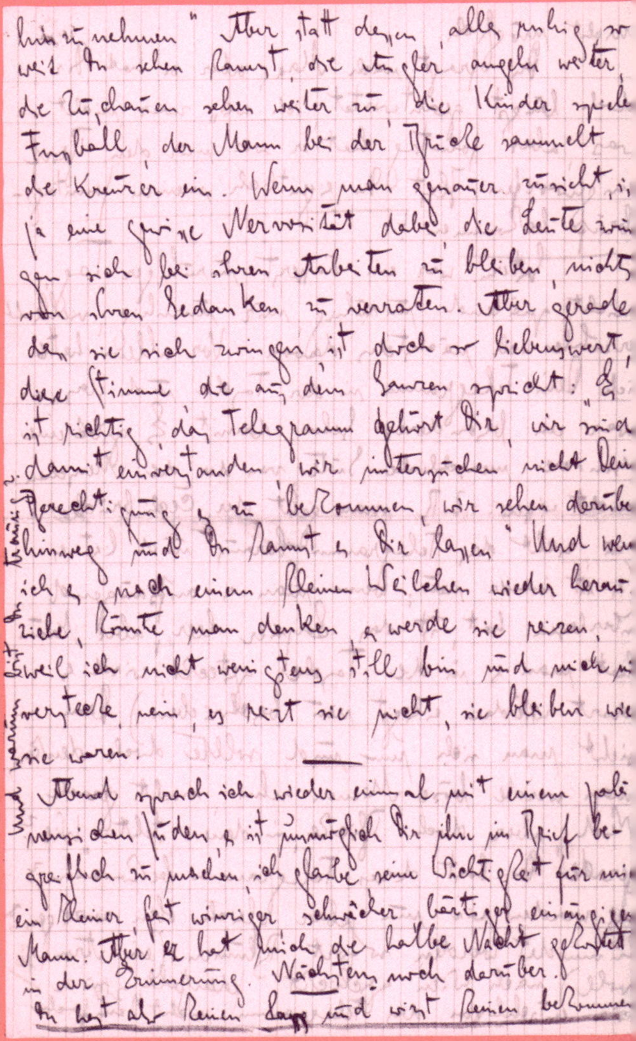
hinzunehmen." Aber statt dessen alles ruhig so weit Du sehen kannst, die Angler angeln weiter, die Zuschauer sehen weiter zu, die Kinder spielen Fußball, der Mann bei der Brücke sammelt die Kreuzer ein. Wenn man genauer zusieht, ist ja eine gewisse Nervosität dabei, die Leute zwingen sich bei ihren Arbeiten zu bleiben, nichts von ihren Gedanken zu verraten. Aber gerade daß sie sich zwingen ist doch so liebenswert, diese Stimme die aus dem Ganzen spricht: „Es ist richtig, das Telegramm gehört Dir, wir sind damit einverstanden, wir untersuchen nicht Deine Berechtigung es zu bekommen, wir sehen darüber hinweg und Du kannst es Dir lassen." Und wenn ich es nach einem kleinen Weilchen wieder heraus ziehe, könnte man denken es werde sie reizen, weil ich nicht wenigstens still bin und mich verstecke, nein, es reizt sie nicht, sie bleiben wie sie waren.

Abend sprach ich wieder einmal mit einem palästinensischen Juden, es ist unmöglich Dir ihn im Brief begreiflich zu machen, ich glaube seine Wichtigkeit für mich ein kleiner fast winziger schwacher bärtiger einäugiger Mann. Aber es hat mich die halbe Nacht gekostet in der Erinnerung. Nächstens noch darüber.

Du hast aber keinen Zopf und wirst keinen bekommen

Und warum ist Dir traurig?

26

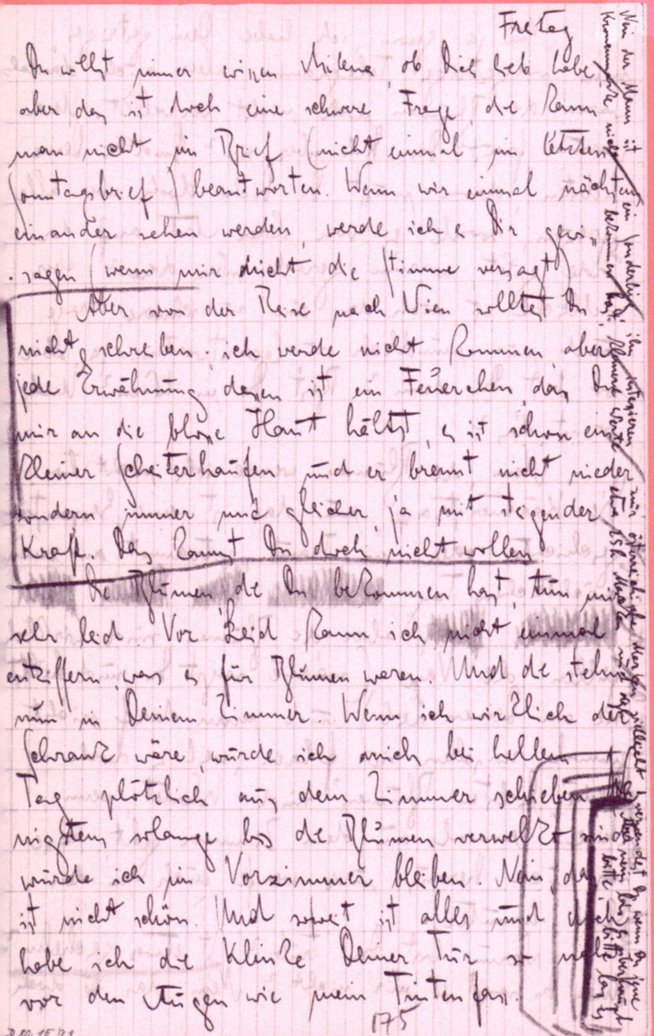

Freitag

Du willst immer wissen Milena ob ich Dich lieb habe, aber das ist doch eine schwere Frage, die kann man nicht im Brief (nicht einmal im letzten Sonntagsbrief) beantworten. Wenn wir einmal nächstens einander sehen werden, werde ich es Dir gewiß sagen (wenn mir nicht die Stimme versagt).

Aber von der Reise nach Wien solltest Du mir nicht schreiben, ich werde nicht kommen aber jede Erwähnung dessen ist ein Feuerchen, das Du mir an die bloße Haut hältst, es ist schon ein kleiner Scheiterhaufen und er brennt nicht nieder sondern immer und gleicher ja mit steigender Kraft. Das kannst Du doch nicht wollen.

Die Blumen die Du bekommen hast, tun mir sehr leid. Vor Leid kann ich nicht einmal entziffern, was es für Blumen waren. Und die stehn nun in Deinem Zimmer. Wenn ich wirklich der Schrank wäre, würde ich mich bei hellem Tag plötzlich aus dem Zimmer schieben, wenigstens solange bis die Blumen verwelkt sind würde ich im Vorzimmer bleiben. Nein, das ist nicht schön. Und sonst ist alles und auch habe ich die Klinke Deiner Tür so nahe vor den Augen wie mein Tintenfaß.

[illegible]

175

27

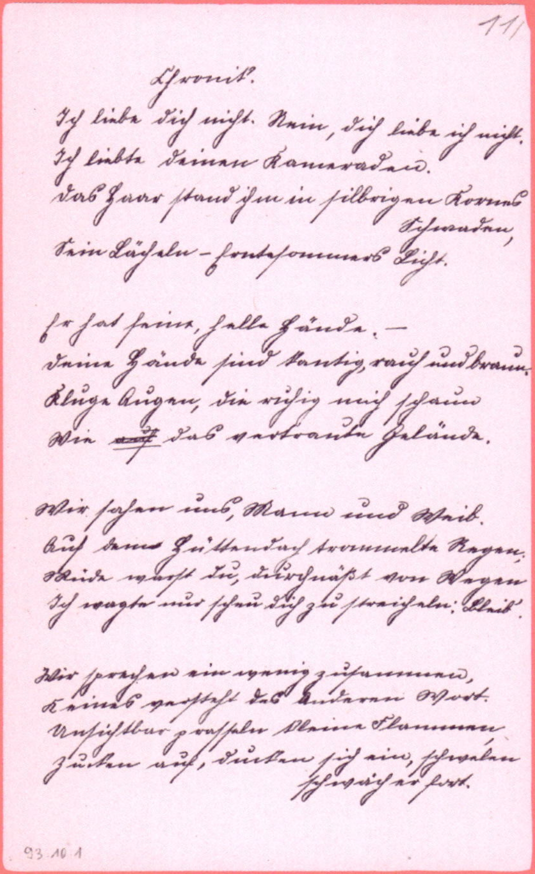
11

Chronik.

Ich liebe dich nicht. Nein, dich liebe ich nicht.
Ich liebte deinen Kameraden.
Das Haar stand ihm in silbrigen Korns-
schwaden,
Sein Lächeln – Spätsommers Licht.

Er hat feine, helle Hände. –
Deine Hände sind kantig, rauh und braun.
Kluge Augen, die ruhig mich schaun
Wie ~~auf~~ das vertraute Gelände.

Wir sahen uns, Mann und Weib.
Auf dem Hüttendach trommelte Regen.
Weide warst du, durchnäßt vom Regen
Ich wagte nur scheu dich zu streicheln: Weib.

Wir sprachen ein wenig zusammen,
Keines verstand des Anderen Wort.
Unsichtbar prasseln kleine Flammen
Zucken auf, ducken sich ein, schwelen
schwächer fort.

93.10.1

um 1920 Kolmar

28

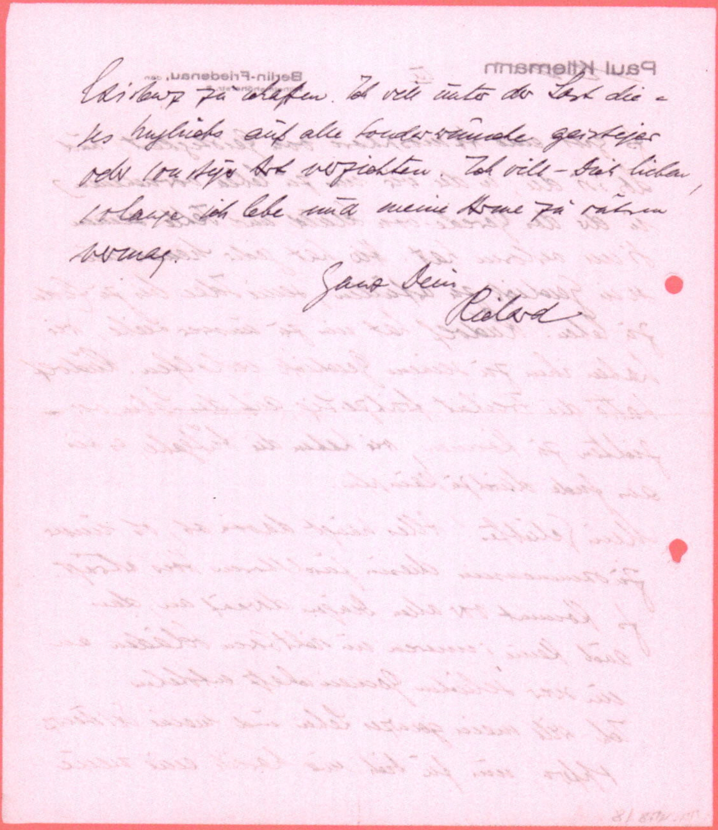
Paul Kittemann Berlin-Friedenau, den

Leistung zu schaffen. Ich will unter der Last dieses Anspruchs auf alle Sonderwünsche geistiger oder sonstiger Art verzichten. Ich will – Dich lieben, solange ich lebe und meine Arme zu rühren vermag.

Ganz Dein
Richard

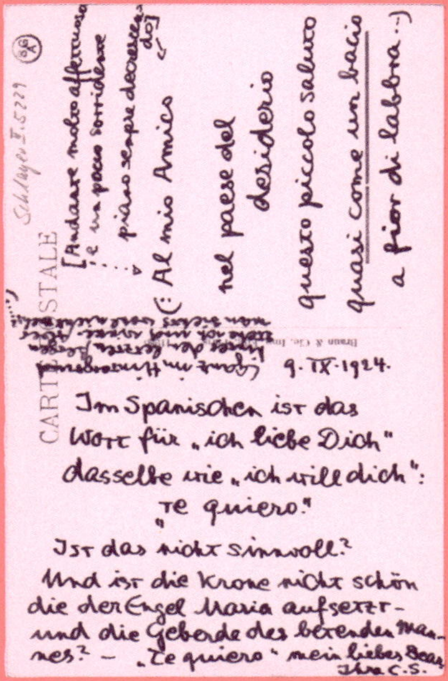

Schlayer II.5229

CARTE POSTALE

[Andante molto affettuoso
e un poco sorridente
piano sempre decrescendo]

Al mio Amico

nel paese del
desiderio

questo piccolo saluto

<u>quasi come un bacio</u>

a fior di labbra ...

9. IX. 1924.

Im Spanischen ist das
Wort für „ich liebe Dich"
dasselbe wie „ich will dich":
„Te quiero."

Ist das nicht sinnvoll?
Und ist die Krone nicht schön
die der Engel Maria aufsetzt –
und die Geberde des betenden Mannes? – „Te quiero" mein liebes Bear
Ihre C. S.

30

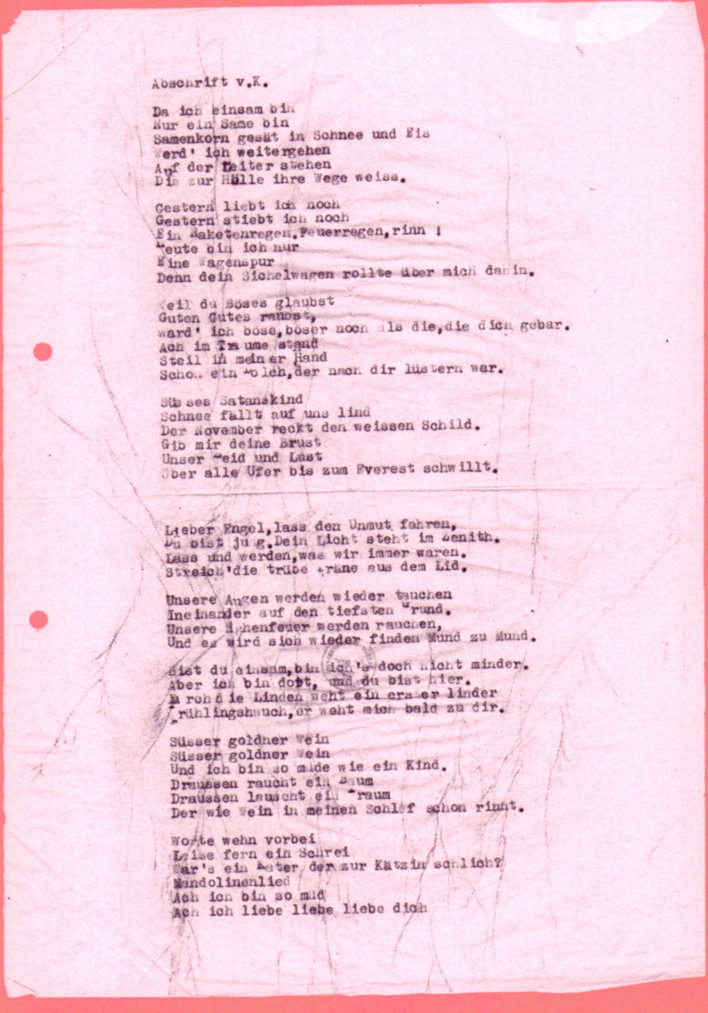
Abschrift v.K.

Da ich einsam bin
Nur ein Same bin
Samenkorn gesät in Schnee und Eis
Werd' ich weitergehen
Auf der Leiter stehen
Die zur Hölle ihre Wege weiss.

Gestern liebt ich noch
Gestern stiebt ich noch
Ein Raketenregen.Feuerregen,rinn !
Heute bin ich nur
Eine Wagenspur
Denn dein Sichelwagen rollte über mich dahin.

Weil du Böses glaubst
Guten Gutes raubst,
ward' ich böse,böser noch als die,die dich gebar.
Ach im Traume stand
Steil in meiner Hand
Schon ein Dolch,der nach dir lüstern war.

Süsses Satanskind
Schnee fällt auf uns lind
Der November reckt den weissen Schild.
Gib mir deine Brust
Unser Leid und Lust
Über alle Ufer bis zum Everest schwillt.

Lieber Engel,lass den Unmut fahren,
Du bist jung.Dein Licht steht im Zenith.
Lass und werden,was wir immer waren.
Streich'die trübe Träne aus dem Lid.

Unsere Augen werden wieder tauchen
Ineinander auf den tiefsten Grund.
Unsere Höhenfeuer werden rauchen,
Und es wird sich wieder finden Mund zu Mund.

Bist du einsam,bin ich's doch nicht minder.
Aber ich bin dort, und du bist hier.
Durch die Linden weht ein erster linder
Frühlingshauch,er weht mich bald zu dir.

Süsser goldner Wein
Süsser goldner Wein
Und ich bin so müde wie ein Kind.
Draussen raucht ein Baum
Draussen lauscht ein Traum
Der wie Wein in meinen Schlaf schon rinnt.

Worte wehn vorbei
Leise fern ein Schrei
War's ein Kater der zur Kätzin schlich?
Mandolinenlied
Ach ich bin so müd
Ach ich liebe liebe liebe dich

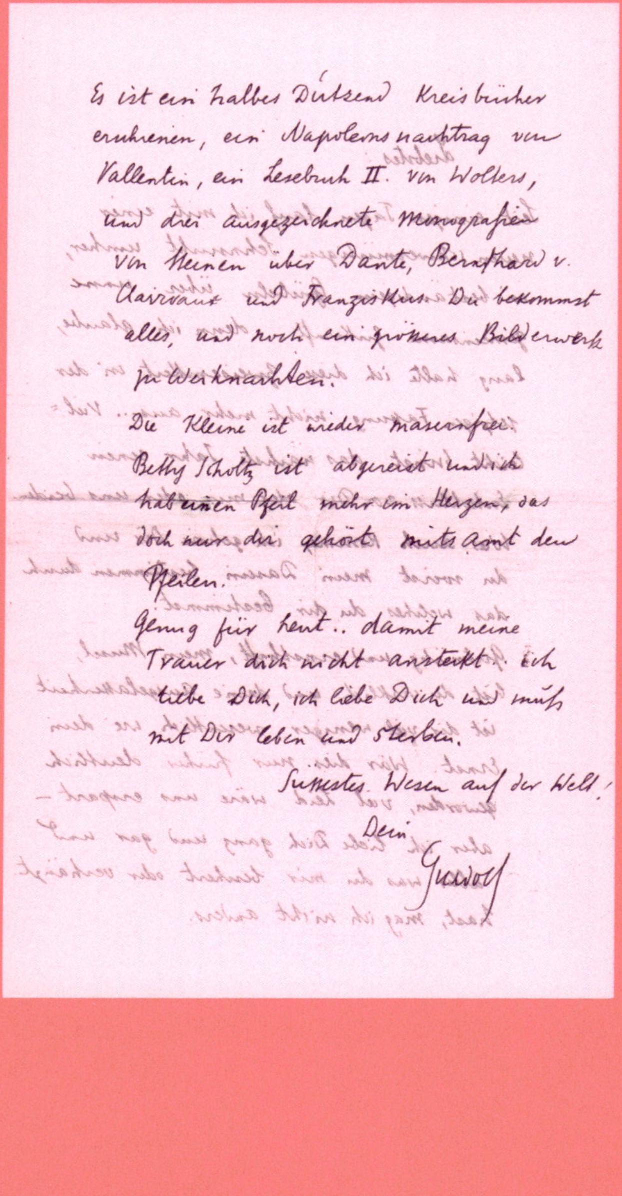
Es ist ein halbes Dutzend Kreisbücher erschienen, ein Napoleonsnachtrag von Vallentin, ein Lesebuch II. von Wolters, und drei ausgezeichnete Monografien von Steinen über Dante, Bernhard v. Clairvaux und Franziskus. Du bekommst alles, und noch ein grösseres Bilderwerk zu Weihnachten.

Die Kleine ist wieder masernfrei.

Betty Scholtz ist abgereist und ich hab einen Pfeil mehr im Herzen, das doch nur dir gehört mitsamt den Pfeilen.

Genug für heut.. damit meine Trauer dich nicht ansteckt. ich liebe Dich, ich liebe Dich und muß mit Dir leben und sterben.

Süssestes Wesen auf der Welt!

Dein

Gundolf

31

Ich will im März oder April nach
Wien – mit Italien ists nun doch
nichts, und Lügenpropaganda hin
Lügenpropaganda her: die letzten
Reden sagen genug.

Vielleicht kommst du auch nach
Wien? Am Geld soll's nicht hängen.
Wien ist, wenn ich nicht bei Dir
sein kann, immer noch die Stadt
wo ich mich leichter ermuntre.. ich
glaube, weil man mich am meisten
dort liebt.

Dein kleines Bergbildchen bezaubert
mich, o Musel, du bist doch das
weitaus herrlichste Liebeswesen!
Je mehr ich andre liebele, desto mehr lieb
ich dich.
Bleib mir gut, und vor allem,
bleib Dir gut!
„Herrlich Geschöpf! Verdammnis packe
mich,
lieb ich dich nicht .. und wenn ich dich nicht
liebe, dann geht die Welt zugrund."

Ich küsse dich heiss und lieb..
Dein Günsel

dem Steppenwolf u. ungeschmückt von einsamen Dichter-
Heim, jetzt war ich nur Liebender, atmete kein anderes
Glück u. kein anderes Leid als das der Liebe. Schon Her-
mine hatte mich tanzen, hatte mich küssen gelehrt u.
die Schönste, Maria, war die erste, die mich, den [illegible]
[illegible] unter meinem welkenden Männerleib, ihre bräunli-
chen Brüste zu küssen u. den Becher der Lust zu trinken
gab. Wieder erlebte ich in Pablo's kleinem Theater, u. kein
Zauberstil daran ist mit Worten zu sagen. Alle Mädchen
die ich je geliebt, waren nun mein, jede gab mir, was
nur sie allein zu geben hatte, jeder gab ich, was nur sie von
mir zu nehmen wußte. Viel Liebe, viel Glück, viel Wollust, viel bitteres Leid bekam ich zu kosten, alle versäumten
Liebe meines Lebens blühte in dieser Traumstunde
zauberhaft in meinem Garten, keusche zarte Blumen,
grelle lodernde Blumen, dunkle schnellwelkende Blumen,
flackernde Wollust, innige Träumerei, glühende Schwer-
mut, angstvolles Sterben, strahlendes Neugebären. Ich
fand Frauen, um welche lang u. sorgfältig zu werben ein Glück
war, u. Frauen, die nur eilig u. im Sturm zu gewinnen waren,
jeder dämmernde Winkel meines Lebens tauchte wieder auf, in
welchem einst, sei es auch nur eine Minute lang, die Stimme
des Geschlechts mich gerufen, ein Frauenblick mich entzündet,
ein Schimmer weißer Mädchenhaut mich gelockt hatte, u.
alles Versäumte ward nachgeholt. Jede wurde mein, jede
auf ihre Art. Die Frau mit den merkwürdigen tiefbraunen
Augen unter flachsfarbenem Haar, ~~die ich einst im~~ neben
der ich einst eine Viertelstunde am Fenster im Gang eines
Schnellzugs gestanden ~~hatte~~ u. die später mehrmals in meinen
Träumen erschienen war — sie sprach kein Wort, aber sie
lehrte mich ungeahnte, erschreckende, tödliche Liebeskünste. Und
die glatte, stille, gläsern lächelnde Chinesin vom Hafen von
Marseille, mit dem glatten tiefschwarzen Haar u. den schwim-
menden Augen, auch sie wußte Unerhörtes. Jede hatte ihr
Geheimnis, duftete nach ihrem Erdreich, küßte, lachte auf ihre
Weise, war auf ihre besondere Art schamhaft, auf ihre besondere
Art schamlos. Sie kamen u. gingen, der Strom führte sie
mir zu, spülte mich zu ihnen hin, von ihnen weg, ich

Ängsten u. Leiden, süßester Erlösung u. tiefster Schuld. O wie brannte der bittere Frühlingsschmerz auf meiner Zunge! O wie strömte der schneidende Wind durch das lose ganze wehende Haar entgegen! Rose war hin mir nahe gekommen, hatte aufgeblickt u. mich erkannt, war einen Augenblick etwas verwirrt u. hatte unwillkürlich den Gruße, ich flog mit gezogenem Konfirmandenhute u. Rose, etwas erschrocken, grüßte lächelnd u. etwas verwundert zurück mit erhobenem Gesicht, u. ging langsam, sicher u. überlegen weiter, umspielt von den tausend Liebeswünschen, Erwartungen u. Huldigungen, die ich ihr nach sandte.

So war es nicht gewesen an einem Sonntag vor 35 Jahren, u. alles war in diesem Augenblick wiedergekehrt: Glück u. Stadt, Märzwind u. Kirchengeruch, Rose u. ihr braunes Haar, unschuldige Sehnsucht u. süße würgende Angst. Alles war wie damals, u. wie sehr ich habe niemals mehr in meinem Leben so geliebt wie ich damals Rose liebte. Aber diesmal war es mir gegeben, sie anders zu empfangen als seinerzeit. Ich sah ihr Erröten, als sie mich erkannte, sah ihr Bemühen das Erröten zu verbergen, u. wußte sofort, daß sie mich gern habe, daß ihr diese Begegnung dasselbe bedeute wie mir. Und statt wieder den Hut zu ziehen u. feierlich mit gezogenem Hut zu stehen, bis sie vorüber wäre, tat ich diesmal trotz Angst u. Beklemmung was mein Blut mich tun hieß, u. rief: „Rose! Gott sei Dank, daß du gekommen bist, du schönes, schönes Mädchen. Ich habe dich so lieb." Das war vielleicht nicht das Geistreichste was sich in diesem Augenblick sagen ließ, allein es bedurfte hier keines Geistes, es genügte vollkommen. Rose machte kein Damengesicht u. ging nicht weiter, Rose blieb stehen, sah mich an u. wurde noch röter als vorher, u. fragte: „Grüß Gott, Hermann, hast du mich denn wirklich gern?" Dazu strahlten ihre braunen Augen aus dem kräftigen Gesicht u. ich spürte: Mein ganzes vergangenes Leben u. Lieben war falsch u. verworren u. alles dumm u. unglücklich gewesen von dem Augenblick an, wo ich Rose an jenem Sonntag hatte davon laufen lassen, jetzt aber

33

(zu XV)

Graf: Doch wisst, Eure Mummerei
War ~~auch arger~~ boshafter Hohn!

Susanna: Jhr
Gräfin: Dein
Unsinn verdient nicht,

Susanna: Dass sie Euch
Gräfin: Dass ich Dich
verschon!

Graf: Jch lieb Dich!

Gräfin: Gelogen!

Graf: Den Eid drauf!

Gräfin: Getrogen!
Bin falsch, bin verworfen,
Bring Schande dem Manne.

Graf: Dies Zürnen, Susanne,
O hilf, dass sich's macht!

Susamma: Die Hoffnung verbanne,
Wer hegte Verdacht!

Gräfin: So gibt's keine Schonung
Für liebende Seelen,
So schlimme Belohnung,
Wer hätt' es gedacht?

Susanna: Ach, Gnäd'ge!

Graf: Rosina!

Gräfin: Verruchter!
Nein, die bleibt verloren!
Unmöglich versöhnen,
Die einst Du erkoren,
Der hat nun Dein Höhnen
Verzweiflung gebracht!

Susanna:
Graf: Verwirrt so, beschämt so,
Gräfin: Verruchter! Verruchter!

Susanna:
Graf: Vom Urteil vergrämt so,
Gräfin: Nicht trag ich noch einmal

Susanna: Erbarmet Euch sein!
Graf: Erbarmet Euch mein!
Gräfin: So schuldlos die Pein!

34

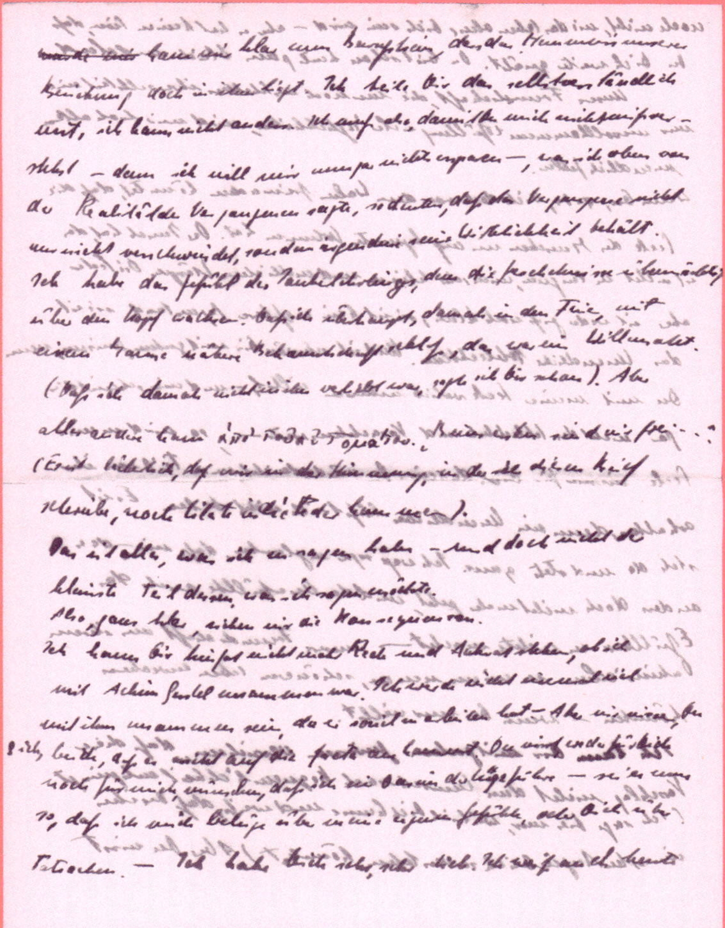

[illegible] klar einen [illegible] der Erinnerung unserer
Beziehung doch in ihm liegt. Ich halte Dir das selbstverständliche
[illegible], ich kann nicht anders [illegible] damit ich mich nicht [illegible]
[illegible] – denn ich will mir [illegible] nicht ersparen –, was ich oben von
der Realität des Vergangenen sagte, so deuten, daß das Vergangene nicht
nur nicht verschwindet, sondern irgendwie seine Wirklichkeit behält.
Ich habe das Gefühl des Zauberlehrlings, dem die Erscheinungen über
über den Kopf wachsen. [illegible] damals in den Ferien mit
einem [illegible] näheren Bekanntschaft [illegible], das war ein Willensakt.
(Daß ich damals nicht [illegible] verliebt war, sagte ich Dir schon). Aber
[illegible]
(Erst [illegible], daß wir in der Erinnerung, in der [illegible]
[illegible]).
Das ist alles, was ich zu sagen habe – und doch nicht der
kleinste Teil dessen, was ich sagen möchte.
Also, ganz klar, sehen wir die [illegible].
Ich kann Dir [illegible] nicht mal Recht und Achtung [illegible], ob ich
mit Achim Seidel zusammen war. Ich würde nicht [illegible]
mit ihm zusammen sein, da er [illegible] hat – Aber [illegible]
[illegible] bitte, daß er nicht auf die [illegible] kommt. [illegible]
noch für mich wünschen, daß ich [illegible] – sei es nun
so, daß ich mich belüge über meine eigenen Gefühle, oder Dich über
Tatsachen. – Ich habe Dich sehr, sehr lieb. Ich weiß auch heute

35

102

du eigentlich?"fragte er.

"Cornelia."

Als sie nebeneinander im Bett lagen,sagte er ehrlich bekümmert,während er ihr mit den Händen über das Gesicht strich und dabei die Augen schloß, um das Gepräge des Gesichts zu spüren:"Weißt du noch,daß wir heute abend einmal in einem Atelier saßen,hinter Göttinnen aus Gips,und daß du erzähltest,wie du die Männer für ihren Egoismus bestrafen willst?"

Sie drückte lauter kleine Küsse auf seine Hände.Dann holte sie tief Atem und antwortete:"An dem Vorsatz hat sich nichts geändert,wirklich nicht. Aber mit dir mach ich eine Ausnahme.Mir ist ganz so,als ob ich dich liebhabe."

Er setzte sich hoch.Aber sie zog ihn wieder zu sich herab."Vorhin,als wir uns umarmten,habe ich geweint",flüsterte sie.Und als sie sich dessen erinnerte, traten ihr von neuem Tränen in die Augen,aber sie lächelte unter diesen Tränen,und er war seit langem wieder einmal beinahe glücklich."Ich habe geweint,weil ich dich liebhabe.Aber daß ich dich liebhabe,das ist meine Sache,hörst du?Und es geht dich nichts an.Du sollst kommen und gehen,wann du willst.Und wenn du kommst,will ich mich freuen,und wenn du gehst,will ich nicht traurig sein.Das versprech ich dir."Sie drängte sich an ihn und preßte ihren Körper an den seinen,daß beiden der Atem verging."So",rief sie,"und jetzt hab ich Hunger!"

Er zog ein so verdutztes Gesicht,daß sie lachte.

Sie erklärte ihm die Sache."Das ist so:wenn ich wen liebhabe,ich meine, wenn mich jemand liebgehabt hat,aber du verstehst mich schon,ja?dann hab ich hinterher immer fürchterlichen Hunger.Der Hunger hat nur einen Haken.

36

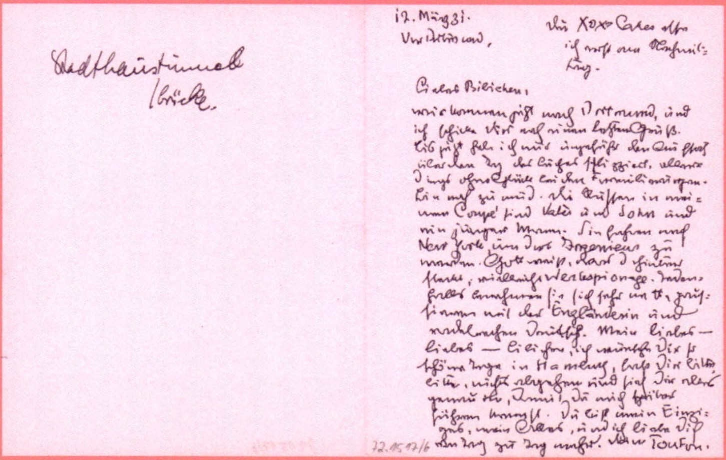

Stadthaus[illegible]
brücke.

17. März 31.
Vor Dortmund,

Die [illegible] Cakes esse ich erst am Ankunfts-
tag.

Liebes Bilichen,
wir kommen jetzt nach Dortmund, und
ich schicke Dir noch einen letzten Gruß.
Bis jetzt habe ich nur ungestört den Aufsatz
über den Tag der Bücher [illegible]. [illegible]
[illegible]
[illegible]. Die Reisenden in meinem Coupé sind Vater und Sohn und
ein junger Mann. Sie fahren nach
New York um dort Ingenieur zu
werden. Gott weiß, was dahinter
steckt, vielleicht Werkspionage. Jedenfalls unterhalten sie sich sehr [illegible]
[illegible] mit der Engländerin und
radebrechen Deutsch. Mein liebes —
liebes — Bilichen, ich wünsche Dir so
schöne Tage in Hamburg, [illegible]
[illegible]
[illegible], damit Du mich später
[illegible]. Du bist mein Einziges, mein Alles, und ich liebe Dich
von Tag zu Tag mehr. Dein Tonton.

72.1517/6

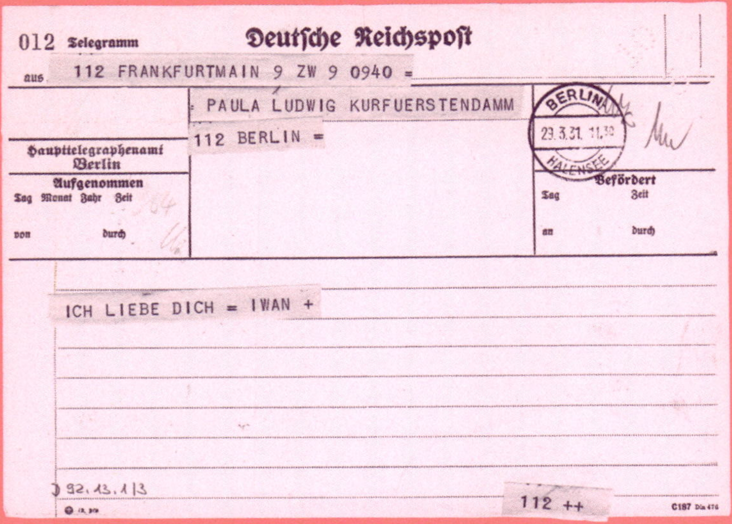

012 Telegramm **Deutsche Reichspost**

aus 112 FRANKFURTMAIN 9 ZW 9 0940 =

PAULA LUDWIG KURFUERSTENDAMM

112 BERLIN =

Haupttelegraphenamt Berlin

Aufgenommen

Tag Monat Jahr Zeit

von durch

BERLIN 29.3.31. 11.30 HALENSEE

Befördert

Tag Zeit

an durch

ICH LIEBE DICH = IWAN +

92.13.1/3

112 ++

C187 Din 476

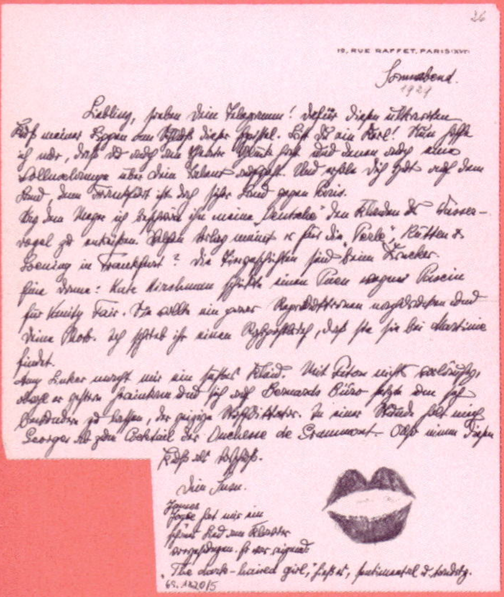

19, RUE RAFFET, PARIS (XVI)

Sonnabend.
1931

Liebling, habe Dein Telegramm! [illegible]

[illegible] Frankfurt [illegible] Paris.

[illegible]

[illegible] für Vanity Fair. [illegible]

[illegible]

[illegible] Bernards Büro [illegible]

[illegible] Duchesse de Gramont. [illegible]

Dein Iwan.

[illegible] „The dark-haired girl," [illegible]

69.1420/5

37

Paris Oster-Samstag

Liebe Paula

Und als ich gestern aus Saint Séverin kam ganz geblendet von goldener Musik und tränenreicher Sehnsucht

was erschien mir am Seine-Quai? Alle Menschen blickten in den Himmel, die Wagen stoppten, der Verkehr hielt an:

Da ruderten meine Störche, mit grossen, wilden Flügelschlägen vorbei, so

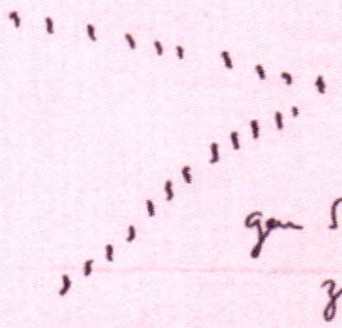

gen Südosten

zu Dir

Du weisst, dass sie mit Vorliebe im Elsass, meiner Heimat wohnen. Aber ich habe mir sagen lassen dass sie auch manchmal weiter fliegen, übers Badenerland in die Landschaften des Bodensees, also zu Dir, zu Dir.

O der erste, der Führer an der äussersten Spitze mit welchem Instinkt führte er, die Windströmungen bekämpfend, seine tapfere Schar deinen deutschen Provinzen entgegen, dort wo dein Herz schlägt wo deine Augen aufgehen und gläubig die Erfüllung des Frühlings erwarten

In ~~[illegible]~~ seine schwarzen ausgebreiteten Fittiche legte ich meine ganze Liebeskraft, auf dass er gut ankomme und Dir in seinem roten Schnabel die Osterbotschaft bringe: Iwan

liebt Dich

38

Zürich
Kellerstr. 1. , Sonnabend, den 17. Dezember 1932 p.Chr

Verehrteste Fräulein Müller!

Erschrecken Sie nicht, dass ich Ihnen einen Brief schreibe und sogar einen Liesesbrief, verzeihen Sie mir die unordentliche und unanständige Form desselben, denn ich schreibe denselben in der Badewanne,

aber ich bin gegenwärtig in einer solchen Verwirrung, dass ich unmöglich einen wohlgesetzten Brief machen kann, und ich muss schreiben, wie mir der Bart gewachsen ist. Ich bin noch gar nichts und muss erst werden, was der Professor Fabsi schon ist; was er ist, ~~habe ich schon, hinten, unten,~~ und bin ich es mir selbst schuldig, diesem Zustand ein Ende zu machen. Denken Sie nur, diese ganze Woche bin ich in den Warenhäusern herumgestrichen, weil es mir weh ums Herz ist, allein zu sein. Wollen Sie so gütig sein und mir in vier Worten, ehe es Weihnachten ist und ich die Geschenke gekauft habe, mich in einem Billjé wissen zu lassen, ob Sie mir gut sind und worauf hinauf? Nur damit ich es weiss, aber um Gotteswillen bedenken Sie sich nicht etwa, ob Sie mich vielleicht ein klein bisschen lieb haben könnten! Nein, wenn Sie mich nicht schon entschieden lieben, dann sprechen Sie nur ein fröhliches und schweizerisches leckmicham aus, dann nehme ich es Ihnen nicht übel und ist es keine Schande, wenn ich Sie, sehr geehrtes Fräulein Müller, liebe, wie ich es tue.

-48-

Agnes : So verdanke ich es Ruthart und seinen ruinösen Dummheiten, dass ich Dir jetzt ausschliesslich als Frau gelte... ?

Laborde : Ruthart ist nur ein Zufall... und es gehört zu dem unumstösslichen Geschehen, welches Liebe heisst, dass dieser Zufall hatte eintreten müssen... wäre es nicht Ruthart gewesen, so wäre ich aus einem andern, scheinbar ebenso zufälligen und in Wirklichkeit ebenso zwingenden Ursache hier gestanden, um Dir sagen zu können, dass ich Dich liebe... dass ich Dich immer geliebt habe....

Agnes : Auch ich liebe Dich...

Laborde : Ich weiss es.

Agnes : Und auch ich weiss, dass es das Selbstverständliche ist.

Laborde (der bisher unbeweglich an der Schattengrenze stehen geblieben ist, nähert sich Agnes um einen Schritt) : Willst Du Dich dem Selbstverständlichen widersetzen ... ? Du kannst es, aber Du sollst es nicht tun...

Agnes (die während des ganzen Gesprächs unbewegt und die Augen starr auf Laborde geheftet im Bett gesessen ist, hebt nun ein wenig die Arme) : Nein, ich widersetze mich nicht...

Laborde : Nein, widersetze Dich nicht...

DIE VORDERWAND DER DREI ZIMMER SCHLIESST SICH.

8. Szene

(Kleine Pause, während welcher die Bühne leer bleibt und von irgendwo leise Musik ertönt. Dann...)

IN DER HALLE :

Stasi (gefolgt vom Hoteldirektor tritt aus dem Büro) : Sie wollen also allen Ernstes heiraten...

Hoteldirektor : Ich möchte Sie heiraten...

Stasi : Nun ja, vielleicht ist es für einen Hoteldirektor wirklich das Richtigste...

Hoteldirektor : Verzeihung, nicht weil es das Richtige ist, sondern weil ich Sie, Madame, heiraten will...

Stasi : Wissen Sie, es wäre mir viel sympathischer, wenn Sie andere Gründe zum Heiraten hätten... dass Sie da immer so von Liebe herumreden, gefällt mir nicht... von Liebe habe ich schon zu viel gehört, die heisst nichts... es wäre mir lieber, Sie würden mich nach meinen Ersparnissen fragen...

Hoteldirektor : Madame, in einem Hotel wird immerzu geliebt und wir Angestellte sind davon naturgemäss ausgeschlossen...

Stasi : Sehen Sie, Direktor, das ist mir ja gerade das Sympathische an Ihnen...

Hoteldirektor : Ja, Madame, aber wenn unsereins einmal heiratet, dann will er auch etwas von der Liebe haben... das ist sozusagen seine einzige Gelegenheit dazu...

Stasi : Wünschen Sie sich's nicht, Direktor... glauben Sie mir, wünschen Sie sich's nicht... wissen Sie, Liebe... das ist so eine Sache... viel hat man nicht davon... wissen Sie, Sie können sich gar nicht vortsellen, was ich an Eifersucht leide... das ist so ekelhaft, dass es einem das bisschen Spass ganz verleidet...

95.6.5

40

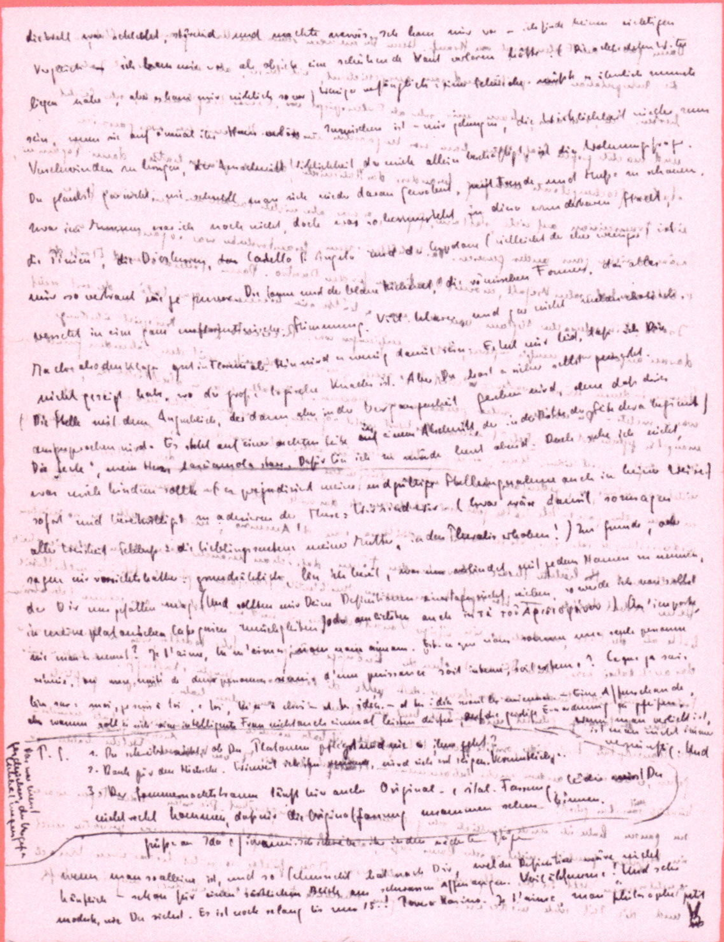

41

Centre de rassemblement, Maisons-Laffitte (S.&O.)   30 Septembre 39
Exp: S Kracauer

Chérie, j'ai été tellement heureux de ta carte du 28 Sept qui est arrivée hier, peu de temps après les 50 frcs. C'est réconfortant que le courrier semble reprendre sa vitesse. D'ailleurs, il est absolument inutile que tu te fatigue en apportant toi-même des paquets à Maisons-Laffitte. S'il y a quelque chose à envoyer, tu le feras plutôt par la poste (peut-être express); cela va très vite, nous en avons l'expérience, et encore tu n'a pas besoin de faire de longs voyages. Là-dessous tu trouve les mesures demandées pour le masque à gaz. J'ai très bien compris les instructions à cet égard, et j'ai pris les mesures moi-même avec l'aide d'une ficelle. Mais je te prie instamment de ne pas faire cette dépense. Attends encore, du moins. Car il ne faut pas s'attendre des attaques à gaz, et la valeur des masques est très contestée. (Naturellement, tout ce que tu fais est bon.) Est-ce qu'il y a des nouvelles de Brill et de Baum? Je suis si ému de tes efforts inlassables et du courage avec lequel tu téléphone à tout le monde et fais tant de visites. Tu es la meilleure des femmes; je t'adore, mon Toutou, je

72.15.1318

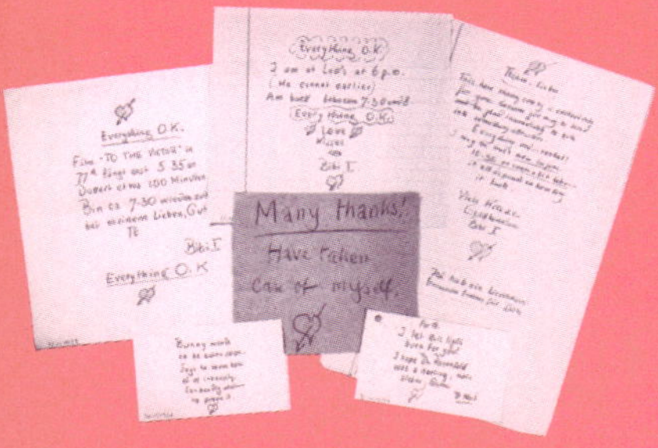

Everything O.K.
I am at Leo's at 6 p.m.
(He cannot earlier)
Am back between 7.30 and 8
Everything O.K.
Love
Kisses
Bibi I.

72.10.19.BY

42

um 1940 Vinaver

43

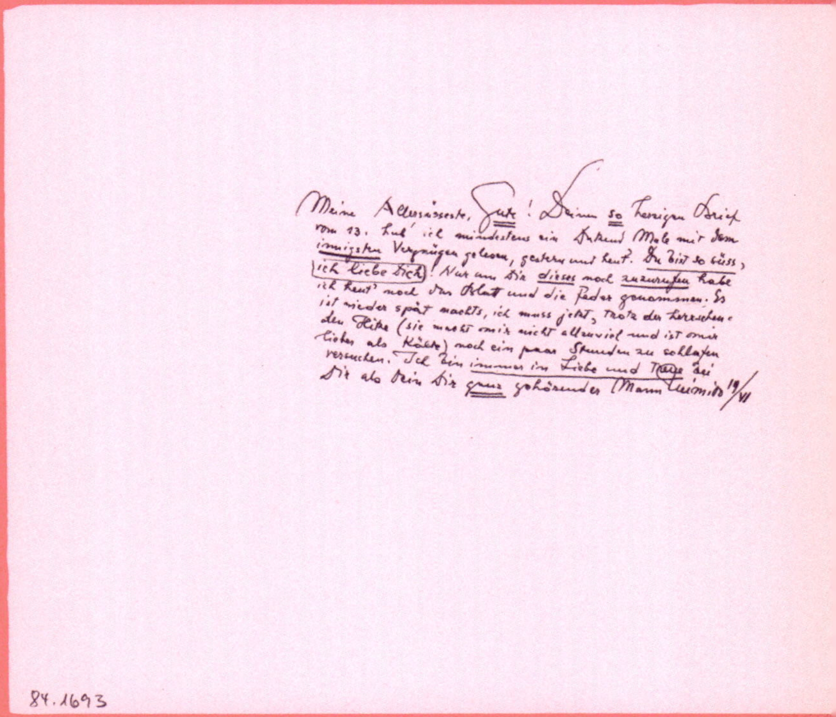
Meine Allersüsseste, Gute! Deinen so herzigen Brief
vom 13. hab' ich mindestens ein Dutzend Male mit dem
innigsten Vergnügen gelesen, gestern und heut. Du bist so süss,
ich liebe Dich! Nur um Dir dieses noch zuzurufen habe
ich heut' noch das Blatt und die Feder genommen. Es
ist wieder spät nachts, ich muss jetzt, trotz der herrschenden Hitze (sie macht mir nicht allzuviel und ist mir
lieber als Kälte) noch ein paar Stunden zu schlafen
versuchen. Ich bin immer in Liebe und Treue bei
Dir als Dein Dir ganz gehörender Mann Heimito 19/VI

44

5.

29-

Ich liebe dich....

Ich liebe dich
Und finde dich
Wenn auch der Tag ganz dunkel wird.

Mein Lebelang
Und immer noch
Bin suchend ich umhergeirrt.

Ich liebe dich!
Ich liebe dich!
Ich liebe dich!

Es öffnen deine Lippen sich.....
Die Welt ist taub,
Die Welt ist blind

Und auch die Wolke
Und das Laub –
– Nur wir der goldene Staub –
Aus dem wir zwei bereitet sind.
– Sind!

45

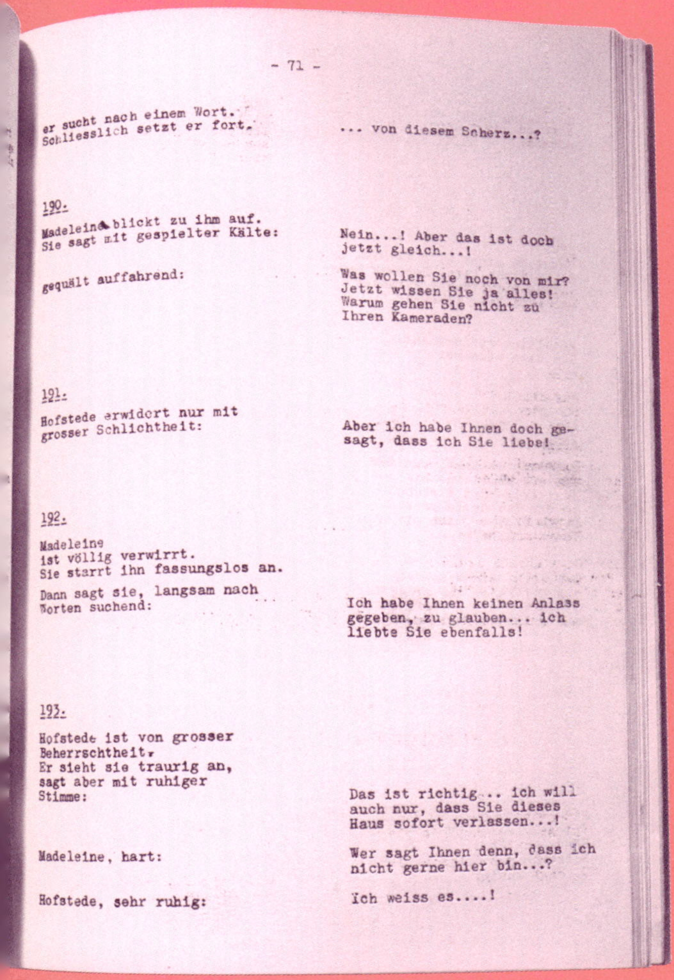

- 71 -

er sucht nach einem Wort. Schliesslich setzt er fort.	... von diesem Scherz...?
190.	
Madeleine blickt zu ihm auf. Sie sagt mit gespielter Kälte:	Nein...! Aber das ist doch jetzt gleich...!
gequält auffahrend:	Was wollen Sie noch von mir? Jetzt wissen Sie ja alles! Warum gehen Sie nicht zu Ihren Kameraden?
191.	
Hofstede erwidert nur mit grosser Schlichtheit:	Aber ich habe Ihnen doch gesagt, dass ich Sie liebe!
192.	
Madeleine ist völlig verwirrt. Sie starrt ihn fassungslos an. Dann sagt sie, langsam nach Worten suchend:	Ich habe Ihnen keinen Anlass gegeben, zu glauben... ich liebte Sie ebenfalls!
193.	
Hofstede ist von grosser Beherrschtheit. Er sieht sie traurig an, sagt aber mit ruhiger Stimme:	Das ist richtig.. ich will auch nur, dass Sie dieses Haus sofort verlassen...!
Madeleine, hart:	Wer sagt Ihnen denn, dass ich nicht gerne hier bin...?
Hofstede, sehr ruhig:	Ich weiss es....!

46

Wien, am 24. Juni 1949.

Du Lieber,

weil ich so garnicht daran gedacht habe, ist heute, am Vortag- im vergangenen Jahr war es doch auch so- Deine Karte richtig angeflogen kommen, mitten in mein Herz, ja es ist so, ich hab Dich lieb, ich hab es nie gesagt damals, Den Mohn hab ich wieder gespürt, tief, ganz tief, Du hast so wunderbar gezaubert, ich kann es nie vergessen.

Manchmal möchte ich nichts, als weggehen und nach Paris kommen, spüren, wie Du meine Hände anfasst, wie Du mich ganz mit Blumen anfasst und dann wieder nicht wissen, woher Du kommst und wohin Du gehst. Für mich bist Du aus Indien oder einem noch ferneren, dunklen, braunen Land, für mich bist Du Wüste und Meer und alles was Geheimnis ist, Ich weiss noch immer nichts von Dir und hab darum oft Angst um Dich, ich kann mir nicht vorstellen, dass Du irgend etwas tun sollst, was wir andern hier tun, ich solte ein Schloss für uns haben und Dich zu mir holen, damit Du mein verwunschener Herr drin sein kannst, wir werden viele Teppiche drin haben und Musik, und die Liebe erfinden.

Ich habe oft nachgedacht,"Corona" ist Dein schönstes Gedicht, es ist die vollkommene Vorwegnahme eines Augenblicks, wo alles Marmor wird und für immer ist. Aber mir hier wird es nicht "Zeit". Ich hungre nach etwas, das ich nicht bekommen werde, alles ist flach und schal, müde und verbraucht,ehe es gebraucht wurde.

Mitte August will ich in Paris sein, ein paar Tage nur. Frag mich nicht warum, wozu, aber sei da für mich, einen Abend lang oder zwei, drei.. Führ mich an die Seine, wir wollen so lange hineinschauen, bis wir kleine Fische geworden sind und uns wieder erkennen.

Ingeborg

47

Das ist ein Brief. Und damit Schluss.
Jetzt sind ja bloss zwei Tage.
Dann steigst Du aus dem Omnibus
Und kriegst die Blumen und den Kuss,
Die ich im Arme trage.

Dann wird es gut – Du musst nur erst
Den ganzen Kram neu finden.
Selbst mich. Als ob Du noch fortwärst.
(Dass Du je wieder wirklich fährst,
Will ich schon unterbinden.

Der Mensch ist doch kein Apparat.
Der Mensch, das Kalb, zerbricht
An Einsamkeit). Sei still da grad.
Wer einmal eine Reise tat,
Dem glaubt man nicht.

Gedicht statt Brief, Anfang nett, Ende grob – in Wirklichkeit umgekehrt, liebe Dich mehr als je, Mama grüssen, nie mehr Briefe schreiben, bis morgen

Liebe Dich tausendmal

Peter

25.8.1949

5 Mose 24/1

Meine liebste Queen, Prinzessin, Baronesse oder jedenfalls Gräfin von Gleichen,-
Möpschen:

Als Dein gewesener braver Mann und Hausvater und zu Deiner weihnachtlichen Beqemlichkeit muss ich Dir einen Rat raten und Deine Zweifel in einem uns nahegehenden Problema besänftigen. Denn Du weisst nicht, was Du tun sollst. Man soll aber tun, was man tun wird. Und weil Du auch das fast nie weisst, und weil Du eine so kurze Nasenspitze hast, dass jeder sieht, wie schwer es Dir fällt, sie zu betrachten, schreibe ich Dir, dass Du mich nicht un-nett findest aber bereits vollständig vergessen hast (Quelle: Empirie), und dass der Sieg der insecticide-method über das the-perfect-character-system längst stattfand. Börsenbericht: Ebbinghausse. Unsere Zuneigung war stets sehr einem Jahre zu vergleichen und wurde nämlich gegen Jahresende immer schmäler, und Sylvester-Abschiede sind bei mir überhaupt alte Tradition. Du hast es nicht gewusst? Es gibt ein Gedicht von Althaus, in dem eine Nichte Neros in Wahrheit ein Salzbergwerk ist. Du hast geschrieben, Du seist ein Salzbergwerk, aber Du bist bloss eine Nichte Neros.

Ma nonne? Manon. Ich habe es etwas eher gemerkt als Du, aber nicht viel eher, und schuld ist meine Unvorsicht. Du warst der Auffang meiner sämtlichen verdrängten soziabelen Triebe, und ich stehe jetzt wie die Goldgräberhütte in Gold-Rush. Schrecklich, sagt das treffliche Akrostichon, schrecklich ist das Risiko. Schrecklich ist es, zu vergessen, dass jenes flackernde Magnetfeld, wie man es in Einsteins Hirne und meinem findet, der einzige Fels ist, darauf man bauen kann. Kurz, ich liebte Dich, Du hattest den besten Grund zu behaupten, ich sei nicht erwachsen, und ich befinde mich gerechtermassen in einem Zustande, den ich bei allem Widerstreben nicht anders bezeichnen kann als: psychologisch. Dazu erscheint mir mein Unglück so sehr gross, weil ich nicht allein an ihm selbst sondern auch noch dem Schimpf leide, unglücklich zu sein. Was aber endlich diese missbehagliche Lage zur unhaltbaren macht, ist das zweimonatige Auf und Ab meiner vorgestellten Chancen und Hoffnungen; Du erkennst, ich rate nicht nur Dir. Das Ding soll nicht langsam und von Natur sterben. Es ist auch nicht mürder, es ist Euthanasie.

47

Meine süsse, liebe, liebe Idiot, ich schreib bloss schnell, weil Du mir zwei Briefe geschickt hast, wie Du Angst gehabt hast wegen meines blöden Briefs, Du Dummkopf, den hab ich bloss geschrieben, weil ich keine Post gekriegt hab von Dir, und ich wusste nicht, dass Du nichts dafür kannst und ob Du mich noch magst. Aber dass drinstand, dass ich mich ohne Dich wohler fühle, ist ja gelogen, wo ich grad krank bin ohne Dich. Und wenn Du nicht gesagt hättest, dass Du mir da davonläufst, würde ich schreiben, Du bist ein Wunder für mich, aber so bist Du bloss ein bisschen wunderlich, weil dass Du mich liebst nämlich.

Die Mama ist gestern auch krank gewesen, davon bin ich wieder etwas gesunder und auch vom Filmclub, weil ich mich schrecklich geärgert hab, dass ich nicht hinkönnte. Aber nun ich heute nacht so schlecht geträumt habe (Du hast wen umgebracht und dann hat Dich ein Nabob geheiratet), weiss ich nicht, ob es vorhält. Du betrügst mich ja mit Amerikanern und bist ganz lasterhaft, aber wenn Du wiederkommst, werde ich Dich wie ein Tyrann behandeln, damit Du nicht mehr denkst, dass ich Dich nicht lieb hätte, wo Du doch bist mein Zwill aber das hastu schon vergessen.

Das ist gar kein Brief, bloss ein Zettel und den Brief kriegst bald von Deinem Mann [illegible] . P.S. aber will die Mama (sie lässt grüssen) gleich Kaffee haben vom grünen Lyon zwei volle Büchsen für sechs Mark und auch Lyon-Tee, wenns gibt. Hastu Geld zum Auslegen? Sonst schreib gleich, wir schicken alles und auch Porto. Ich lass auch grüssen. Ich hab Dich immer lieb.

"Let women be about me that are fat"
(Plural)

Es ist eine sehr gute Idee, Süsses, dass Du dick wirst, und Du musst es nicht nur beim Gesicht belassen. Je mehr Du da bist, umso mehr gehst Du liebzuhaben; man merkt hieraus, dass ich auch Deinen Körper mag und nicht nur den ich-Punkt, an den Herr Konrad glaubt. Wenn Du kommst, geben ich Dir ein Kleid von der Tante und pudere Dich rosa, dann bist Du als Fräulein Hufnagel verkleidet, und ich kann an Dir sie verführen üben, wenn Du mich lässt.

Um aber noch ein übriges zu tun, musst Du mir jetzt einen Goethe käufen. Er soll nicht mehr als fünfundzwanzig Mark kosten, das sind hundertundfünfzig oder -dreissig; wenn es teurer ist, ist es schade, aber besser, als wenn er schlechter wäre. Ist es aber billiger, dann will ich den Dreissigpfennigroman und den Ringelnatz (magst Du den nicht?). Geldes musst Du zahlen, aber kannst es dann sofort bekommen; eine Sache wird in der Sendung wohl noch klappen, und ich kann mir so viel vorschiessen, vom Studiengelde.

Gemacht habe ich deutsche Frau, Hymne, Volkslied, von dem die vierte Fassung (zwei und drei lasse ich aus; siebente folgt bald) - pardon - vorliegt. Keins ist hervorragend; ich entschulde es zum Teil mit Familie und Biedermeier. Jener geht es nicht schlecht. Sie liegt erster Klasse, wird gesund und lässt sich besuchen, während ich unter der Tante nun schon ganz bemerklich leide. Ich fange Fliegen und juchse manchmal unmotiviert.

Sie spielt früh um halb sieben laut Radio. Wann soll ich an Dich denken? Ich bin ganz wenig aus; mit dem Heinrich war ich auch im schönen Teufel (Pakt schreibt man ohne ck), aber sie spielten die "Frau ohne Gewissen", was soweit nett war, aber wir wollten nicht hin. Das Wetter regnet oben und ist unten kalt, zehn Grad, pfui. Dein Stabreim war schön, alle Stabreime sehen aus wie Stellen aus dem Brockhaus. Ich habe Dich ausserordentlich lieb, und Du musst viel Schlagsahne essen.

P.S. Warum schreibst Du nichts von Berlin?

47

A

Schnee fällt und der Matsch wird fetter,
Und die Botschaft geht zuschanden:
Gab das dreissig solch ein Wetter,
Wär der niemals auferstanden.
Nirgends auf der Welt ist Oster-
glück von Bern bis Budapest,
Bis auf hier, wo ein liebkoster,
Mensch, ein frisch beunterhoster,
Sich mit Liebchens Seife wäscht.

Ungarischer Reim. Süsses Liebes, ich habe mich über Dein Paket und dass Du an mich denkst sehr viel gefreut, und Du siehst, wie Du gleich meiner Konzentrationsfähigkeit schadest. Die Eier waren ganz richtig ausgesucht, wie ich sie gerne esse, und die Seife war sicher sehr teuer, jedenfalls steht drauf: stets erste Preise. Und die kokotte Unterhose gefällt mir auch gut, und ich kann jetzt, wenn ich wissen will, wie oft Du schon in Straubing gewesen bist, im Wäscheschranke nachsählen. Wenn ich später im Wedekind lesen werde, denkt mein Kopf an den Jakob, und wenn ich die Unterhose anhaben werde, denkt er an Dich, nämlich mein Kopf. Zur Zeit aber denkt er gar nicht (mein Kopf), und was herauskommt, ist Wissenschaft, wie ich nämlich die Leute glauben machen will, aber ich fürchte, so dumm sind sie nicht. Ich schreibe so deutlich wie Martin (Heidegger - nicht Luther) und so viel wie Ramsch, und ich tue den ganzen Tag nichts weiter, ausser Essen und Nachrichtenhören, und nachts sehe ich sehr romantisch aus wie ein armer Student, aber es ist mühsam. Zu Geburtstags habe ich die Schuhe und den Wedekind bekommen und von Gregor die zehn Mark, die ich ihm schuldig war, da brauchst Du wegen Deiner Schulden auch keine Angst zu haben, weil Du sie nur bis zum Dezember hast; aber gefeiert habe ich nichts sondern ein Kapitel über die Parodie geschrieben, worin steht, sie könnte eine der Vorzüglichsten Kunstgattungen sein. Wenn Du wiederkömmst, werde ich sicher nicht mehr sehr lange brauchen, nur abtippen muss ich alles, was auch lange dauert, aber vielleicht weniger anstrengt. Es ist sehr nacht spät, und ich schlafe schon, aber dass ich Dich ungemein sehr lieb habe, kommt nicht davon, sondern tue ich es leider auch tagsüber. Ich habe Dich ungemein sehr lieb, und ich schreibe Dir auch noch einmal, aber Du darfst mir öfter, und grüsse die unsittliche Familie, und wenn ich fertig bin, machen wir alle Ferien.

A

Mein Babylein, Du fängst, obwohl ich Dir das nicht schreiben sollte, an, ziemlich lange fort zu sein. Nicht bloss, dass ich subjektiv Sehnsucht hätte – dies könnte nur gewissermassen eine Täuschung sein, ein Irrtum,– aber die tatsächlichsten Erscheinungen überzeugen mich hiervon und würden auch Herrn Wilhelm James überzeugen. (Er sagte, man sei betrübt, weil es flösse, nämlich die Tränen). Die Kurve von Abschieds-Betrübtheit sieht übrigens aus wie der Rücken eines Dinosauriers:

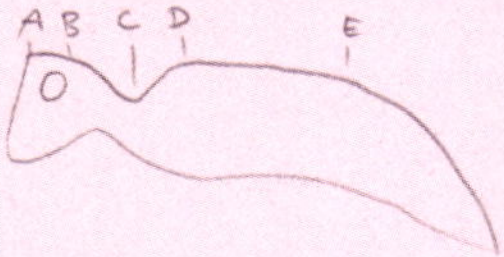

Erst merke ich es nicht so (A–B). Dann vermisse ich Dich (–C), besinne mich aber mit der Zeit auf meine Vergangenheit als Individuum und fühle mich leidlich wohl, fast erleichtert (D–E). Und dann kann ich nicht mehr und muss immerzu weinen bis tief in den infiniten Schwanz hinein; ich bin ja erst bei B^1, aber ich weiss es schon.

Dinosaurier sind gefühlvolle Tiere; sie fressen Pflanzen, beginnen wie: DIE NOt ist gross, und enden wie trAURIGER.

Ich bin keinesfalls so gesund, dass es unfein wäre; aber der Mama geht es schlecht, weil sie eine Venenentzündung hat am Oberschenkel, und sie muss sich von Blutigeln beissen lassen. Blutigel haben keine Stacheln und essen keine Äpfel, sondern sie leben alle in einem kleinen, braunen Glase und sind von grosser Bösartigkeit. Es wundert mich, dass die Amerikaner in Korea gewinnen. Die Tante wirft Gras ins Waschbecken, Fieberthermometer in die Wäsche und sich in die Brust. (Ganz draussen im Moor gibt es noch sogenannte Einödbauern. Diese wissen nicht, wieviel Geld die Tante ausgab, als Herr Hennenhofer da war).

Babylein, schreib mir auch mal, und ich schicke Dir Deine Jones-Zettel noch. Ich habe Dich sehr lieb.

Peter

47

Quitschorras sind sehr glücklich mit dem Radio und spielen den ganzen Tag ganz laut, um kreditfähig zu wirken; sie sind traurig, dass Du bald zurückkommst. Ich bin froh, dass Du bald zurückkommst. Ich weiss ohne Dich noch weniger anzufangen als mit Dir. Ich bin schon ganz verheiratet. Herr Niehaus scheint das auch gemerkt zu haben, er hat uns beide zum Kaffee eingeladen, Freitag.

Manche lassen grüssen. Ich nur Deine Familie, weil man das andere nicht schriftlich kann. (Lieb haben). (!!!!! ! !   !!). (Vierzehn Stück).

"O Maria, süsseste Himmelsjungfrau; ich liebe Dich, und es verlangt mich so sehr, Dein Antlitz zu küssen. Wenn ich an Dich denke, schmecken mir die Heuschrecken der kleinen Sandwüste wie Manna mit Zimt, und die Nesseln meines Rockes gleiten wie Seide, und mein Fleisch schaut Dich zur Nacht und zappelt unter der Bettdecke .."

Dies ist die Stelle, an welcher das Wunder geschah: die heilige Maria kam zu dem Einsiedler in die kleine Sandwüste und legte sich an seine Seite und liess sich von ihm um ihre historische Jungfernschaft bringen. Sie lebten lange glücklich miteinander, und nach einer abgemessenen Zeit entband sie heimlich eines buckligen Kindes, das nannten sie Quarkrabe, und es ergriff, als es verständig geworden war, den Beruf eines Schuhputzers in Brooklyn.

O Geliebtes, keine Geschichte, die ich Dir bisher schrieb, kann sich mit dieser messen; sie ist vollständig ohne Nutzanwendung. Ich bin verrückt und wirr und traurig, und ich habe Deinen Brief neunmal gelesen und weiss nichts als wie lieb ich Dich habe – alles andere will nicht in meinen Kopf hinein und gibt Unsinn wie die Geschichte vom Kinde Quarkrabe. Heute war langweiliger Sonnabendnachmittagkaffee, und ich habe an nichts denken können als an Dich, und jetzt ist lange Sonnabendnacht, und es ist noch schlimmer; ich habe Dich so lieb.

Wenn ich Dich nicht so lieb hätte, wüsste ich schon nützliche Dinge zu berichten; über die Bahnpost und warum am Sonntag keine geht; oder über die Subordination als metaphysisches Strukturprinzip bei Kafka und warum er mit Surrealismus kaum etwas zu tun hat (nämlich weil er eine Tendenz hat und eine Logik); oder über die sieben egyptischen Plagen, die einen hindern, nützliche Dinge zu berichten, chronologisch der Krieg, die schlechte Ernährung, die gute Ernährung, die Hitze, das Halsweh, die Arbeit, die Liebe –

Die Liebe lässt mich nur noch in Hoffnung auf den nächsten Freitag leben, ist das wirklich der läppische sechsundzwanzigste hujus, an dem Du wieder bei mir sein willst, Freitäglein – Maitäglein, mitten im Winter? Bei Gott, das wird kein schwarzer Freitag (so hiess der perverse Neger, an dem Robinson seine Liebe ausliess), das wird ein ganz hellrosenroter Freitag, an dem wir unsere Lie.., an dem wir uns wiedersehen werden: mit Schmetterlingen und Pusteblumen, und man hält mich schon jetzt für einen Blumenanger, jedenfalls die Wespen.

Sie gehen auf mir herum und saugen mich aus, tust Du das dann?

Peter

2o.8. Wann kommst Du?

47

Wenn die Abendschmetterlinge
Ihre späten Flüge tun ...
(Talmi-Poesie, XX Jahrh)

Mein Liebes, es ist ganz Nacht, und ich bin ganz müde, und ich schreibe Dir nur ein paar Zeilen, damit Du siehst, dass ich Dich auch lieb habe, wenn es dunkel ist, obwohl wie bisher keine Gelegenheit dazu hatten. Der Mond steckt in seinem Futteral aus schwarzer Baumwolle oder bescheint die Kolibrifische auf der südlichen Halbkugel, was weiss ich, und es ist alles so finster, dass man nicht einmal mehr Straubing erkennen könnte als dunklen Fleck. Alle Käuze schlafen längst, und nur die Viktoria Regia beginnt um die Zeit zu blühen, wobei Du an Herrn Heinkel denken kannst und an die zwanzig Mark; wenn Du Lust hast, auch an das Café Viktoria.

Dort war ich nämlich so lange mit Herrn Greul, und wir plauderten viel über Dich, i.e. ich erzählte von Dir. Ich fand heraus, dass Du im gleichen Masse wie wir selbst für einen wirklichen Beruf vollständig verdorben seist und Dein einziges Ziel darin finden müsstest, eine ästhetisch-intellektuelle Personalität höchsten Niveaus zu werden, und dass Du dazu mindestens zwei Semester Universität würdest schlucken müssen, - Herr Greul dagegen war nett und will den Eulenspiegel komponieren, von dem er Gutes sagte; vor allem, dass er sicher nicht von mir sei (ich gab es ihm erst ohne Verfasserangabe), weil ich den Schluss unmöglich hätte geschrieben haben können.

So viel in nächtlicher Geschwindigkeit, in Nacht-Eile, was wie Nachteile nicht nur aussieht, sondern auch welche hat, da mir gar nicht Zeit bleibt, Deine Qualitäten zu loben - es fallen mir immer die falschen ein. (Die, wo, wenn ich davon schriebe, könntest Du bei meiner Schwiegermama keine Reklame mehr für mich machen, und das ist wichtig, denn ich will, dass Dir alle Leute nur Gutes über mich erzählen). Ich tue es auch und berichte hiermit, dass ich den ganzen Tag über folgsam und fleissig und Deiner eingedenk war, und dass ich Dich schon neun Mal mehr liebe als an dem Tage, wo Du weggefahren bist.

und das ist viel; Du solltest kommen, es anzuprobieren

(ich liebe Dich) Peter

Während sie den heiligen Lorenz auf dem Roste brieten, kam eine junge Sklavin hinzu und bat den Heiligen, ihr doch die christliche Liebe zu erläutern. Aber dieser sagte: Ein andermal meine Freundin, ein andermal, denn ich bin nicht in besonders guter Laune, und ich habe auch nicht genügend Zeit.

Und, obwohl ich kein episkopalischer Prediger bin, versteht man sogleich die Nutzanwendung der Anekdote; nämlich kann auch ich Dir die Liebe gar nicht ausführlich erläutern, weil ich keine Zeit habe wegen langen Bleibens bei Dir (das ist die Analogie zum Bratrost) und weil ich schlechter Laune bin wegen Abreise nach Straubing – das ist die Analogie zur Himmelfahrt von des Laurentii Seele: welche Parallelen; denn dann wärest Du meine Seele und Straubing das Himmelreich, welches aussieht wie ein Sanatoriumsgarten, angefüllt mit Pfarrern und Pfarrerinnen, unschuldigen Kindlein und Heringen.

Ich bin nicht schlechter Laune, sondern ich bin traurig. Ein fetter Neger schaute aus dem Eisenbahnfenster und fragte: Wee geht es Dir?, denn er lebte in Deutschland, und ich sagte: Fine, denn ich dachte an Dich, und es war ja wohl auch ganz richtig, weil ich Dich so lieb habe, aber zugleich war ich abscheulich traurig wegen Straubing und wegen der Pfarrer und der Heringe.

Die beste Freude ist die Vorfreude, und die traurigste Traurigkeit ist die Vortraurigkeit, welche, wenn sie länger dauerte, hielte man sie gar nicht aus. Wenn ich all die drei Wochen so weinen müsste, gäbe das gar eine klägliche Literatur: die tragischsten Komödien und die gräulichsten Possen und Gedichte, als hätte sie Herr Rouault gedichtet, und ein Weltbild, so schwarz wie der Neger, der sich nach meinem Befinden erkundigte, oder wie die straubinger Heringe.

Ich weiss nicht zu sagen, warum ich keinen besseren Satz finde als: ich liebe Dich. Ich habe keine Ahnung, wer "ich" ist, denn ich habe das Ding noch niemals gesehen, und die Liebe – Du hörtest es – kann ich Dir nicht erläutern; bestenfalls was Du bist, kann ich erklären, nämlich das reizenste, süsseste und entzückendste Mädchen der Welt, von Deinen guten Eigenschaften ganz abgesehen. Karger Bescheid das für die Sklavin, aber der Heilige sagte:

Ein andermal, meine Freundin, ein andermal

St. Laurentius, 1949

47

.. und ich mag es gar nicht, obwohl ich einsehe, dass Du recht hast, aber ich mag ..

Du Böses, Süsses, das sind Tricken, nicht wahr; denn es ist unfein, einen Effekt daraus zu machen, dass man nicht recht hat. Ich mag auch nicht. Aber Du hast keine Lust, es mir zu glauben.

Ich bin nicht Kant, und Du weisst, dass mich nie mehr angestrengt habe als das Minimum dessen, was zu tun nötig war. Ich kann nicht umhin, gelegentlich eine Dissertation anzufertigen und bis dorthin mein Strassenbahngeld zu verdienen. Ich habe einen täppischen und trägen Geist, und ich brauche viel Ruhe und Entspannung, um überhaupt etwas hervorzubringen. Ich bin auch noch krank.

Es ist unfein, sagte ich, mir meine rührseligen Verteidigungsrede dadurch zu untergraben, dass Du mir vorwirfst, im Recht zu sein. Ich fühle mich durchaus nicht wohl als Tyrann auf juristischer Basis. Aber ich mag keine Pflicht-Neigungstragik. Ich bin nicht Schiller. Du musst Dir eine Freundin kaufen oder ein Krokodil, damit Du manchmal nicht an Deinen Dich vernachlässigenden Ehemann zu denken brauchst.

Ganz einfach: Ich liebe Dich genau wie früher. Ich liebe mich genau wie früher. Das deckt sich zum grössten Teil und sieht graphisch so aus:

Hier liebe ich mich, indem ich Dich liebe, oder umgekehrt.

Hier liebe ich Dich ganz allein.

Und hier passt es nicht zusammen, aber ich brauche es trotzdem.

Das ist schade, dass die Verhältnisse mich grob und garstig machen; ein bisschen zwingst Du mich dazu, indem Du "aber ich mag" sagst. Ich will so brav artig sein, wie ich kann. Ich will (nach diesem) nie mehr stirnrunzelige Briefe schreiben.

Ich will Dir immer wieder erzählen, dass Du mein geliebtes, kleines Kätzchen bist, und dass Du gar keinen Fehler hast und nur manchmal miaust, wenn Dich die Katzenfalle Weltlauf am Schwanz zwickt, und dass es auf der ganzen Welt nichts gibt, was ich

47

"Du darfst niemals von mir fortschwimmen,
Fisch", bat die Katze und biss ihm sorgfältig alle Flossen ab, " - aber ich will
nicht, dass Du Dich nur eine Sekunde gefes-
selt fühlst".

Mein liebes Mädelchen, so viel etwa zu Deinem Brief, oder vielmehr Deinen Briefen, denn es waren zwei: ein fröhlicher und
ein gewichtiger; für den gewichtigen musste ich Strafporto
zahlen. Im ersteren stand, dass Du Kommunisten für klug hältst
und Dich von Gin ernährst, dafür muss ich Dich loben. Im zweiten stand, dass ich Dir einmal weglaufen würde, und dass kost-
bare Dinge immer zerbrechlich seien, dafür muss ich Dich töricht schelten. Ein Elefant hält sehr lange Zeit. Ein Elefant
kostet zwanzigtausend Mark.

Geliebtes, unsere Liebe ist wie ein Elefant; sie hat ein dik-
kes Fell und grosse Weisheit und sie wird hundert Jahre alt,
eine rechte Elefantenliebe. Sie kann behutsam sein und tage-
lang mit dem Rüssel schlenkern, das heisst: ich liebe Dich,
ich liebe Dich, ich liebe Dich, und es wird nie langweilig.
Und sie kann wild sein und lustig, und dann hüpft sie im
Dschungel, dass die Kanaken aus ihren Einbäumen fallen und
rufen: welch ein erschrecklich grosses Ding das ist, welch ein
Elefant!

Du, ich habe Dich lieb, und Du hast mich lieb, und wir können
jetzt alle Leute schlecht behandeln ausser uns beiden. Und
wenn Du noch ein bisschen traurig bist, muss ich Dich noch viel
mehr liebhaben; denn ich selbst bin schon ganz vergnügt, und
ich freue mich sogar für Deinen gewichtigen Brief, weil ich
dann auch bei Dir weinen kann, wenn ich einen Kummer habe. Das
ist nur ein Geschäft. Und das Haus, in dem wir wohnen, ist
luftig und Hell wie das von Le Corbusier in Stuttgart, und wie
jenes ist es auf Stelzen gebaut: auf vier Stelzen, die überhaupt nicht umfallen können - es sind Elefantenfüsse.

Sei nur nicht böse, ich bin so glücklich,
weil ich Dein Peter bin

Sonntag

48

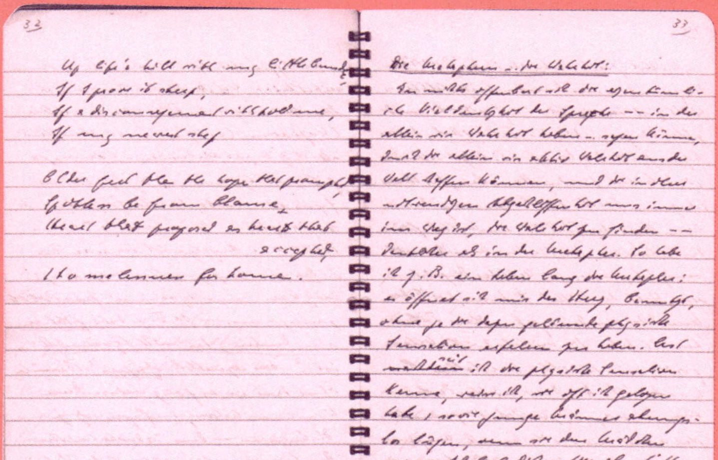

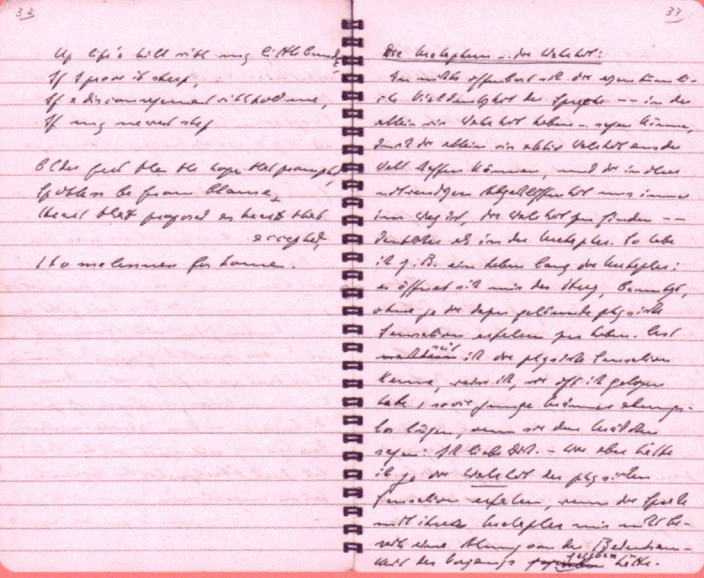

5

Gestern nacht habe ich so zärtlich von Dir geträumt(nach Abschiedsgedichten, of all things): wir mieteten eine neue Wohnung, es war ein Bett darin mit italienischen Pfosten (die Nacht davor sah ich uns beide in Italien!) und Du volltest es gleich ausprobieren. Du legtest Dich zärtlich und wollüstig schwer auf mich. Mein Körper, wie immer, eine Membrane unter Deiner Berührung. Aber ich weiss nicht ob ich in Dir versank, wie es mir jetzt in der Wirklichkeit und selbst im Traum versagt ist, denn der Rest des Geträumten ist mir verdunkelt.-

Lieber, rechne mir doch die Welt nicht an, die so stachlig ist. Denk an die 50 Peers von 89 die ihren Mantel leihen wollten, und dann mit "Hasenhermelin" vorlieb nahmen - wenn sie mit der Tube oder dem Bus oder einem geliehenen Auto nachhause fahren, so werden sie auch nicht alle ihre Frauen prügeln weil sie unzureichende Göttinnen sind statt Millionärinnen - oder damit sie aus Verzweiflung Goldstücke schissen.- Und schon ganz, mein Herze: wie soll mir nicht der Mut sinken wenn Du mich für Deinen Erfolg verantwortlich machst. Da bin ich wie ein kleiner Soldat mit einem Maschinengewehr der ~~ein~~ einen Hügel gegen eine Armee halten soll: Du sagst, "Wenn Dir nur einer meiner verhassten Feinde entkommt, so will ich Dich kreuzigen" Wie soll der kleine Soldat da Kampfgeist haben?

Soldat hin oder her - was für eine schlechte Sekretärin Du Hast! (Denn gestern, pour vrai dire, hab ich Dir auch geschrieben, und abends den Brief zerrissen) Herbei mit dem Rhinozeros. Dabei sollte es heute fertig werden - und ich bin, nach den töricht verbrachten Nächten, so blass und jammervoll müde. Und morgen kommst Du spät und mit einem Sack voll bunter Erzählungen. Und am Sonntag, indeed, Windheim, der zur Arbeit bereit ist (!) Wenigstens sind heute die Bäume wieder grün, wenngleich der Himmel trübe ist - am Morgen nach Deiner Abreise war die Welt sehr grau. Der reviewer des letzten Buchs von Rosalind Lehmann (who is she, anyway, she got an extraordinary review) sagte irgendwo: "in any case, it was made plain that love is not a cure for living " Is it - or isn't it? I am afraid that is just what I expect it to be. (But you, you expect it to be not only that but also a cure for all the minor discomforts of life, something that heals a cold, something one pays the restaurant bill with, something one smears on one's thinning hair, a charm to bewitch the critics in one form or another, - and, when all this is said and done, of course and in the main, a raison d'être in this precariously balanced affair that is life.) However, and though I have just layed out myself in the opposite direction yesterday evening while crying and writing French poems (how terribly far one goes out on some byways in this poetry business, and how true it is all in the moment when you write it!) I do love you. But it is not a happy love, for the time being.

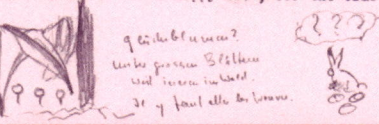

Glücksblumen?
Unter grossen Blättern
weit innen im Wald.
Il y faut aller les trouver.

49

Montag morgen.

Mein Lieb,

ich habe die Reise umsonst gefürchtet: ich härme
mich nicht ab, sondern ich denke an Dich in Zärtlichkeit
und Vertrauen. Und jeden Morgen fehlt mir – trotz
des blauen Himmels und der rosa Zweige – die
glückliche Überraschung Deiner Augen.

Verzeih wenn ich Dich in der Angst vor der
Reise gequält habe. Es haben hier keine Gespenster
auf mich gewartet. Und selbst die Versuchung, die Briefe
in Deinem Schreibtisch zu lesen, die mir so fatal war,
hat sich nicht eingestellt.

Je t'aime. Te quiero. Ich liebe Dich

Gestern abend Vela und Esperanza – Esperanza
reizend, die netteste Spanierin die wir hier hatten.
Unattractive, intelligent, con delicadeza y tan
franca como yo. – Stell Dir vor, er hat sich in
dieser Jugendfreundin etwas gesucht, was ihm geben
könnte, was Du an mir hast. Nicht umsonst waren
wir ihr Bettgespräch. Gestern sagte er, wie er immer
unser Lachen beneidete. – Selbst Tala sagt: "er wollte
leben wie Sie und der Señor". Katastrophe: er liebt
Sacha anders als sie. Und ist ein Schatten seiner
selbst.

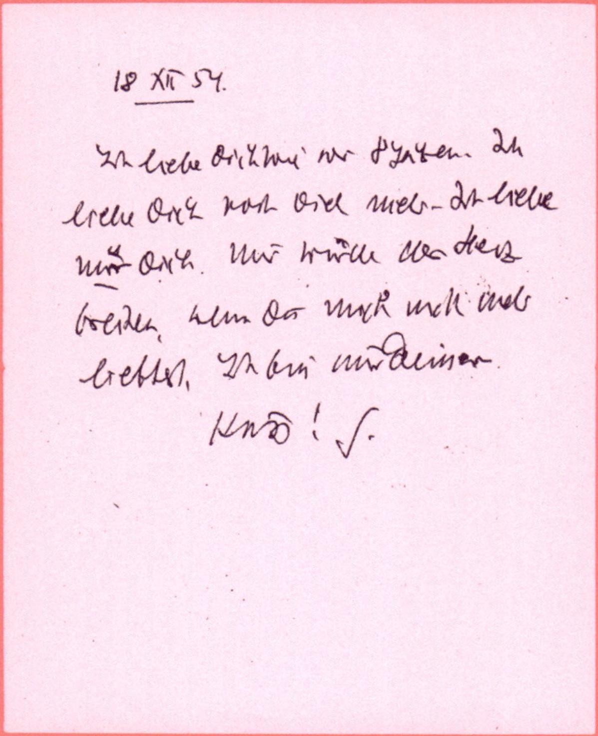

18 XII 54.

Ich liebe Dich heute wie vor 8 Tagen. Ich liebe Dich noch viel mehr – Ich liebe nur Dich. Mir würde das Herz brechen, wenn Du mich nicht mehr liebtest. Ich bin nur Deiner.

Kuss! G.

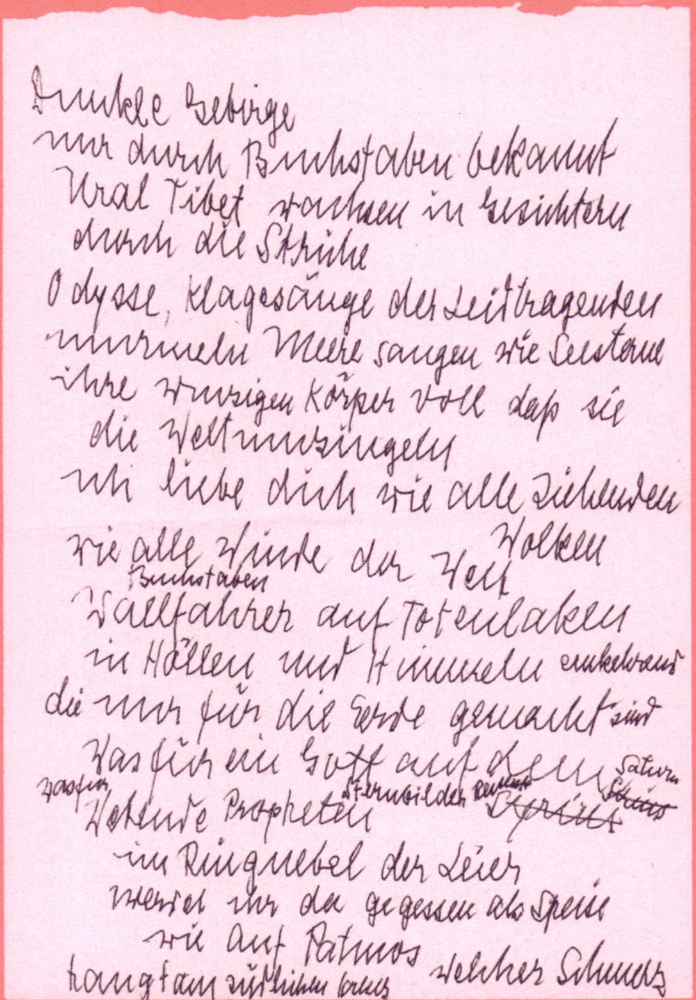

Dunkle Gebirge
nur durch Buchstaben bekannt
Ural Tibet wachsen in Gesichtern
durch die Striche
Odyssee, Klagegesänge der Zeittragenden
murmeln Meere saugen wie Seesterne
ihre winzigen Körper voll daß sie
die Welt umzingeln
ich liebe dich wie alle Ziehenden
wie alle Winde der Welt Wolken
Buchstaben
Wallfahrer auf Totenlaken
in Höllen und Himmeln entkleidet
die nur für die Erde gemacht sind
Was für ein Gott auf dem Saturn
wartende Sternbilder [illegible]
Wartende Propheten [illegible] [illegible]
im Ringnebel der Leier
wäret ihr da gegessen als Speise
wie auf Patmos
langsam zu seinem Kreuz welcher Schmerz

52

12.

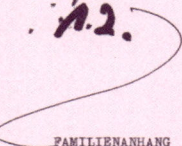

FAMILIENANHANG

Ein kleiner Puschel-Tiger,
verwöhnt als Kuschel-Sieger,
beschloß,um eine schöne Braut zu frei'n.
Er sprach zur Tibet-Ziege:
"Wie ich dich liebe,Ziege!
Heirate mich!Die Mama sagt nicht nein."

Sie schüttelte das Köpfchen,
vergoß zwei Tränen-Tröpfchen,
und sprach:"Nur dich - das wäre fabelhaft!
Doch deine Tiger-Mutter
wär' meine Schwiegermutter,
und das geht über meine Nervenkraft."

~~Ted Berrigan~~

MIT JOAN UND ALEX IM BETT

Früh am Morgen

nicht gelbe ~~strahlend hell das~~ sehr hell das ~~gelb ist's nicht~~

Licht

scharfe weiche Luft

sie wird etwas milder

schenkst du mir

DEN BLICK DER LIEBE

kein schlechter Anblick

wissend / grün

interessante Manieren

mit

Seeräuber-Nuancen ~~Schattierungen~~.

Findest du's gut ~~Kapierst du es~~ (das zu tun ~~indem du's~~ tust) morgens in Michigan?

Licht

du legst ~~ziehst~~ die Brille ab ~~aus~~

(Kleider sind es bereits)

gelbe Hosen

ich sollte sagen Geld

doch Gold ist nicht wirklich gelb

nicht wahr?

also laß ich's.

Joan Fagins braunes Hemd liegt nun

auf dem Stuhl

braun

durchsichtig, blaue

Knöpfe . . .

Einige springen ab das tun wir alle irgendwann.

Joan mit dir

"tu ich es".

&

Dich lieben

hat tatsächlich nichts zu "tun"

mit irgendwas

aber ich tu's.

& es tun (...["irgendwas"]...) zieht dich hoch, jaah.

mit ein paar

Schwüngen

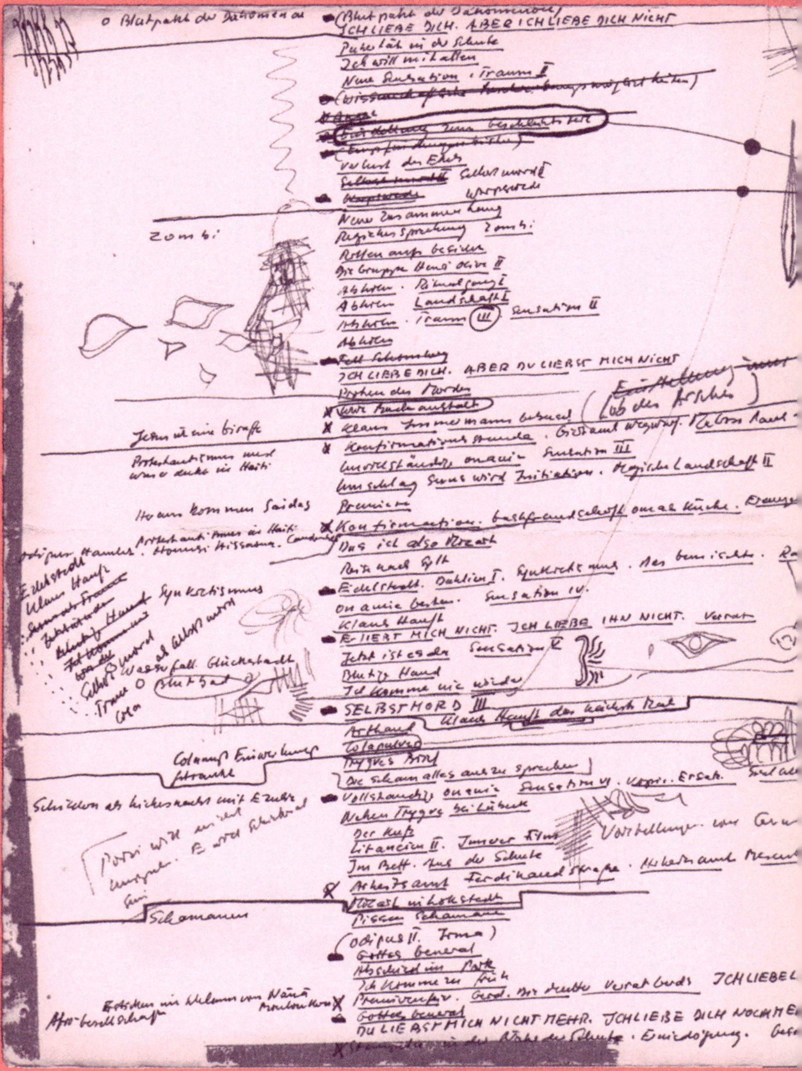

ICH LIEBE DICH. ABER ICH LIEBE DICH NICHT

Ich will mit allen

Zombi

ICH LIEBE DICH. ABER DU LIEBST MICH NICHT

Das ist also Mozart

Klaus Hauft

Jetzt ist es da

SELBSTMORD III

Schamanen

Gottes General

Ich komme zu früh

DU LIEBST MICH NICHT MEHR. ICH LIEBE DICH NOCH MEHR

54

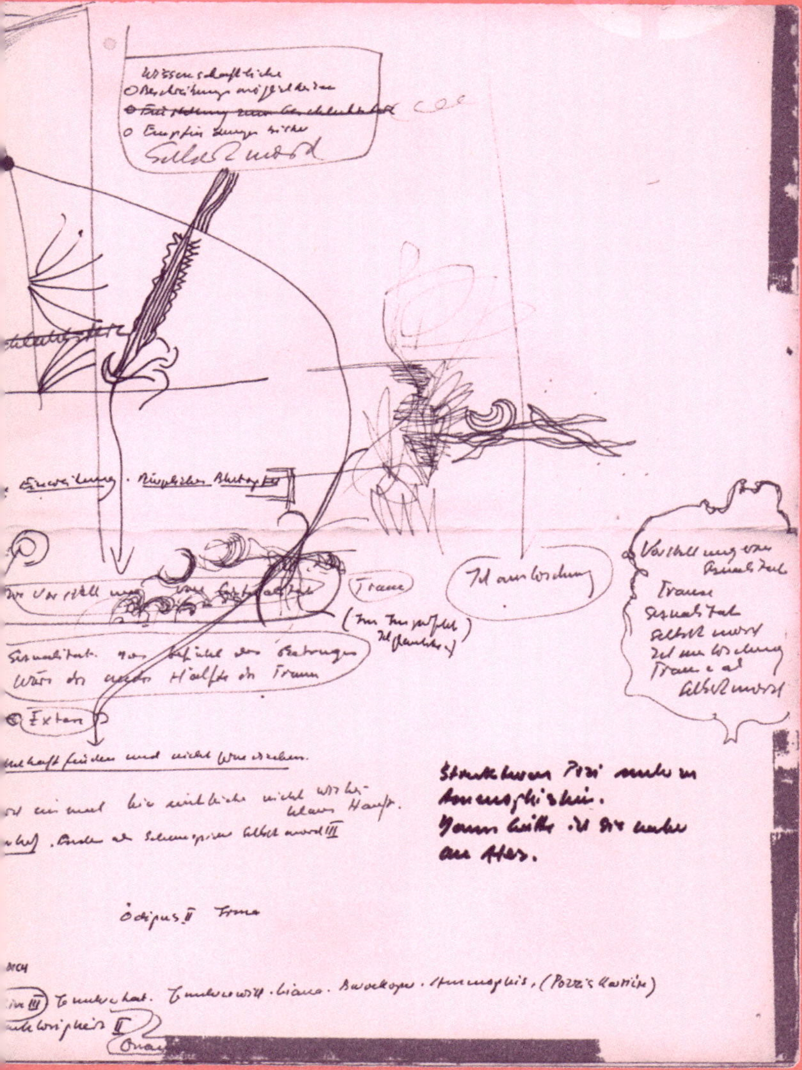

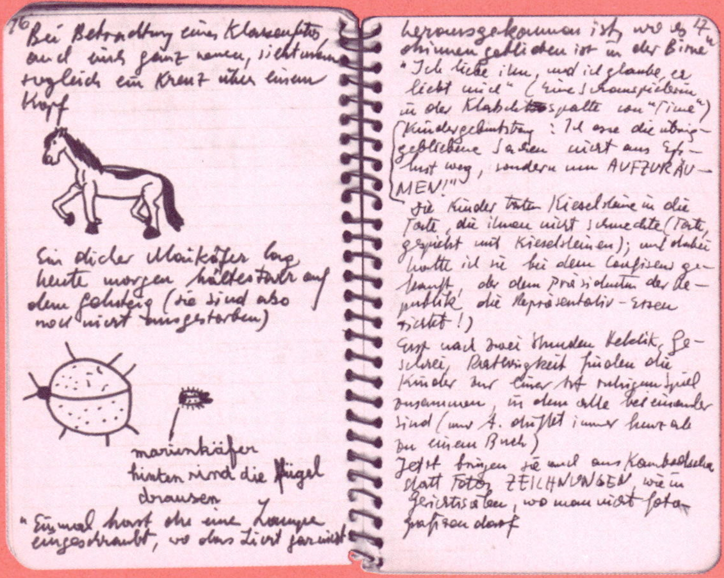

76 Bei Betrachtung eines Klassenfotos,
auch eines ganz neuen, sieht man
zugleich ein Kreuz über einem
Kopf

Ein dicker Maikäfer lag
heute morgen haltestarr auf
dem Gehsteig (sie sind also
noch nicht ausgestorben)

marienkäfer
hinten sind die Flügel
draussen

"Einmal hast du eine Lampe
eingeschraubt, wo das Licht gar nicht

herausgekommen ist, wie es 4
drinnen geblieben ist in der Birne"
"Ich liebe ihn, und ich glaube, er
liebt mich" (eine Schauspielerin
in der Klatschspalte von "Time")
(Kindergeburtstag: "Ich esse die übriggebliebenen Sachen nicht aus Eßlust weg, sondern um AUFZURÄU-
MEN!"
Die Kinder taten Kieselsteine in die
Torte, die ihnen nicht schmeckte (Torte,
gespickt mit Kieselsteinen); und dabei
hatte ich sie bei dem Confiseur gekauft, der dem Präsidenten der Republik die Repräsentativ-Essen
richtet!)
Erst nach zwei Stunden Hektik, Ge-
schrei, Ratlosigkeit finden die
Kinder zu einer Art ruhigem Spiel
zusammen, in dem alle beieinander
sind (nur A. drückt immer herum als
zu einem Buch)
Jetzt bringen sie auch aus Kambodscha
statt Fotos ZEICHNUNGEN, wie in
Gerichtssälen, wo man nicht fotografieren darf

55

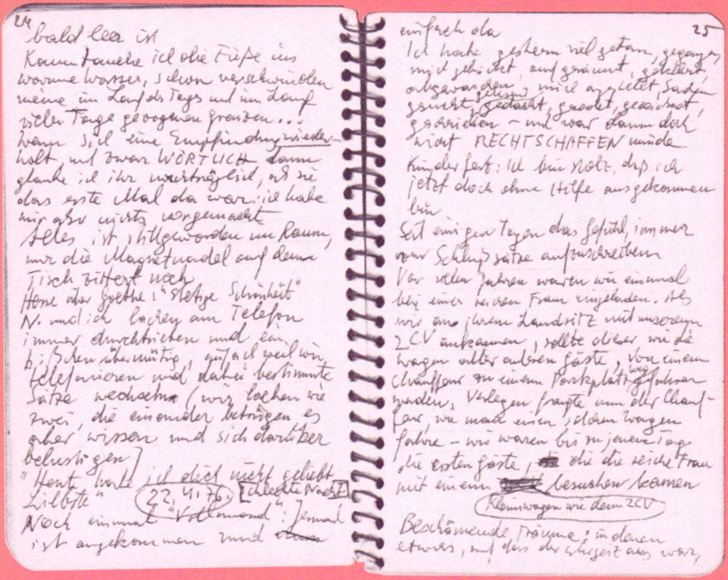

24
„bald leer ist
Kaum tauche ich die Füße ins
warme Wasser, schon verschwinden
meine im Lauf des Tags und im Lauf
vieler Tage gezogenen Grenzen ...
Wenn sich eine Empfindung wiederholt, und zwar WÖRTLICH, dann
glaube ich ihr nachträglich, daß sie
das erste Mal da war: ich habe
mir also nichts vorgemacht
Alles ist stillgeworden im Raum,
nur die Magnetnadel auf dem
Tisch zittert nach
Heine oder Goethe: „stetige Schönheit"
N. und ich lachen am Telefon
immer durchtriebener und ein
bißchen übermütig, gerade weil wir
telefonieren und dabei bestimmte
Sätze wechseln (wir lachen wie
zwei, die einander betrügen, es
aber wissen und sich darüber
belustigen]
„Heute habe ich dich nicht geliebt,
Liebste" (22.4.76.) [schlechte Nacht I]
Noch einmal „Vollmond": Jemand
ist angekommen und

einfach da
25
Ich habe gestern viel getan, gegangen,
mich gebückt, aufgeräumt, gekehrt,
abgewaschen, viel erzielt, Sachen
gesucht, gelesen, gedacht, geredet, gewaschen,
geschrieben – und war dann doch
nicht RECHTSCHAFFEN müde
Kinderfest: Ich bin stolz, daß ich
jetzt doch ohne Hilfe ausgekommen
bin
Seit einigen Tagen das Gefühl, immer
nur Schlußsätze aufzuschreiben
Vor vielen Jahren waren wir einmal
bei einer reichen Frau eingeladen. Als
wir an ihrem Landsitz mit unserem
2CV ankamen, sollte dieser wie die
Wagen aller andren Gäste, von einem
Chauffeur zu einem Parkplatz weggefahren
werden. Verlegen fragte uns der Chauffeur, wie man einen solchen Wagen
fahre – wir waren bis zu jenem Tag
die ersten Gäste, die die reiche Frau
mit einem besuchen kamen
(Kleinwagen wie dem 2CV)
Beschämende Träume: in denen
etwas, auf das ich [illegible] aus war,

56

WOLF WONDRATSCHEK

Im Sommer

Einsam sein im Sommer
und hundemüde auf einen Liebesbrief warten,
das ist schlimm;

und abends zuschauen wie sich Lana Turner
in Robert Mitchum verliebt;

und wenn morgens die Sonne aufgeht,
hast du niemand getroffen,
in der Tür steckt kein Zettel „Ruf mich an“.

Ein Maler würde das Blau imitieren,
eine Flugzeugladung Menthol;

ein Dichter würde lieben
oder sterben;

ich starre, ohne hinauszuschauen,
aus dem Fenster,
frühmorgens,
und sage "Ich liebe Dich",
ohne irgendwas
oder irgendwen
zu meinen.

57

58

59

ntlichen,herauszugeben mit allen Konsequenzen.Denn ich glaube tatsächlich,
dass diese Schrift jene ist,von welcher ich sagen kann,dass sie meine 18
oder besser noch,die
gelungenste/am wenigstenmisslungene ist.Ich denke sehr wohl an ihre Veröffentlichung !Aber bevor ich sie veröffentlichen kann,muss ich sie schrei
ben,dachte ich und ich bin bei diesem Gedanken in Gelächter ausgebrochen,
von mir
in eines jener/[redacted]so genannten Selbstgelächter,die ich mir im Laufe der
Jahre durch das fortwährende Alleinsein angewöhnt habe.Ja,du musst die
Schrift erst schreiben,um sie veröffentlichen zu können ! rief ich aus und
belustigte mich an diesem Ausruf.Tatsächlich hatte ich mich durch dieses
urplötzliche Gelächter über mich selbst aus meiner Verkrampfung gelöst und
ich war aus [redacted] Sessel aufgesprungen und zum Fenster.Aber ich sah nichts.
Dicker Nebel klebte an den Scheiben.Ich stützte mich auf die Fensterbank
u Mauer
und versuchte,durch fortgesetzte Konzentration darauf,die/auf der anderen
Seite des Hofes auszumachen,aber selbst in der äussersten Konzentration
darauf,gelang es mir nicht,die Mauer zu erkennen.Nur zwanzig Meter und
ich sehe die Mauer nicht !Allein in einem solchen Nebel zu existieren,ist
Wahnsinn ! In einem solchen alles und jedes tausendfach erschwerenden Kli-
wie immer um diese Jahreszeit
ma !Es war/bedrückend.Ich klopfte kurz mit dem rechten Zeigefinger an die
Scheibe,um vielleicht einen Vogel draussen aufzuschrecken,aber es rührte
sich nichts.So wie ich mit dem Zeigefinger ans Fenster getippt habe,tippte
den
ich mir jetzt an den Kopf und liess mich dann wieder in [redacted]/Sessel fal-
Naturgemäss bin
len.In zehn Jahren nicht eine gelungen Arbeit ! dachte ich.[redacted]
ich dadurch unglaubwürdig geworden.Meine Schwester verbreitet in ganz
Wien und gerade dort,wo es die grösste verheerende Wirkung für mich hat,
dass ich ein Versager bin.Andauernd höre ich sie zu allen möglichen Leuten sagen: mein kleiner Bruder und sein Mendelssohn Bartholdy.Ungeniert
Oder im Kopf nicht mehr
nennt sie mich einen Verrückten vor jedermann.Einen,[redacted]
ganz beieinander ist,ich weiss,dass sie so über mich redet und einen mir
ungemein schädlichen Ruf von mir verbreitet.Sie schreckt ja vor nichts zurück,um zu Geld zu kommen,also ihre Geschäfte zu machen und ihre Gesell-
schaften nicht zu stören,würde sie mich alles nennen.Sie ist skrupellos.
Und sie kann gemein sein.Andererseits,ich habe sie immer geliebt,mit allen ihren Fürchterlichkeiten.Geliebt und gehasst und einmal liebte ich
sie mehr,als ich sie hasste und umgekehrt,aber die meiste Zeit habe ich
sie gehasst,weil sie immer gegen mich gehandelt hat,bei vollem Bewusst-
sein und das heisst,bei klarem Verstand,der ihr niemals abzusprechen gewesen ist.Sie ist immer der reale Mensch gewesen,wie ich der phantasti-
sche.Ich liebe dich,weil du so phantastisch bist,sagt sie öfter,aber es
181 mehr Verachtung in dieser Bemerkung als das Gegenteil.Bei einem Menschen
wie sie,ist es doch nur die Verlogenheit,wenn sie sagt,ich liebe dich.O-
der bin ich der Schauerliche ?Zu ihrem Mann hat sie so lange ich liebe dich
bis er es
gesagt,[redacted] nicht mehr ausgehalten hat und verschwunden ist.Nach Peru,

(22)

60

2. VERS

NEW YORK CITY is DIE HEISSESTE
STADT, wenn man einen
neuen BOYFRIEND & ein Hotelzimmer
hat!
NEW YORK CITY is n Ding für sich
und selbstverfreilich auch n Ding für MICH! ganz bestimmt
NEW YORK, ich schenke dir mein HERZ,
ich liebe dich gar sehr,
ich könnte nicht mehr ohne dich,
ich lieb dich immer mehr!
Naturlich lieb ick och Berlin und
Amsterdam & HOLLYWOOD & EIFERSUCHT DAS
IS NE KRANKHEIT, ich liebe alle,
alles gut!

CHORUS → UND.... NEW YORK

...Und es geht Hopphopphopphopp
straight up to the TOP 2×
Mensch, lass das LICHT rein
David Bowie wird heut nacht
hier sein, zu fein!
Ich creire EXTASE in meiner WELT!
Ich bin doch ein Sternenkind,
der reinste SUPERHELD!
Und ob's dir gefällt oder nicht gefällt:
Geld regiert diese Welt
aber doch nicht jene Welt. Geld!
Ich bin die Liebe, ich bin das Leben
Ich bin die Mutter, ich bin das KIND!
.....Wer auch immer will soll kommen,
und sich in meiner Liebe sonnen.....

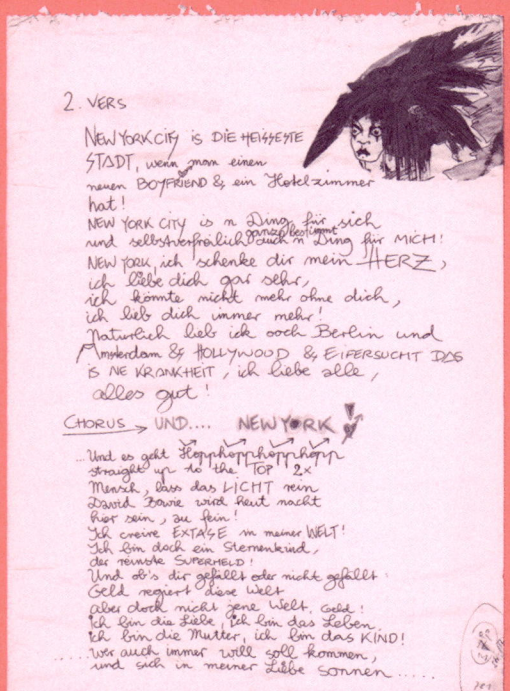

61

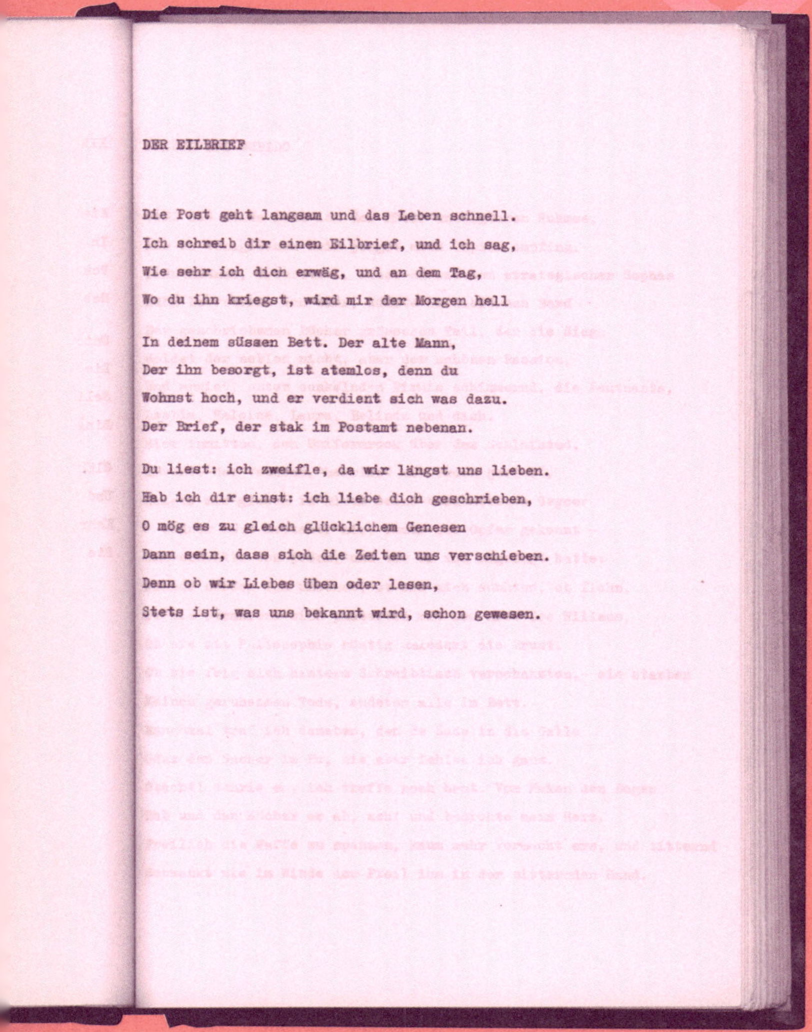

DER EILBRIEF

Die Post geht langsam und das Leben schnell.
Ich schreib dir einen Eilbrief, und ich sag,
Wie sehr ich dich erwäg, und an dem Tag,
Wo du ihn kriegst, wird mir der Morgen hell

In deinem süssen Bett. Der alte Mann,
Der ihn besorgt, ist atemlos, denn du
Wohnst hoch, und er verdient sich was dazu.
Der Brief, der stak im Postamt nebenan.

Du liest: ich zweifle, da wir längst uns lieben.
Hab ich dir einst: ich liebe dich geschrieben,
O mög es zu gleich glücklichem Genesen
Dann sein, dass sich die Zeiten uns verschieben.
Denn ob wir Liebes üben oder lesen,
Stets ist, was uns bekannt wird, schon gewesen.

Chanson

DIE SCHÖNE NASE ~~DER~~ DES GELIEBTEN

I

Ich liebe Dich ganz ungemein;
Vorzüglich Deine Nase.
~~Die ist so wunderlieb und fein~~
~~Und bringt mich in Ekstase.~~

Oft scheint es mir, ich könnte sacht
Auf ihrem Rücken streichen;
Doch nur platonisch und zur Nacht
Weiss ich das zu erreichen.

Ich träume mich dann als Geruch
Und manchesmal als Schnupfen,
Und auch, ich sei ein Taschentuch
Und dürfte sie betupfen.

Doch hat sie einen Mückenstich,
Dann bin ich eine Gaze -
So ungeheuer liebe ich
Vorzüglich Deine Nase.

KURZE NACHT

Der Küsse, Liebster, sind genug.
Es ging der erste U-Bahnzug.
- So mag er gehen doch.
- Es ist das silbergraue Licht
Des Morgens, das den Traum zerbricht
Und ruft mich fort ins Alltagsjoch.
- Bleib, Liebste, liegen noch.
Soll Arm von Arm und Bein von Bein
So grausam balde scheiden?
Lass, du mein schönes Leiden,
Mich deine Freude sein.
- Nur einen letzten Kuss. - O gib
Noch einen zu. - Ich hab dich allzu lieb.

Die zweite U-Bahn dröhnt vorbei.
Erbarm dich, Liebster, gib mich frei.
- Was hast du ihrer Acht?
- Der Sperling rät, der Postfrau Trab,
Von meiner Lieb und Torheit ab.
Wie war mein Weilen unbedacht.
- Nacht, rosensüsse Nacht,
Die du mit Seligkeit beschwert
Die Fasern meiner Lenden.
~~Das Glück, es darf nicht~~ enden,
Was ~~nimmer~~ wiederkehrt.
- Dann einen letzten Kuss. - O gib
Noch einen zu. - Ich hab dich allzu lieb.

O lass mich, Liebster, es ist spät.
Das ist die Tram schon, die jetzt geht.
- Mein Schmerz du, mein Begehr.
- Mein guter Mann hat nie gemocht,
Dass er sich selbst den Kaffee kocht,
O mach mir nicht die Trennung schwer.
- Ich lass dich nimmermehr.
Kein Brausen dieser Welt vertreibt,
Kein Morgenwind kann kühlen
Die Not in meinem Fühlen,
Wenn mir dein Kuss nicht bleibt.
- Ich kann ja nicht. Ein Kuss. - O gib
Noch einen zu. - Ich hab dich allzu lieb. -

Zu fleissig, Leute, ihr, zu eilig, Wagen,
Euch soll dies Lied ob eurer Schuld belangen,
Dass ihr die schmale Schattenwohnung meines Glücks zerschlagen
Und dass mein Lieb so schnell nach Haus gegangen.

61

LOTTCHEN, MEIN LOTTCHEN, ICH LIEB DICH NICHT MEHR

Lottchen, mein Lottchen, ich lieb Dich nicht mehr,
Ich lieb eine andre, die lieb ich viel mehr;
Die ist nicht so artig, die ist nicht so klein:
Lottchen, mein Lottchen, geschieden muss sein!

Muttchen, ach Muttchen, Du rietest mir schlecht,
Er hat eine andre, die lieber er möcht;
Hättst Du nicht gesagt, ich soll tugendhaft sein:
Muttchen, ach Muttchen, er wäre noch mein!

LIMONE
Wie können Sie um eine Fremde werben.

TORTE
Was macht es, wer Sie sind,
ich liebe Sie und das genügt.
Ich gehe und hole Kleider,
in denen ich Sie dem Vater präsentieren kann.

(Torte ab)

(In Aktion tritt Langustine)

LANGUSTINE
Welch herrliches Wesen hat der Wüstenwind hierher geblasen
schöne Gestalt,kluges Gesicht,bezaubernde Augen!

LIMONE
Ach Ihr alle seid zu gut zu mir,
ohne mich zu kennnen.

LANGUSTINE
Wenn ich in diese Augen schaue,
weiß ich alles über Sie.

LIMONE
Diese freundliche Aufnahme
in ein fremdes Land,
Wie hab ich das verdient.

LANGUSTINE
Wie schön Sie sind
nur um ihrer Schönheit willen
haben Sie alle Liebesdienste verdient.
Erlauben Sie nur,
daß ich Sie ein wenig schminke
und Ihr Haar ein wenig kämme,
sehen Sie diesen wunderschönen Kamm
Ich werde Sie nur schöner machen....

63

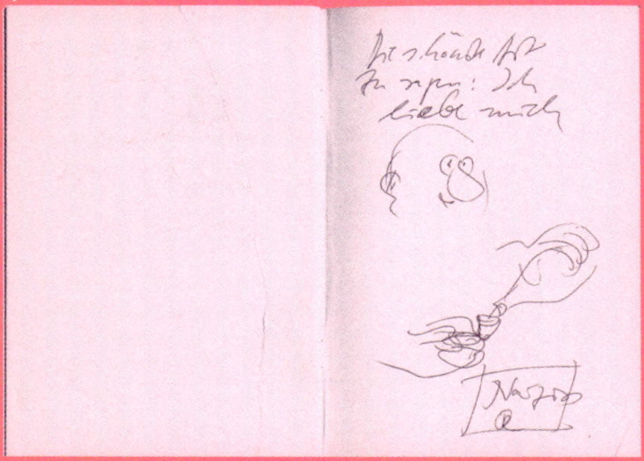

1990 Gernhardt

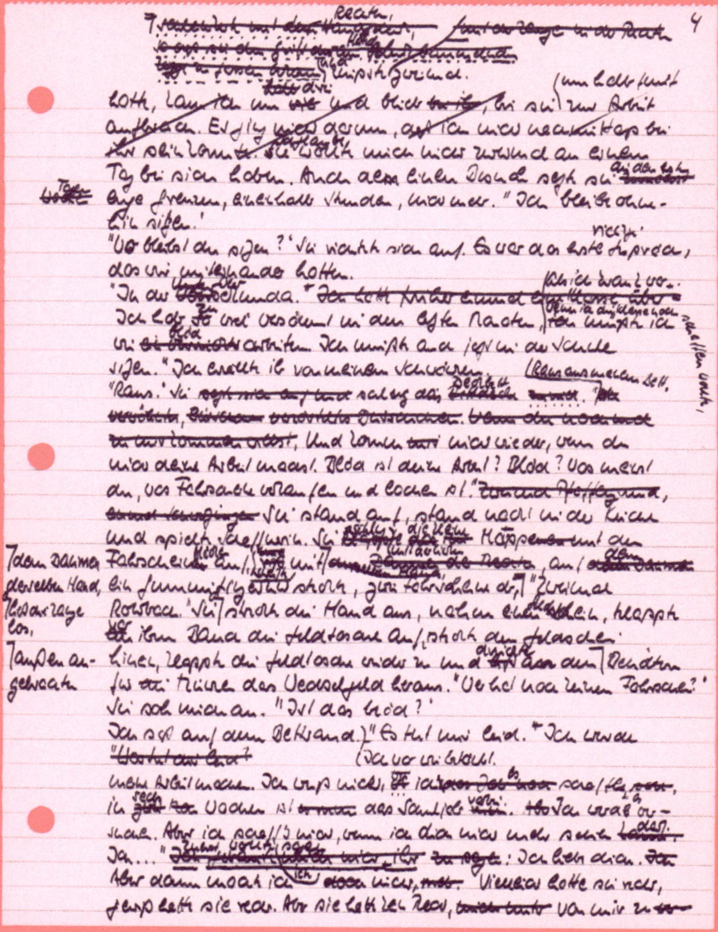

1995 Schlink

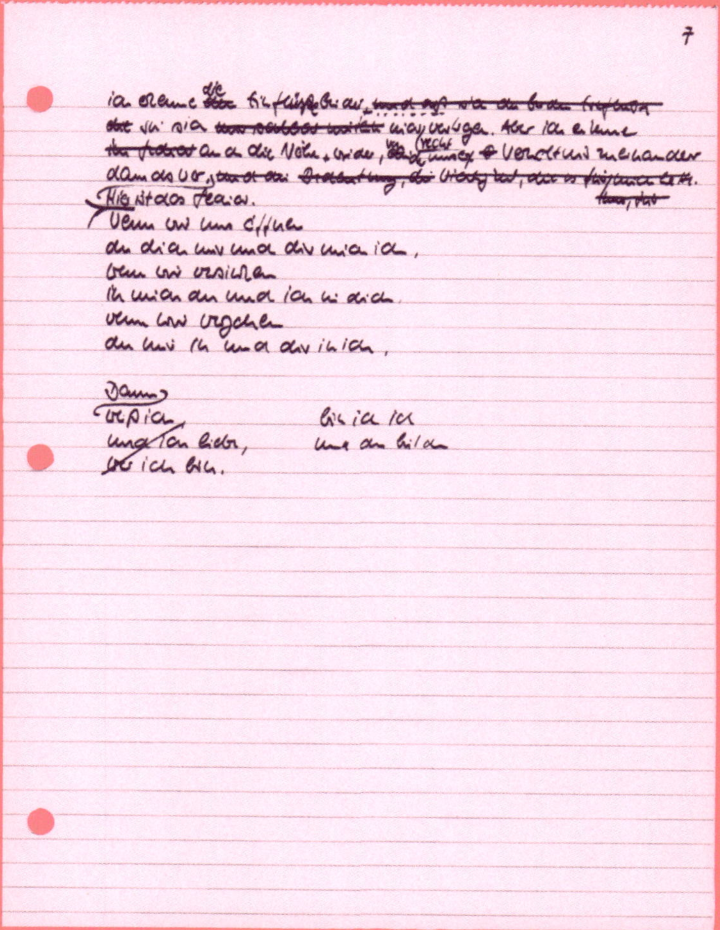

7

ich erkenne die Einzigartigkeit, [illegible]
[illegible] wir sie [illegible] nicht verlügen. Aber ich erkenne
[illegible] an die Nähe + Weite, [illegible] recht [illegible] Verhältnis zueinander
dann das Wir, [illegible]
Hier ist das Fremde.
Wenn wir uns öffnen
du dich mir und dir mich ich,
Wenn wir versinken
Ich mich dir und ich in dich.
Wenn wir vergehen
du mir ich und dir in ich,

Dann
weiß ich,
und ich liebe,
wer ich bin.

[illegible]

XXIX

sich an den Reservereifen. Ich lief hinterher. Der Wagen rumpelte in einem Schlagloch. Der Riemen des Akkordeons öffnete sich, das Instrument gab mit jedem heftigen Federn des Wagens dissonante Töne von sich. Ich lief sehr schnell, ein richtiger Zátopek-Lauf (Ausdruck Arbeiter Kowarik), obwohl mir die Socken vorne aus den Sandalen rutschten. Doch mein wöchentliches Training am Tennisplatz kam mir zugute. Ich erreichte die Hand des Akkordeonspielers, die Hand zog mich ohne Anstrengung hoch, und der Wagen fuhr rumpelnd mit uns davon.

Die Töne des Instruments vom großen Tor bis zur Stadt sind mir noch gegenwärtig. Oft höre ich sie aus einer beliebigen Melodie heraus, und dann denke ich an die alten Villen mit den großen Gärten und an den Tennisplatz, der rechterhand an dem Wagen vorbeiglitt. Dann denke ich an die Platzwärterkinder, Zimek, an die Käse-Wurstplatten und daran, daß ich die junge Angestellte liebe und daß ich sie irgendwann finden will.

Ich habe Talent fürs Tennisspielen, für Umgang, geistige Struktur und Satzbau. Und eine Nase für das Wetter. Als der Tennisplatz hinter uns zurückblieb, sagte ich der jungen Angestellten zum ersten Mal, daß ich sie liebe. Ich sagte es absichtlich in der abgegriffensten Münze, in der ich es oft am Tennisplatz, am Löschteich, in den Gärten der Villen und an den Küchentischen der Arbeiter gehört hatte, meistens schlampig gebraucht. Ich kenne alle Nuancen. Auf der Stoßstange stehend, gelang es mir, die drei Worte auf eine Weise zu sagen, ~~die gewährleistete~~, daß am Ende drei Punkte stehenblieben, die alles ausdrückten, was über das Gesagte hinaus zu der jungen Angestellten zu sagen war. Ohne die Sonntage am Tennisplatz und am Teich wäre das undenkbar gewesen.

Einmal (was ist einmal), als der Sand am Tennisplatz knöchelhoch spritzte, so regnete es, rief mich der Wäschereibetreiber in

10

66

den Serviceraum, wo er eine Saite an seinem Schläger wechselte. Er bahnte gerade ein nicht ungefährliches Verhältnis mit einer der wichtigst verheirateten Frauen am Tennisplatz an (Ausdruck der rothaarigen Zimektochter), und da ich schon zu anderen Gelegenheiten einen verläßlichen Nachrichtenaustausch übernommen hatte, erhielt ich auch an diesem Tag einen Auftrag. Aufträge hatten den Vorteil, daß ich zum Dank und wohl auch zur Tarnung Süßigkeiten zugesteckt bekam. Aber um vieles lohnender war, daß ich Erfahrungen bezüglich Frauen und Bewegungssicherheit in heiklen Situationen sammeln konnte; so nannte Hans Ohm, der Armausrenker, ganz gewöhnliches Bluffen.

Nachdem ich die Nachricht des Armausrenkers, eine Verabredung am Löschteich, aufmerksam gelesen und wieder verschlossen hatte, überbrachte ich sie der wichtig verheirateten Frau. Wichtig war deren Mann, der Betriebsrat Kreisler, dessen Auffassung von gerechter Verteilung in Liebesdingen auf einem anderen Fundament basierte als im beruflichen Alltag (Ausdruck Wäschereibetreiber Ohm). Ziemlich brisant. Frau Kreisler, die Buchhalterin, stammte aus Belgien, sie redete mit einem starken Akzent, der mir gefiel. Deshalb bezog auch ich zum verabredeten Zeitpunkt Stellung, denn ich wollte wissen, wie es sich anhörte, wenn die Buchhalterin Kreisler dem Armausrenker Ohm sagte, was der Sterblichkeit einen Hauch Ewigkeit verleiht und die Fleischlichkeit mit Poesie verklärt.

Die Buchhalterin kam pünktlich. Der Wäschereibetreiber hingegen ließ auf sich warten, länger als höflich, fand ich. Ich rechnete jeden Moment damit, daß die Buchhalterin auf dem Absatz kehrt machen und mit dem Schirm in die Büsche dreschen würde. Aber erstaunlicherweise geschah ganz etwas anderes: Als ihr das Warten zu dumm wurde, sagte sie, worauf ich schon nicht mehr gehofft hatte, zu den Bäumen statt zum Wäschereibetreiber, und nicht nur einmal, sondern zwanzigmal. Sie sagte es unter ihrem Schirm beim vom Regen gepunkteten Löschteich. Sie sagte es, um die Abwesenheit des Wäschereibetreibers zu vertuschen, um sich die Tatsache, daß sie soeben versetzt worden war, ein bißchen leichter zu machen. Was weiß ich. Es sprudelte nur so aus ihr heraus, mit *Isch* und *Disch*, nur das mittlere Wort korrekt prononciert, eine Rose zwischen zwei Dornen. Sie sagte es mit einer Zigarette im Mundwinkel, zärtlich, mit buchhalterischer Sachlichkeit, erstaunt, unsicher, spöttisch, amüsiert, von Schluchzern begleitet, dann als hätte sie es jahrelang aufgespart, und wieder, im Sekundenwechsel, wie nicht ernsthaft, ins Leere hinein, daß es richtig chinesisch wurde, obwohl die Buchhalterin recht geübt erschien: Mal überzeugend, dann weniger, und zwischendurch immer wieder unter Lachen. Ein schönes, ein rauchiges Lachen. Ich hätte stundenlang zuhören können. Ich hätte am liebsten selber einen Verführungsversuch unternommen, so ging mir das nahe. Doch schon verlöschte die Zigarette im Teich, der Regen wurde lauter. Noch ehe ich den Mut gesammelt hatte, der nötig gewesen wäre, um in die Situation einzugreifen, entfernte sich die Buchhalterin Richtung Tennisplatz. Ich folgte ihr mit Blicken. Sie wurde kleiner.

Wie auch die letzten Siedlungshäuser kleiner wurden, als der Geländewagen des Untersuchungsbeamten die Straße zur Stadt hinunterstaubte. Die Häuser büßten ganz allmählich ihre Farben ein und existierten in gewissem Sinne nicht mehr, als sie weiterhin eine wahrnehmbare Abweichung im allgemeinen Grün gewesen wären. Und Grau. Und Blau.

Also wandte ich mich wieder nach vorn und schaute durch das Heckfenster zum Direktor, der ebenfalls nicht mehr zurückschaute. Er saß rechts hinter dem Beifahrersitz, eine Tasche auf den Knien, und spuckte in kurzen Abständen zum Fenster raus, was

Ich liebe Dich
Juli 2005

(Michael Lentz, aus „Liebeserklärung". Roman, 2003)

ist es nicht niederträchtig, und ist es nicht niederträchtig erniedrigend,
und von allgemein anerkannter bekanntheit, dieses phänomen,
dass wir keine sprache der liebe haben, die so genau leib ist,
außer einer liebe die hinwendung, das verändern der körper,
das kommen und gehen, und unsere liebe sagen wir „ich liebe dich"
und wir sagen „ich liebe dich" und sind auch beschämt, nicht etwas
anderes zu sagen von identischer wucht, aber wenn wir könnten nur
„ich liebe dich" sagen, und sagten wir endlich etwas anderes, es liefe
auf dasselbe hinaus, meinst du „ich liebe dich", würde der andere dann
hinterfragen, willst du eigentlich „ich liebe dich" sagen, fragt dann der
andere, wenn du „ich liebe dich" meinst, dann sage auch „ich liebe dich",
und selbst für diese momente, sitze ich also gänzlich allein in diesem zugabteil
und mir fährt es plötzlich hin wie ein ohnmächtigwerden, steht es plötzlich
so deutlich vor augen, dass ich's zu greifen meine, ja, das ist so eine sprache,
so genau unmittelbar, da ist ein gift in dir, spüre ich, da ist etwas in dich
hineingelangt, was selbstrecht beansprucht, das geht vorerst da nicht mehr
raus, du musst weg, weiß ich, du kannst da nicht mehr hin, wohin du
zurück fährst, es ist nichts anderes in dich eingeschlagen als eine die verhältnisse
auf den kopf stellende begegnung, ist das nicht viel zu wenig, „begegnung",
du wörtchen, du würstchen, das war ja nicht einfach nur eine sogenannte
begegnung, wie man zufällig an jemand anderen stößt, dadurch entstanden

verbirgt die Nacht in den Falten ihres Mantels.

„Bestimmt klingt es verrückt", sagt Schilf. „Aber, ob du es glaubst oder nicht, ich würde alles daran setzen, diesem Mann zu helfen."

„Ich glaube dir", sagt Julia. „Schließlich würde ich alles glauben, was du erzählst. Schon aus strukturellen Gründen."

„Was meinst du damit?"

„Das verstehst du nicht?"

„Nein."

„Ich liebe dich."

Unwillkürlich schüttelt der Kommissar den Kopf, obwohl es niemand sehen kann. Da ist sie wieder: die seit Wochen vertraute, in den letzten Stunden nur ein wenig in Vergessenheit geratene Idee, dass sein Leben vollkommen aus den Fugen geraten ist. Wie aus weiter Entfernung meldet sich das Pochen des Kopfschmerzes, diesmal ein beinahe angenehmes Gefühl. Aus unbekanntem Grund muss Schilf an Maike denken, an ihr elegantes, von der Verzweiflung der Maske geschärftes Gesicht. Auch spürt der Kommissar mit einem Mal, dass er das Mittagessen übersprungen und das Abendessen verschlafen hat. Um den Hunger gar nicht erst aufkommen zu lassen, zündet er ein Zigarillo an und inhaliert den Rauch. Irgendwo in seinem Körper findet das Nikotin ein paar Glückshormone, die es freisetzen kann. Schilf genießt es, wie sich die Muskeln an Armen und Beinen entkrampfen. Ein leichter Schwindel, ein sanftes Loslassen: So müsste Sterben sein. Wie das Rauchen eines Zigarillos auf nüchternen Magen.

„Du bleibst also noch ein paar Tage", sagt Julia.

„Sieht so aus", sagt Schilf.

„Schön", sagt Julia. „Dann komme ich dich besuchen."

„Morgen kann ich nicht", sagt der Kommissar schnell. „Da habe ich schon etwas vor."

„Also übermorgen", sagt seine neue Freundin.

Nach dem ersten Schreck beginnt Schilf, sich vorsichtig zu freuen. Unten zieht eine Gruppe Mädchen und Jungen durch die Straße, die Stimmen dringen als unartikuliertes Tönen durch das geschlossene Fenster. Die Jugendlichen schlagen einander auf die Schultern, beugen sich über parkende Autos, um in die dunklen Innenräume zu sehen, und zerren sich gegenseitig weiter. Sie wirken ziellos und nebensächlich, eine unwichtige Episode in der Geschichte eines nächtlichen Fensterblicks, und Schilf hat wie so häufig Schwierigkeiten zu glauben, was Menschen, diese winzigen, wild durcheinander krabbelnden Geschöpfe, beim bloßen Auftauchen eines kruden Einfalles anzurichten imstande sind. Die eine Hälfte der Bevölkerung geht noch auf Schuhen, auf denen man nicht richtig laufen kann.

„Was würdest du sagen", fragt der Kommissar seine Freundin, „wenn ich demnächst auf unbestimmte Zeit verreisen müsste? Und zwar allein?"

„Schilf", sagt Julia, und der Kommissar weiß, dass sie gerade ihre Locken aus der Stirn schüttelt. „Du fragst mich nicht nach meiner Vergangenheit. Ich frage dich nicht nach

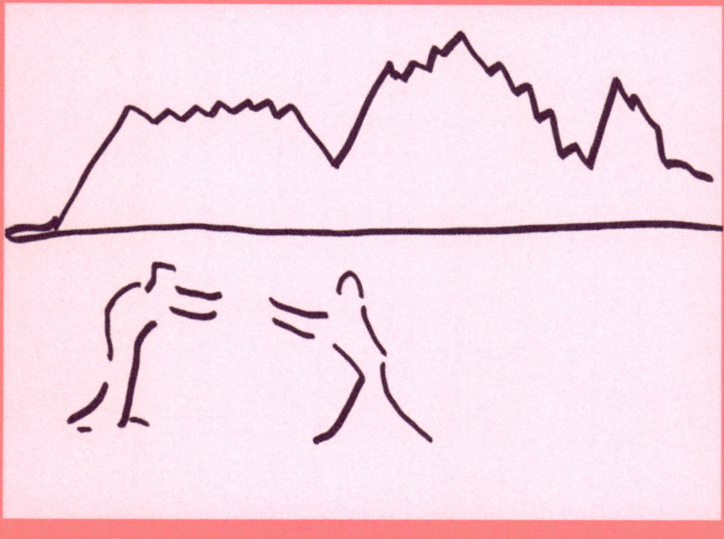

immer krisensitzung
und nichts verfugt
es ist ja nichts ernstes
nur für den fall
aber unwahrscheinlich -
keine musik?
meine hände riechen nach
hab sie mehrmals gewaschen
mehr als waschen geht halt nicht
aufräumen ist eine so stehen gebliebene sache
alleinsein ist auch nichts weiter
als realität
beginne mich für die tapeten zu interessieren
denke an das wort rudimentär
kannst du mich erlösen?
kannst du wohl auch nicht
dafür ist der erlöser ja da
kann kommen
tür ist offen
ich liebe dich
lass nicht ab von mir
weiß auch nicht
ich liebe dich

~~[illegible]~~
~~[illegible]~~

Michael Lentz, aus: Offene Unruh. 100 Liebesgedichte (2010))

IV

VIII

und wenn du sagst
ich liebe Dich
legt sich eine Stille
um die drei Wörter
dass es ein Leben braucht
einen Satz zu finden
der dazu passt.

Friederike Mayröcker :

<u>1 Efeublatt für Ernst Jandl</u>

am 9.Juni 2ooo, 17 Uhr 25, als dein ♥ brach, dachte
ich unter Tränen, <u>ich liebe dich</u>

(1 paar Wochen später, in einer Julinacht, kam 1 groszer
Grashüpfer durchs offene Fenster GERITTEN und liesz sich nieder
auf dem Bücherregal wo seine Bücher stehen)

vielleicht kam er öfter zurück, seine Stimme zum Beispiel, in
der Küche an einem Abend. Adolf Muschg schrieb mir, diesmal
ist er zu weit gegangen, aber er kommt immer wieder, ver-
lasz dich darauf, und dabei bleibt er anspruchsvoll -

<u>nämlich in einem Ludmilla Regen</u>

8.7.2o11

VI

Liebesgelispel

Mit dem Gelispel der Liebe von Mund zu Ohr treibe ich es in meinen Texten nicht gerade bunt. Eine eingefleischte Vorsicht, da könnte hinterrücks zu viel verraten werden, hält mich davon ab. Ergiebiger als zu Papier zu bringen, was sie zueinander sagen, scheint mir das Verfahren, wortreich zu umlauern, was sich in den Köpfen der Helden abspielen mag, was sie ersinnen mögen, um die Objekte ihrer Begierden zu umkreisen. Habhaft spielt sich in meinen Romanen da so gut wie nie etwas ab. Direkt von gierigen Lippen in ein empfangsbereites Ohr geflüstert wird da nichts, schon gar nicht das Bekenntnis *ich liebe dich*.

Der Zustand der Verliebtheit ist ja vielmehr ein Zustand des permanenten Kopfsausens, des prononcierten Herzschlags, der Röte, die das Gesicht überzieht. Da wird gelispelt, da wird geflucht, da wird imponiert, was das Zeug hält, da wird der eigene Lebensentwurf pfauenhaft in Prunkwörtern zur Schau gestellt wie nicht gescheit. Das alles ist nicht allzu weit entfernt von den Suaden und wortreichen Kreiselbewegungen eines Verrückten; und die Verrückten, ja, zumindest die temporär Verrückten, geben in Romanen ein ziemlich ergiebiges Wortfutter her, ein deutliches *surplus* zu dem einen Satz, auf den alles hinausläuft, eben jenen altgedienten Satz *ich liebe dich*.

In der Realität sollte man damit allerdings nicht kargen. Wer freiherzig bekennen kann, daß er einen anderen liebt, ist viel souveräner als einer, der damit verdruckst hinterm Berg hält. Vorausgesetzt, dem Bekenntnissatz liegt keine angriffige Gier zugrunde, die den anderen in eine Ecke jagt, wo er sich genötigt fühlt, sich zu verteidigen. Liebesbeziehungen, die sich in der Dauer einnisten, können nur überleben, wenn sie in Wörtern und Gesten wechselweise die Bestätigung gewähren, daß sie nicht verschwunden ist, die Liebe. Und da ist er durchaus angebracht, der gute alte Satz *ich liebe dich*.

Sibylle Lewitscharoff/Kleiner Zusatztext für Marbacher Magazin/Juli 2011

Ich schwieg eine Weile. Ich war voll unaussprechlicher Freude.

Giebt's denn Zufriedenheit zwischen dem Entschluss und der That, begann ich endlich wieder, giebt's eine Ruhe vor dem Siege?

Es ist die Ruhe des Helden, sagte Diotima, es giebt Entschlüsse, die, wie Götterworte, Gebott und Erfüllung zugleich sind, und so ist der Deine. —

Wir giengen zurük, wie nach der ersten Umarmung. Es war uns alles fremd und neu geworden.

Ich stand nun über den Trümmern von Athen, wie der Akersmann auf dem Brachfeld. Liege nur ruhig, dacht' ich, da wir wieder zu Schiffe giengen, liege nur ruhig, schlummerndes Land! Bald grünt das junge Leben aus dir, und wächst den Seegnungen des Himmels entgegen. Bald regnen die Wolken nimmer umsonst, bald findet die Sonne die alten Zöglinge wieder.

Du frägst nach Menschen, Natur? Du klagst, wie ein Saitenspiel, worauf des Zufalls Bruder, der Wind, nur spielt, weil der Künstler, der es ordnete, gestorben ist? Sie werden kommen, deine Menschen, Natur! Ein verjüngtes Volk wird dich auch wieder verjüngen, und du wirst werden, wie seine Braut und der alte Bund der Geister wird sich erneuen mit dir.

Es wird nur Eine Schönheit seyn; und Menschheit und Natur wird sich vereinen in Eine allumfassende Gottheit.

A

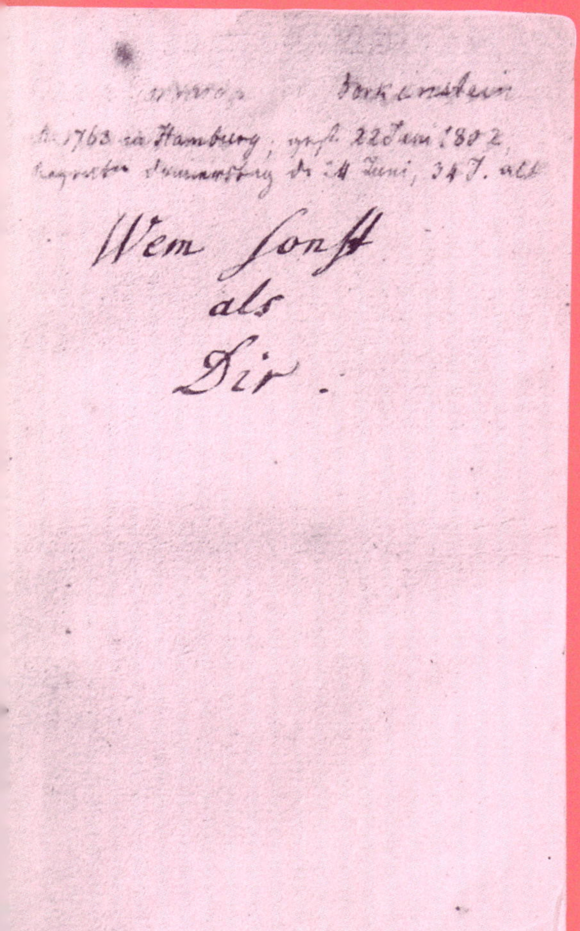
Dorkenstein
1763 in Hamburg, gest. 22 Juni 1802,
24 Juni, 34 J. alt

Wem sonst
als
Dir.

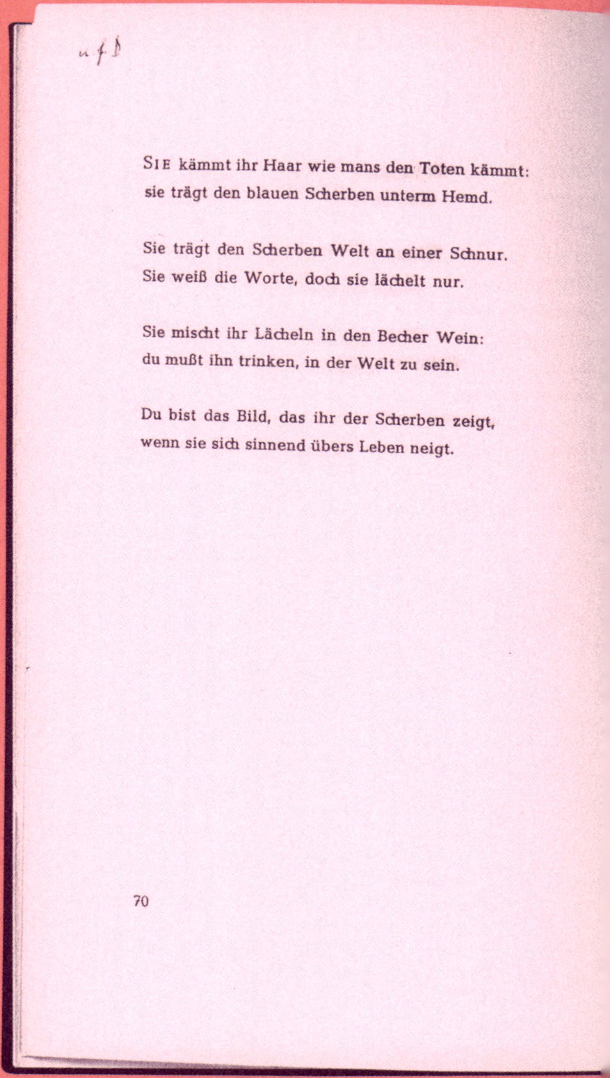

SIE kämmt ihr Haar wie mans den Toten kämmt:
sie trägt den blauen Scherben unterm Hemd.

Sie trägt den Scherben Welt an einer Schnur.
Sie weiß die Worte, doch sie lächelt nur.

Sie mischt ihr Lächeln in den Becher Wein:
du mußt ihn trinken, in der Welt zu sein.

Du bist das Bild, das ihr der Scherben zeigt,
wenn sie sich sinnend übers Leben neigt.

70

DA du geblendet von Worten
ihn stampfst aus der Nacht,
den Baum, dem sein Schatten vorausblüht:
fliegt ihm das Aschenlid zu, darunter das Auge der Schwester
Schnee zu Gedanken verspann –

Nun ist des Laubes genug,
Windhauch und Spruch zu erraten,
und die Sterne, gehäuft,
stehn jetzt im Spiegel der Zeit.

Setze den Fuß in die Mulde, spanne das Zelt:
sie, die Schwester, folgt dir dahin,
und der Tod, aus der Lidspalte tretend,
bricht zum Willkomm euch das Brot,
langt nach dem Becher wie ihr.

Und ihr würzt ihm den Wein.

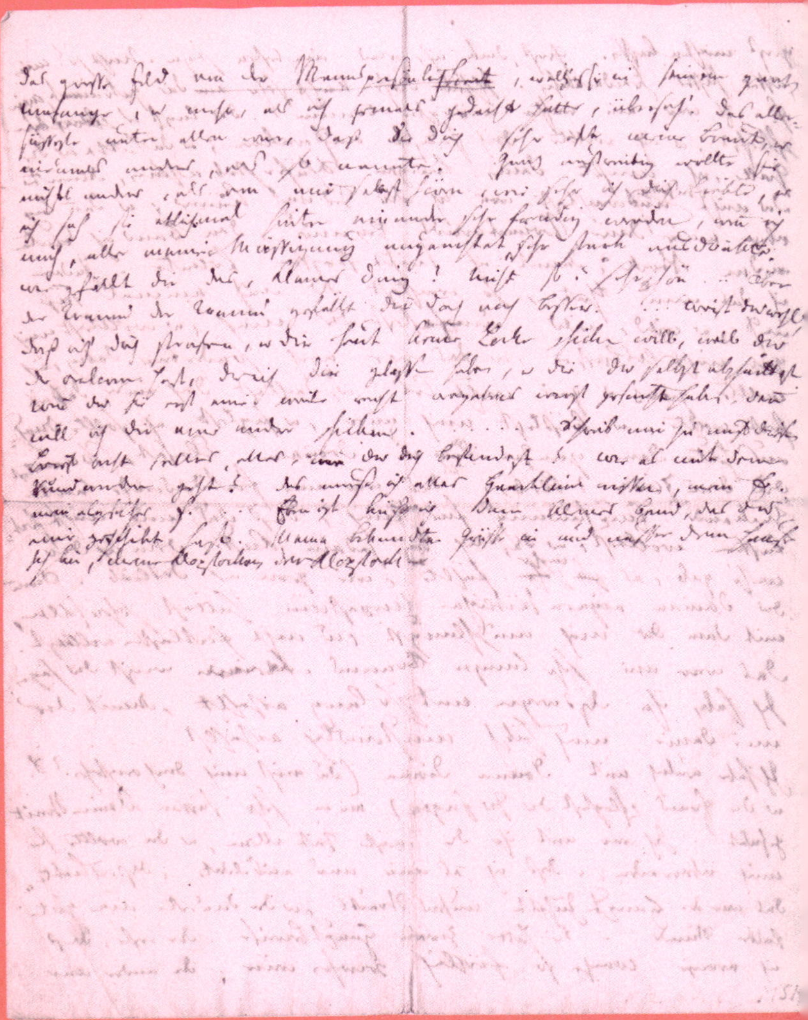

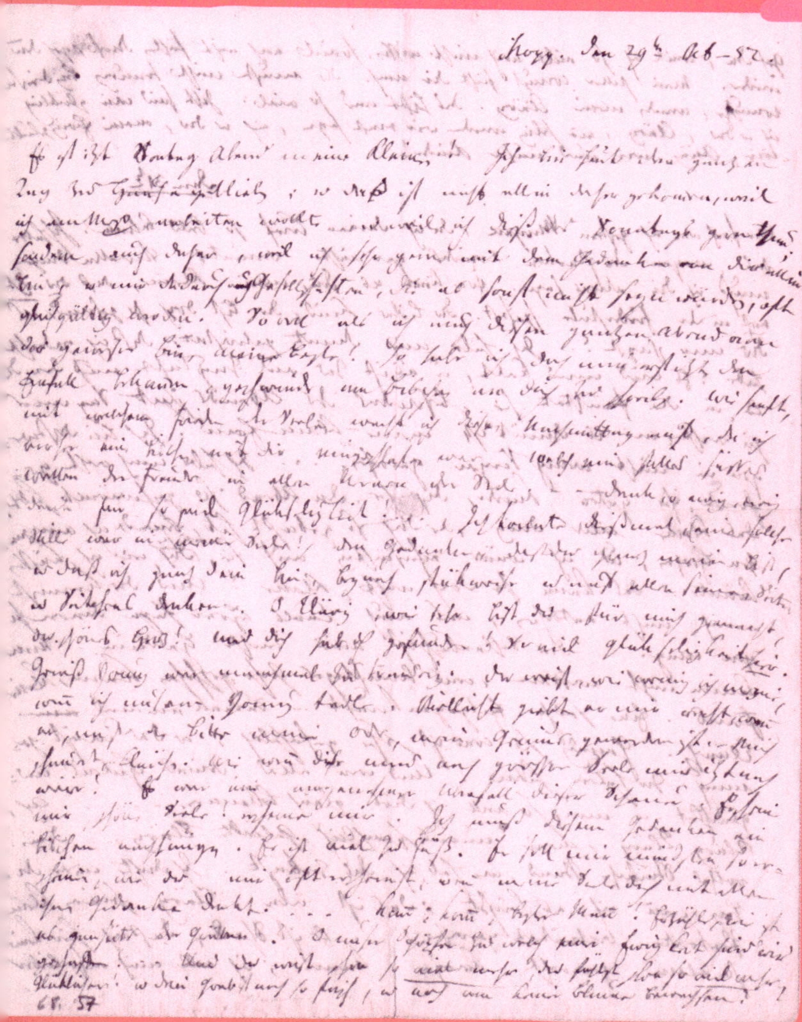
Mozz. den 29ten Oct – 82

[illegible]

68. 57

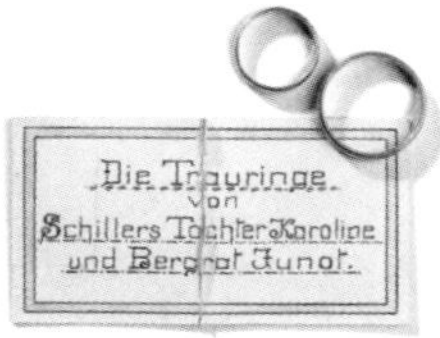
Die Trauringe
von
Schillers Tochter Karoline
und Bergrat Junot.

C

G

E

H

Franz Hessel
Nur was uns anschaut, sehen wir

F

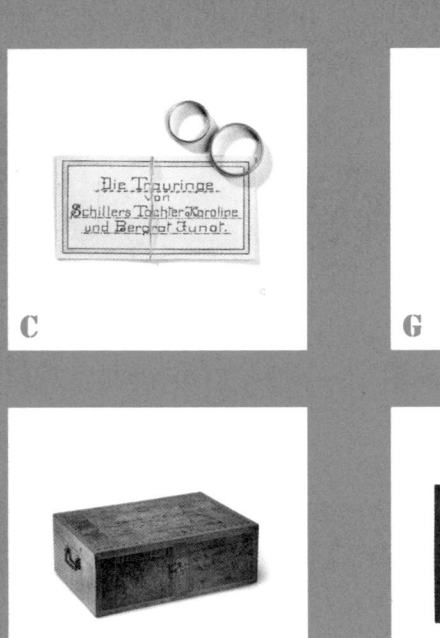

1838 Ringe
1791 Holzkiste
2011 »Auch eine Beziehungskiste«

1791 Bergkristall
1905 Bilder

I

J

K

L

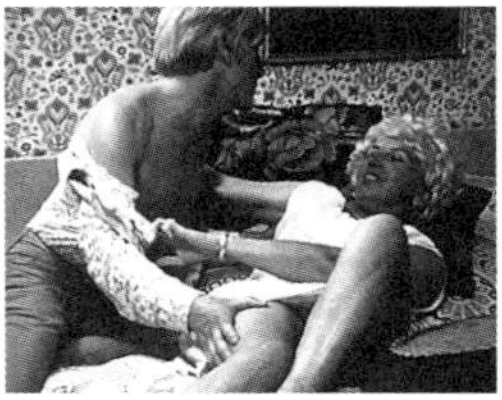

M

1952 Blumen
1993 Orakel
1918 Opfer

1993 »Zweimal zwei Vögel«
1973 Ohne Ende

1 **Johann Wolfgang von Goethe (1749–1832): Zwei Seiten aus dem**
1774 **Briefroman *Die Leiden des jungen Werthers* (Aushänger einer Ausgabe von 1775, Urheber und Funktion der Unterstreichung sind unklar).** Goethes zu seinen Lebzeiten erfolgreichstes Buch gilt als Höhepunkt der Liebesroman-Mode des 18. Jahrhunderts und zugleich als deren Kritik: Werther steigert seine Liebe zu Lotte in den Briefen, die er an seinen Freund Wilhelm schreibt, zum unerreichbaren Ideal. Als Lotte einen anderen heiratet, nimmt er sich das Leben. In den über 1700 Briefen, die Goethe seit 1776 an die verheiratete, sieben Jahre ältere Charlotte von Stein schreibt, versucht er selbst ein Gegenmodell zu leben: »Die Liebe gibt mir alles und wo die nicht ist, dresch ich Stroh.«

2 **Johann Wolfgang von Goethe (1749–1832): Zwei Seiten aus dem Sing-**
1782 **spiel *Die Fischerin* (Druckvorlagen für die Ausgabe letzter Hand).** In der *Fischerin* singt die Hauptfigur Dortchen die Ballade vom *Erlkönig*, während sie auf ihren Vater und ihren Freund mit dem Essen wartet: »Die Erdäpfel sind zu Mulm verkocht, die Suppe ist angebrannt, mich hungert«. 1789 erscheint die Ballade dann erstmals ohne diesen idyllisch-profanen Kontext in ihrer ganzen naturmythischen, oft auch homoerotisch gedeuteten Macht. Die Verse, die der Sohn vom Erlkönig zu hören glaubt, wurden sprichwörtlich: »Ich liebe dich, mich reizt deine schöne Gestalt, / Und bist du nicht willig, so brauch' ich Gewalt.«

3 **Johann Christoph Friedrich Haug (1761–1829): An Klara (»Ernste und**
um 1795 **scherzhafte Sonette«) und *Bitte an Kora* (»Erotische Lieder«).** Haug, der wie sein Altersgenosse Schiller die Hohe Karlsschule besuchte und später in Stuttgart Geheimer Rat und Redakteur des *Morgenblatts für gebildete Stände* war, variiert die klassischen Formen der Liebeslyrik: das Sonett (an Klara, die »Reine«, mit der dafür typischen

»hohen«, nicht erwiderten Liebe und dem Überkreuzen von Gegensatzpaaren) und das erotische Lied (an Kora, die »Tochter«, das »Mädchen« – ein Beiname der griechischen Fruchtbarkeitsgöttin Persephone), mit der »niederen«, auf körperliche Vereinigung zielende Liebe der Schäferdichtung, die Haug hier mit der Sonettenliebe von Petrarca und Laura verbindet). Eine Liebeserklärung an die Literatur, nicht an eine reale Geliebte.

Du grollest mir, weil ich dich liebe. / Wirst du mich lieben, wenn ich grolle? / Jedoch umsonst! denn eher triebe / Als mich zu Haß, und Gluth erhübe // Das Fatum dich zur Liebesrolle, / Sich eh' aus kalter Felsenstolle, / Als daß mein Herz nicht glühend bliebe / Und Dein vergäß', o Liebreizvolle! // Unmögliche Metamorphosen! / Ja, besser, wenn mich Hoffnungslosen, / Verglüht, verblüht, gleich Frühlingsrosen, // Das Mitleid schon im Lenz begrübe, / Als wenn des Schicksals Hand nun schriebe: / Besitze Klaren – ohne Liebe!

O liebe mich! / Ich liebe Dich. / Von Göttlichem stammt, / Was so mich entflammt. / Nur himmlischen Höh'n / Entschwebt man so schön! / O liebe mich! / Ich liebe Dich. // O liebe mich! / Ich liebe dich. / Mit heiliger Gluth. / Ja, flöße mein Blut / Für Kora dahin – / Mir süßer Gewinn! / O liebe mich! / Ich liebe dich. // O liebe mich! / Ich liebe dich. / Wie Lauren Petrarch. / Wär' ich ein Monarch / Und Schäferinn du / Doch schwür' ich dir zu: / Ich liebe dich! / O liebe mich. // Ich liebe Dich! / O liebe mich. / Im Traum bist Du mein. / Ich denke nur dein. / Dein bis in die Gruft! / Dein Julio ruft: / O liebe mich! / Ich liebe Dich.

4 **Friedrich Schiller (1759–1805): Zwei Seiten aus *Maria Stuart* (hier die
dritte Auflage 1802 mit Schillers Bühnenbearbeitungen für die Erstauf- 1800
führungen in Hamburg bzw. Leipzig und Dresden).** In Schillers Tragödie

ist das »Ich liebe Dich« Bestandteil einer unmoralischen Welt: Graf Leicester heuchelt sowohl Elisabeth wie Maria die wahre Liebe vor, weil er hofft, eine von ihnen heiraten zu können. Am Ende lässt er beide im Stich und sucht ein neues Glück. Schiller lässt dem unaufrichtigen Günstling das letzte Wort: »Der Lord lässt sich / Entschuldigen, er ist zu Schiff nach Frankreich.« Er selbst hat den Satz, den er seinen Figuren nie ohne Hintergedanken in den Mund gelegt hat, in seinen Liebesbriefen an die beiden Schwestern Charlotte und Caroline kein einziges Mal verwendet. Nachdem er zunächst Caroline bevorzugte, begründet er im August 1789 sein langes Schweigen Charlotte gegenüber: »O wie schwer ist mir dieses Geheimnis geworden, das ich, solange wir uns kennen, zu bewahren gehabt habe! Oft, als wir noch beisammen lebten, nahm ich meinen ganzen Mut zusammen und kam zu Ihnen, mit dem Vorsatz, es Ihnen zu entdecken – aber dieser Mut verließ mich immer. Ich glaubte, Eigennutz in einem Wunsche zu entdecken, ich fürchtete, dass ich nur meine Glückseligkeit dabei vor Augen hätte, und dieser Gedanke scheuchte mich zurück. Konnte ich Ihnen nicht werden, was Sie mir waren, so hätte mein Leiden Sie betrübt, und ich hätte die schöne Harmonie unserer Freundschaft durch mein Geständnis zerstört, ich hätte auch das verloren, was ich hatte, Ihre reine und schwesterliche Freundschaft.« Charlotte belohnt das am 4. September mit dem einzigen »Ich liebe Dich« dieses Briefwechsels: »Mir erscheinst Du immer im gleichen Lichte mein Lieber, warm und treu stünde Dein Bild vor meiner Seele, wenn auch jemand Deinen Wert kennte, ich liebe Dich um Dein selbst.«

5 **Friedrich Hölderlin (1770–1843): Abschrift der Ode *Heidelberg* von**
1800 **Eduard Mörike.** Hölderlin, der Susette Gontard – seiner Weisheitslehrerin »Diotima« – den Roman *Hyperion* mit einem in der Mitte versteckten »Wem sonst als Dir« gewidmet hat, verwendet das »Ich liebe

Dich« nur zwei Mal: für einen Helden (den im 30-jährigen Krieg für die Protestanten siegreichen Schwedenkönig Gustav Adolf) und die Schutzgöttin einer Stadt (die Figur der Weisheitsgöttin Athene auf der Heidelberger Neckarbrücke). Mörike, der in den 1830er-Jahren einige von Hölderlins Manuskripten abschrieb, hat hier aus verschiedenen Fassungen eine für ihn hölderlintypische Strichfassung erfunden.

Lange lieb ich dich schon, möchte dich, mir zur Lust, / Mutter nennen und dir schenken ein kunstlos Lied, / Du, der Vaterlandsstädte / Ländlichschönste, so viel ich sah. // Wie der Vogel des Waldes über die Gipfel fliegt, / Schwingt sich über den Strom, wo er vorbei dir glänzt, / Leicht und kräftig die Brücke, / Die von Wagen und Menschen tönt. // Wie von Göttern gesandt, fesselt' ein Zauber einst / Auf die Brücke mich an, da ich vorüber ging / Und herein in die Berge / Mir die reizende Ferne schien // Und der Jüngling, der Strom, fort in die Ebne zog, / Traurigfroh, wie das Herz, wenn es, sich selbst zu schön, / Liebend unterzugehen, / In die Fluten der Zeit sich wirft. // Quellen hattest du ihm, hattest dem Flüchtigen / Kühle Schatten geschenkt, und die Gestade sahn / All' ihm nach, und es bebte / Aus den Wellen ihr lieblich Bild. // Aber schwer in das Tal hing die gigantische, / Schicksalskundige Burg nieder bis auf den Grund, / Von den Wettern zerrissen; / Doch die ewige Sonne goß // Ihr verjüngendes Licht über das alternde / Riesenbild, und umher grünte lebendiger / Efeu; freundliche Wälder / Rauschten über die Burg herab. // Sträuche blühten herab, bis wo im heitern Tal, / an den Hügel gelehnt oder dem Ufer hold, / Deine fröhlichen Gassen / Unter duftenden Gärten ruhn.

6 **Clemens Brentano (1778–1842) im Juli an Sophie Mereau (1770–**
1803 **1806).** Sophie zieht seit ihrer Scheidung 1801 ihre Tochter alleine auf, den Lebensunterhalt verdient sie als Schriftstellerin. Brentano überhäuft sie mit Liebesbriefen: »Im armen Heinrich steht auch, ›alles, was man in der Liebe tut, ist heilig.‹ Drum bitte ich Dich herzlich, verspotte meinen Brief nicht, ich habe ihn nochmals gelesen, ich schrieb ihn gestern, aber, was ist gestern? Seit ich Dich liebe, sind alle Gestern verloren, alle Heut Sehnsucht, und alle werden zu Gestern werden.« Einige Tage später: »Dieser Zettel ist nichts als ein Kind der Ungeduld von dem ungeduldigsten Kinde, er soll Dir nichts sagen, als was Du weißt und glaubst und hoffst und liebst, daß ich Dich liebe, ganz närrisch liebe, ich habe die ganze Nacht von Dir geträumt, ein solcher Traum ist eine wunderbar schöne Insel der Liebe, worauf wir zwei Robinsone sind, wenn aber der Tag anbricht, so verschlingt sie das Weltmeer der Liebe«. Im November heiratet Mereau, im vierten Monat schwanger, Brentano. 1806 stirbt sie im Kindbett.

Genz plagt mich, ich soll ihm mein Lustspiel lesen, und Du kannst Dir nicht denken, wie ungern ich lese, was ich bis zum Ekel gelesen, aber es muß sein, und ich bin so betrübt, daß ich nun nicht frühe zu Dir kommen kann, aber ich habe kapituliert, und um neun Uhr, wie es schlägt, bin ich gewiß bei Dir. So lustig war ich lange nicht, als da ich Dir gestern den Hut abzog, der Mond kneipte mir ordentlich in die Wangen. Wenn Du es weißt, Sophie, wie ganz gewaltig ich Dich liebe, dann weißt Du, wie glücklich Du zu sein schuldig bist. Lebe wohl bis um neun, o Du! mein –

7 **Ludwig Uhland (1787–1862):** ***Lauf der Welt*** **(Erstdruck 1808) und** ***Ent-***
um 1805 ***schluß*** **(Erstdruck 1807).** Der 18-jährige Uhland greift die Naturmetaphern der romantischen Liebeslyrik auf und deckt dabei deren Widerspruch auf: Die Natur braucht kein »Ich liebe Dich«. Der Satz ist das größte Hindernis der Liebe.

An jedem Abend geh' ich aus, / Hinauf den Wiesensteeg. / Sie schaut aus ihrem Gartenhaus, / Es stehet hart am Weeg. / Wir haben uns noch nie bestellt, / Es ist nur so der Lauf der Welt. // Ich weiß nicht, wie es so geschah, / Seit lange küß' ich sie. / Ich bitte nicht, sie sagt nicht: ja! / Doch sagt sie: nein! auch nie. / Wenn Lippe gern auf Lippe ruht, / Wir hindern's nicht, es dünkt uns gut. // Das Lüftchen mit der Rose spielt, / Es fragt nicht: hast mich lieb? / Das Röschen sich am Thaue kühlt, / Es sagt nicht lange: gib! / Ich liebe sie, sie liebet mich, / Doch keines sagt: ich liebe dich!
Sie kommt in diese stillen Gründe, / Ich wag' es heut mit kühnem Muth. / Was soll ich beben vor dem Kinde, / Das Niemand was zu Leide thut? // Es grüßen Alle sie so gerne, / Ich geh' vorbei und wag' es nicht; / Und zu dem allerschönsten Sterne / Erheb' ich nie mein Angesicht. // Die Blumen, die nach ihr sich beugen, / Die Vögel mit dem Lustgesang, / Sie dürfen Liebe ihr bezeugen: / Warum ist mir allein so bang? // Dem Himmel hab' ich oft geklaget / In langen Nächten bitterlich: / Und habe nie vor ihr gewaget / Das Eine Wort: ich liebe dich! // Ich will mich lagern unterm Baume, / Da wandelt täglich sie vorbei; / Dann will ich reden als im Traume, / Wie sie mein süßes Leben sey. // Ich will – o wehe! welches Schrecken! / Sie kommt heran, sie wird mich sehn; / Ich will mich in den Busch verstecken, / Da seh' ich sie vorübergehn.

8 **Wilhelm Waiblinger (1804–1830) in Tübingen im Februar, April und Juli an Julie Michaelis (1799–1879).** Der Tübinger Student Waiblinger 1824
kennt die fünf Jahre ältere Julie Michaelis, deren früherer Verehrer sich aus Liebe zu ihr umgebracht hatte, seit Dezember 1823. Im August 1824 wird das skandalöse Verhältnis (und mit ihm eine angebliche Abtreibung) bekannt, die beiden dürfen sich nicht wiedersehen.

Nachts 10 Uhr.

[...] Jene Kraft, jene Fülle der Thätigkeit, jenes Mächtig Schaffende, wird dennoch der Welt bleiben, und Eine Seite, die Seite des Mannes, der bilden will und wirken, der leuchten will und feststehen im Wirbel und Dunkel der Welt, der sich geboren fühlt zum Großen, wird desto mehr gesichert bleiben, wenn sie so schön durch ein Wesen mit dem Gewöhnlich-Menschlichen verbunden ist, das er auch auf seinen Höhen umarmt, das ihn auch im Hinausblicken ins Unendliche begleitet.

Ich gäb' eine Woche meines Lebens, wenn ich eine Nacht lang an Deinem Bette sitzen, und Dich ansehen dürfte, wie Du so menschlich bist, wie Du schlummerst, wie Du so wahr bist, Du, die ich liebe mit ihren Reitzen und mit ihren lieben Mängeln.

Vertraue auf mich, wie ich auf Dich! Ich will nun Z. verlassen und die Sterne beobachten. Gute, ruhige Nacht, meine liebe, gute Julie!

Dein Wilhelm.

[...] Bin ich Dir nicht so viel, das frage ich, daß Du mir rettetest die letzte Stunde, ist Dir meine, meine Liebe nicht mehr als die Sorge für den Alten [Julies Onkel], die vielleicht ungegründet ist –? Julie, weißt Du, wie ich Dich liebe – wie? weißt Du, ob ach Fluch über diese Worte, sinnlos. Bete, sey stark, sey würdig! Gott im Himmel, sey würdig! Das scheint wirklich zu seyn, wie ich glaube, daß ich meine, Du dürfest nicht weinen für ihn, wenn ich scheiden will – ich meine nämlich, heilig, heilig sey diese Liebe und sehr stark, ja ja! ich gebe Dir ein Leben, ich fordere das Deine! Mir gehörst Du, und im letzten Augenblick weinst Du für einen – Zartgeliebte, lauterreine! Jupiter [astronom. Symbol f. Jupiter] Ruht nun – o Liebe!

Zu Bett, zu

Bett!

Dein Wilhelm

[...] Auch Du bist Dichterin in einem weitern Sinne, Du hast mit mir an einer blühend schönen Welt geschaffen, die lauter Dichtkunst, die lebendige Dichtkunst selbst ist. O scheue Dich ewig, diese Liebe, die ich zu Dir fühle, in ihren Äußerungen zu mißdeuten, dem Gemeinen zu verähnlichen. [...] Du, meine Julie, bist dieses Gottesbild des alten Sehers Plato. In Dir verkörperte sich mir die geistige Schönheit des Ewigen! ich liebe Deinen Körper wie Deine Seele, denn beides ist unzertrennlich Eins, der Leib ist die verkörperte Seele, die Seele der körperlose Leib. So lehrten die größten Weisen der Geschichte. Julie, im Dunkel jenes herrlich-geheimnisvollen Abends, als mir Deine Brust, rein, wie sie ist, das Sinnbild der Reinheit und der Liebe, entgegenquoll, als ich ihre warme Fülle küßte, da war mirs groß und ernst und heilig, ich sah Deine ganze Seele in ihrer ganzen Reinheit wie verkörpert in Deiner Brust – nun erst warst Du mein! Meine Sprache ist offen und unverschleiert, wie sich's der großen Liebe geziemt, die kein Erdenschlamm berührt – die Reinheit ist offen und braucht die nächsten Worte, nur der unreine Sinn verhüllt sich. Ich bin mir klar. Ich schwöre Dir, mir wars göttlich damals. [...] Ists nicht ein Wunder, meine Julie, daß Dich das Schicksal aus einem Wirbel von Verhältnissen herauszog, die diese Dir eingeborene Kraft der göttlichen Liebe, diese Empfindungen und Ideen eines höheren Lebens erdrücken wollten, und Dich nun noch leidend, aber am Geist erst erblühend, an mein Herz führte, um das Leben auf die Höhe, in die Tiefe zu führen, die das menschliche Gemüt in der Harmonie der Liebe erschwingen kann? Dein Edleres wäre vielleicht unentfaltet in Dir erstorben! jetzt blühts und treibt einen Baum, der in meinen Lebensbaum verschlungen, bis zum Himmel reicht!

So liebe mich, und ich nenne mich Deinen

Wilhelm.

9 **Eduard Mörike (1804–1875) am 13. Mai morgens 9 Uhr aus Stuttgart**
1831 **an Luise Rau (1806–1891).** Im August 1829 verlobte sich der Pfarrverweser Mörike in Plattenhardt bei Stuttgart mit der Pfarrerstochter Luise Rau, die er gerade einmal drei Monate kannte. Die Verlobung wurde 1833 gelöst.

[…] Liebste Seele! wie Du mir überall gegenwärtig bist, wie mich Dein Gedächtnis oft mit plötzlichem, innerlichem Herzensjubel, oft mit weicher, süß beklemmender Rührung und Sehnsucht mitten im unschuldigen Genuß oder beim Anblick irgend einer lieblichen und neuen Erscheinung mächtig überfällt! so daß mir ist, ich müßte mich nur schnell wegwenden und zu Dir fliehen und mich in Dich verbergen und niemals wieder von Dir gehen. – Du bist jetzt wohl ziemlich allein mit Deiner lieben Mutter, denn eben sagt mir Louis, daß Jettchen jenen Donnerstag oder tags darauf doch noch nach Weilheim abgegangen, ein Brief von Deinem Eduard wird Dir darum doppelt willkommen sein: Du hättest einen solchen auch längst in Händen, wenn ich nicht immer gedacht hätte, ich könnte Dir etwas von Bauer schreiben: diese Ungewißheit ließ mich lange zu gar nichts kommen.

Nun wirst Du etwas von der Einteilung unseres Tages wissen wollen, was ich treibe, wie ich lebe. Zuvörderst unsre Wohnung könnte gar nicht anmutiger sein, als sie ist, ganz zwischen Gärten und ziemlich abgeschlossen von dem Lärm der Straßen. Bäume nicken und wehen am Fenster, und alle das bunte, grüne Leben umher läßt kaum den Blick recht ruhig auf Büchern und Papieren haften. Die Vögel legens drauf an, einen zeitig aus den Federn zu locken; ich könnte aber nicht rühmen, daß ich bisher sehr früh gewesen. […]

Fortgefahren den 14., Samstag

Gestern, Liebste! welch ein seliger Nachmittag! Mährlen, Louis und ich fuhren zusammen nach meinem väterlichen Ludwigsburg; es war beschlossen, daß die wenigen Stunden rein nur den heiligsten Erinnerungen, d. h. der Stadt selbst und ihren alten Plätzen, sollten gewidmet [sein] – nichts wollte man sehn, was an das neuere Zeitalter mahnte, und auf alle Besuche würde verzichtet. Es war das heiterste Wetter. Wir durchzogen die Straßen, die Alleen, ich betrat – als ein Fremder – mit wunderlichem Schauder das Haus meiner Eltern – o! wieviel Schönes ist da in Hof und Garten umgestaltet! Als ich einen Stumpf der herrlichen Maulbeerbäume, die mit den Zweigen sonst das Dach erreichten, so kläglich aus der Erde blicken sah, brannte mein Inneres von Schmerz – ich dachte lebhaft Deiner, ich weiß nicht warum, als wäre auch *Dir* das Alles genommen! – –

Wir durchstrichen die melancholischen Gänge der königlichen Anlage; in der Emichsburg hört ich die Windharfen flüstern, wie sonst: die süßen Töne schmolzen alles Vergangene in mir auf – ich sah die unterirdisch aufbewahrten Ritter-Antiquitäten wieder, die ich als Knabe, des Jahres einmal, mit schüchterner Ehrfurcht betrachten durfte; ich sah vom Turm die Umgegend, die Wege all, wo wir Kinder mit Vater und Mutter ausflogen! [...]

Meine Luise! ich verlange unbeschreiblich nach einem Briefchen, nach einem Herzenslaut von Dir! sollte nichts unterweges sein, so laß es doch ja nicht zu lange anstehen. Du glaubst nicht, was man in einem so mannigfaltig und mitunter hohl-zerstreuendem Leben sich nach einem aparten, wahrhaften und stillen Gedankenwinkelchen umsieht, wo das tiefste Gemüt etwas zu naschen sucht. – Ich liebe Dich zwar an keinem Orte weniger als an dem andern, aber in der Ferne unter fremden Umgebungen fühle ichs doch lebhafter als jemals, wie sehr ich Dich liebe, oder vielmehr, ich möchte es dann an alle Wände schreiben, ich möcht es jedermann sagen, und finde doch fast niemand, dem ichs sagen könnte: darum hab ich nur Dich und das schriftliche Wort ist das einzige Medium.

Wann wir uns sehen, ist ja noch unbestimmt: in etwa vierzehn Tagen aber besuch ich Dich auf alle Fälle.

[…] Eben zur rechten Zeit unterbricht mich Zeller. Grüße Alles, küsse die teuerste Mutter und sei Du selbst zu tausendmalen umarmt

von Deinem ewig treuen

Eduard

Daneben: (Muttertags-)Herz aus Mörikes Nachlass.

10 **Paul Heyse (1830–1914) an einem Berliner Samstag im Februar an**
1847 **Clara von Reitzenstein.** Der 17-jährige Musterschüler und spätere Nobelpreisträger schreibt an seine Jugendliebe und entwirft sich ein poetisch-›wildes‹ Leben.

[…] Was für ein Märchen hast du herausspionirt mit der Luise und Felix. Der ist so unschuldig wie ein weiß Mäuschen, denkt an keine amour (höchstens an Eine im Barbarenland.) Der Freund ist ein Schulcamerad, und wenn dir's so sehr auf den Namen ankommt, da hast du ihn meinethalb, er heißt Saxer. Seine Louise ist ein liebenswürdig Geschöpf, eine Cousine von ihm, bei deren Eltern er hier wohnt, da die Seinigen im Hanöverschen leben. Sie quälen sich, glaub' ich, Beide was Ehrliches, mit Zweifeln und Ängsten, und haben sich's nie gesagt, wie lieb sie sich haben.

[…] Mittwoch bin ich auf einem Ball, viel steife Aristokratie, aber auch Jaques, auf den ich mich freue. Ich vernachlässige hier alle Welt und bin entsetzlich unhöflich, alles unter dem Vorwand der Vorbereitungen zum Examen, das ist eine vortreffliche Aegide. Ich fang schon wieder an, langweilig zu werden, das macht nur das dumme Wort Examen. Ein Trost, daß man mich zum Thee ruft! Morgen erzähle ich dir noch sehr sehr viel, von Geibel, und was ich werden will, und sage dir's immer von Neuem, daß ich dich so ganz unendlich liebe.

[…] Aber nun endlich Adieu und liebe mich. Paul

11 **Friedrich Nietzsche (1844–1900) aus Naumburg Ende August 1882 an Lou von Salomé (1861–1937).** Im Sommer 1882 verliebt sich der 38-jährige Nietzsche in die 21-jährige Lou. Als er um ihre Hand anhält, lehnt sie ab. Im folgenden Winter zerbricht die Beziehung ganz. 1882

Zuletzt, meine liebe Lou, die alte tiefe herzliche Bitte: werden Sie, die Sie sind! Erst hat man Noth, sich von seinen Ketten zu emancipieren, und schließlich muß man sich noch von dieser Emancipation emancipieren! Es hat Jeder von uns, wenn auch in sehr verschiedner Weise an der Ketten-Krankheit zu laboriren, auch nachdem er die Ketten zerbrochen hat. Von Herzen Ihrem Schicksal gewogen – denn ich liebe auch in Ihnen meine Hoffnungen. F. N.
Eine Woche später schickt Nietzsche hinterher: »Verzeihung! Liebste Lou, seien Sie, was Sie sein müssen.«

12 **Ricarda Huch (1864–1947) am 25. Juni aus Zürich an Richard Huch (1850–1914).** 1883 verliebt sich Ricarda in ihren Vetter Richard Huch, den Ehemann ihrer Schwester Lilly. 1887 geht sie zum Studium nach Zürich. Die Affäre dauert jedoch bis zu ihrer Heirat mit dem italienischen Zahnarzt Ermanno Cecconi 1897. 1906 lässt sie sich scheiden, 1907 heiratet sie Richard, doch »die Jugendträume« konnten »einfach nicht in der Realität bestehen.« 1911 folgt die Scheidung. 1887

Liebster, ich bescheidener Fritz hatte Dir ein ganz kleines Zettelchen geschrieben in einem Brief an Anna Klie eingelegt und ihrem Belieben überlassen, ob sie es Dir geben wollte, du natürlich kommst gleich mit einer ganzen Wagenladung voll Briefe. Mein Engel, ich falle schrecklich herein mit meinem Bravseinwollen und thue was Du mir vormachst. Wie unbequem, wenn man so rasend viel zu schreiben hat! Zugleich mit Deinem Brief kam einer von Großmama – der erste von den lange gefürchteten – der mich bei Papa beschwört, von meinen sündigen Trieben zu lassen etc. Für Wahnsinn scheint es übrigens niemand zu halten, daß ich dich liebe. Du hast natürlich bei unserm Wiedersehn vielmehr Glück gehabt als ich, ich war so gänzlich unvorbereitet, daß es mir erst als Du wieder fort warst recht zum Bewußtsein kam, daß Du dagewesen warst und zugleich Reue, daß ich den Moment nicht ordentlich erfaßt habe, so kommt es mir wenigstens vor. Aber weißt Du ich war halb wahnsinnig. [...]

Selbstverständlich, meine Wonne, gehöre ich Dir und lasse nicht von Dir, bis Du es mir sagst, ich meine nur, was innerhalb dessen schlimmer oder leichter ist. Daß Du Lilly ohne Nahrungssorgen lassen mußt, versteht sich von selbst; wenn

Du es anders ertragen könntest, könnte ich es nicht. Nahrungssorgen sind nicht gering anzuschlagen. Bis jetzt habe ich sehr viel, 250 frcs monatlich, gebraucht und doch sehr einfach gelebt. Dir kann ich es ja sagen, was die andern nicht wissen dürfen, ich habe oft gehungert und den ganzen Winter gefroren. Trocknes Brod macht keinen geringen Theil meiner Ernährung aus, aber es schmeckt mir recht gut. [...] Infam so einen Geschäftsbrief schreiben zu müssen. Soll ich jetzt mal eine Seite lang schreiben wie ich Dich liebe? Eigentlich muß ich es ja, wenigstens so etwas ähnliches steht in Deinem süßen, fein stylisirten Brief drin. Du Engel, was an meinem Äußern anders war, sind die ungekräusten Haare; ich wollte ersparungshalber versuchen, ob es geht, hier findet man es ebenso hübsch und Dir wird es wohl auch gleich sein. Aber, denke dir, als wir uns getrennt hatten, war mein erster Gedanke, daß ich nun so häßlich aussähe und Du mich vielleicht bei nachträglicher Überlegung nicht mehr leiden möchtest. Du, was das Haus anbetrifft, so war mir gleich klar, daß es verkauft werden muß, die Miethe würde ja kaum soviel einbringen, wieviel jährlich an Zinsen, Reparaturen etc. bezahlt werden muß, ich wollte es an dem Tage nicht zu Rudolf sagen. [...] Du Seele bist mir wirklich alles, ich dir aber auch, ja? Bis jetzt hatte ich es freilich besser als Du, in gewisser Hinsicht sogar so gut wie noch nie. Ich habe hier so friedlich, so harmlos glücklich, so harmonisch gelebt, daß ich mich oft wie auf eine selige Insel versetzt fühlte. Frieden im Hause ist doch das Höchste was man auf der Welt haben kann, und das habe ich mir auch geschworen, wie es auch kommt, Du sollst nie ein böses Wort von mir hören, Unfrieden zwischen uns würde mich zu Grunde richten. Wenn du ein anderer wärest, könnest Du das mißbrauchen, aber ich weiß, daß Du es nicht thust. (Vielleicht würfe ich dann auch doch alle Vorsätze über den Haufen.) Was deine Eifersucht anbetrifft, so hast du doch etwas Ursache dazu, nicht daß ich je einen anderen als Dich lieben würde, aber ich muß gestehn, daß dieses rührende Anbetung Leidenschaft und Fürsorge, die mir dieser Mensch widmet mir doch wohl thut und Du hättest vielleicht manchmal mit mir gescholten. So etwas zu schreiben ist eigentlich dumm, ich erzähle Dir dann mal davon, ich dachte nur, ich müßte Dir doch alles sagen, denn weißt Du, es kann ja vorkommen, daß man sich aus Rücksicht und Liebe etwas verschweigt, aber ich mag doch lieber, wenn man sich alles ohne Unterschied sagt und Du gewiß auch. Ich habe dieses halbe Jahr mich nie sonderlich nach Dir gesehnt, ich fühlte mich zu sehr eins mir Dir. Nur ein einziges Mal an Ostermorgen mußte ich plötzlich so lebhaft an Dich denken und fing an zu weinen [...].

[Ricarda umrankt den Brief noch mit einem Zusatz:] Mein lieber, lieber Richard, die Hauptsache habe ich Dir eigentlich noch garnicht geschrieben, nämlich so ein bißchen von meiner Liebe. Du süßes Geschöpf. Was unsre Correspondenz anbelangt, so bist Du vielleicht viel ruhiger, wenn wir nicht correspondiren. Vielleicht auch nicht, ich weiß nicht, im Ganzen kommt [es] auf mich weniger an, denn ich leben wie gesagt so himmlisch ruhig, daß ich mich oft Dir gegenüber schäme. Adieu, Du, bist auch über nichts enttäuscht oder unzufrieden? Schreib mir alles. Ich weiß garnicht, wohin den Brief adressiren?

13 **Leopold von Andrian (1875–1951): Abschrift aus dem Fragment**
1893 **gebliebenen Gedichtzyklus *Erwin und Elmire*.** Hinter der als Madonna evozierten Geliebten verbirgt sich Andrians Schulfreund Erwin Slamecka, der auch der Held der Erzählung *Der Garten der Erkenntnis* (1895) ist, ein Kultbuch der literarischen Moderne um 1900. Wie die verwendeten Metaphern verwandelt auch der Titel die gleichgeschlechtliche Liebe in eine heterosexuelle: Erwin und Elmire sind die Hauptfiguren eines Singspiels von Goethe, in dem sich am Ende die Liebenden erkennen: »Ha! sie liebt mich! / Sie liebt mich!«

14 **Richard Dehmel (1863–1920) aus Berlin am 24. Juni an seine spä-**
1898 **tere Ehefrau Ida Auerbach (1870–1942).** Ida ließ sich noch 1898 scheiden, Dehmel ein Jahr später, 1901 heirateten beide in London. 1903 veröffentlicht Dehmel den Gedichtzyklus *Zwei Menschen*, in dem die Liebe die Religion ersetzt und Unendlichkeit verspricht: »Und Sterne sprießen, soweit die Sonne scheint. / Zwei Seelen wissen, was sie eint.«

O Liebe, Liebste, Meine, wie lieb' ich Dich! Lach mich nit aus, Du weißt noch gar nicht, wie ich lieben kann. Ich hab mich ja bis jetzt nur von Dir lieben lassen. Ich reise mit Dir durch fremde Länder. Ich will nicht, dass Du mit anderen Menschen zur Bahn gehst! Ich will mit Dir ganz einsam in der Wüste sitzen und Sonne werden, und Du wirst Ich. Wir wollen im Himmel sein, wir wollen nicht mehr auseinander können! Wir haben keine Sehnsucht mehr, wir brauchen auch keine Kinder mehr, wir haben ja Uns. O ISI, küss mich doch! Was gehst Du denn noch immer weg von mir?! Ich habe schon den ganzen Tag in Landkarten studiert, den Weg durchs Heilige Land. Jetzt sitzen wir am Toten Meer. Laß mich nur Unsinn schwätzen, ich liebe Dich so! Ich will Dir übermorgen – o Himmel nein, erst überübermorgen – so in den großen Zehen beißen, dass Du mich gleich vor Heimweh auffrisst und mit mir auf den Sirius [»Hundsstern«, Zeichen für Feuer und Hitze, vgl. »Hundstage« für die heißen Tage im Sommer] springst – O Du, mein Goldenes, Güldenes Du!

15 **Hugo von Hofmannsthal (1874–1929): Bühnenfassung des dramatischen Gedichts *Der Abenteurer und die Sängerin*.** Hofmannsthal greift 1898
eine Geschichte aus den Erinnerungen von Giacomo Casanova auf: Ein von ihm geschwängertes Mädchen wurde durch die in ihm geweckten, aber nicht erfüllten Gefühle zur großen Sängerin. Jahre später begegnen sich beide wieder. Im Zentrum steht der Satz »Ich liebe Dich«, den Vittoria nicht aussprechen darf, wenn sie ihre Unabhängigkeit und Kunst bewahren möchte. Der unter dem Decknamen Baron Weidenstamm zurückgekehrte Ex-Geliebte macht es ihr dabei leicht, weil er die Geschichten durcheinanderbringt.

Der Baron: Sei wieder mein, Vittoria! // Vittoria: Ich kann nicht! / Nein, ich kann nicht und ich will nicht! // Der Baron: Wer weiß es? / Wer verbietet's? // Vittoria: Wer? Mein Schicksal, / Mein ganzes Selbst verbietet's ungeheuer! // Der Baron: Du lügst; Du liebst mich, aber Du hast Furcht. // Vittoria: O nein, nicht Furcht, nur Ehrfucht. // Der Baron: Komm zu mir! / Wir wohnen – // Vittoria: Auf dem Grabe uns'rer Jugend? (Schüttelt den Kopf.) // Der Baron (will sie an sich ziehen): Gehör' mir wieder! Denk' an das, was war! // Vittoria (zurücktretend): Ich denk' daran. In mir ist keine Faser, / Die nicht dran dächte. Eben darum lass' mich! / […] Die drei Tage in Neapel, / Wo wir als die Gespenster uns'rer selbst / Uns in den Armen lagen, schmählich tauschend / Mit bleichen Lippen nicht mehr wahre Worte! / Und Küsse, nein, vielmehr blutrothe Wunden / Ein jedes auf das arme Herz des andern / Über und über streuten, bis ein Grauen / Uns auseinander trieb! // Der Baron: In Genua! / Dies war in Genua. Es war zu nah / Von unserm großen

Glück, wir hatten noch / Die Augenwimpern und die Fingerspitzen / Versengt von zu viel Flammen. Welch ein Narr / War ich, Dich so zu quälen, welch ein Narr / Und Bösewicht! Um der Geschenke willen! // Vittoria (ganz verwirrt): Geschenke? // Der Baron: Die der Marchese – // Vittoria (wiederholt): Der Marchese ... mir? // Der Baron: Grimaldi – // Vittoria (tonlos): Wie? // Der Baron: Der Dir das Landhaus baute – // Vittoria: Ein Landhaus mir? // Der Baron: Das mit dem Pinienhain. // Vittoria: Neapel war es und nicht Genua! / Ich weiß von keinem Landhaus! Niemals waren's / Geschenke, wegen deren Du mich quältest! / Nie kam der Nam' Grimaldi an mein Ohr! / Neapel war's! Neapel! Ich allein! / Nichts von Grimaldi! Ich war ganz allein! // Der Baron: Hätt' ich alles denn / Verwechselt, so den Ort als die Person? // Vittoria: Er hat's verwechselt, hat's vergessen können, / Wie man den Inhalt einer schlechten Posse / Vergißt, so wie den Namen eines Gasthofs, / Wie das Gesicht von einer Tänzerin! (Sie weint.)

16 **Hermann Hesse (1877–1962): *Bitte* und *Rücknahme*.** Gegen den
1901 rauschhaft-dionysischen Liebeston der Jahrhundertwendeliteratur versucht Hesse einen eigenen schlichteren, ›authentischeren‹ Stil zu setzen – in seinem ersten Gedichtband, den *Romantischen Liedern* von 1898, durch offensives Besitzergreifen (»Weil ich dich liebe, bin ich des Nachts / So wild und flüsternd zu dir gekommen, / Und dass du mich nimmer vergessen kannst, / Hab ich deine Seele mitgenommen«), drei Jahre später durch zärtliche Negation.

Wenn Du die kleine Hand mir gibst, / Die so viel Ungesagtes sagt, / Hab ich dich jemals dann gefragt, / Ob du mich liebst? // Ich will ja nicht, daß Du mich liebst, / Will nur, daß ich dich nahe weiß / Und daß du manchmal stumm und leis / Die Hand mir gibst.

Ich sage nicht: Ich liebe dich. / Ich sage nur: gib mir die Hand / Und dulde mich! // Mir schien, du wärest mir verwandt, / Du wärst so jung und gut wie ich … / – Ich sagte nicht: ich liebe dich.

17 **Rudolf Borchardt (1877–1945) am 3. Juli an Margarete Ruer (1880–1960).** Borchardt inszeniert mit seiner Kurbekanntschaft eine Lie- 1901
besgeschichte: »Vivian« – in Anspielung auf ein Bild von Eward Burne-Jones, auf dem die Fee Viviane den Magier Merlin bezaubert. Der Satz »Ich liebe Dich« ist immer wieder Thema des Briefwechsels: »Wunderbare Mischverhältnisse entstehen so: I love you but you like me. Do you not?« oder »Schreiben sie mir drei Worte am Sonnabend, oder ich sterbe aus Versehen.«

[…] Ich nehme an, dass es Ihnen sehr gleichgiltig ist, ob ich Sie liebe, aber gar nicht gleichgiltig, wie ich es ausdrücke. Scheffler hat Recht, der gute Mensch, und mein einziger wahrer Freund, nicht nur dass Sie mich ›zu Grunde richten‹, Sie werden auch noch durch mich corrumpiert und fangen bald an, wie ich, die ›Form‹ höher zu stellen als den ›Inhalt‹. Als ob es hier und anderswo überhaupt Form und Inhalt gäbe, die man unterscheiden kann! ›Ich liebe‹, ›Ich liebe Sie‹ ›Ich liebe Sie sehr‹, ›Sie wissen dass ich Sie liebe‹ ›Sie wissen nicht wie ich Sie liebe‹ ›wüssten Sie wie ich Sie liebe!‹ oder ›Liebe‹, ›Liebste‹ ›Teuerste‹ ›Schönste‹ ›Allerschönste‹ ›Liebe Vivian‹ ›Viv‹ ›schönste Vivian, ich liebe sie sehr‹ was ist daran Form und was Inhalt? Es hat die süße Eintönigkeit von Regen auf einem Dache oder lullaby und wie reizend ist es, dass in tausend kleinen Veränderungen durch sich hindurchklingen und summen zu lassen und die Seele an dem Klange und der Empfindung zu ermüden!

18 **Heinrich Mann (1871–1950): Seite aus dem Roman *Die Jagd nach***
1903 ***Liebe.*** Der Millionärssohn Claude jagt der Liebe der Schauspielerin Ute nach, die erst zum Ende des Romans beschließt, ihm diese zu gestehen – in dem Augenblick, in dem der todkranke Claude stirbt. Davor bittet er sie vergebens:

»Ich werde immer nur dich lieben. Glaub es, glaub es. Und das wird in meinem Leben das einzige sein, was zählt. Das einzige, wofür ich da bin.« Er äußerte seine Leidenschaft vollkommen höflich und sah dabei den Vorübergehenden ins Gesicht. Ute empfand, daß mit diesem Ton auf der Bühne nichts zu machen gewesen wäre. Sie sagte: »Hör auf. Du langweilst mich.« »Ich wollte dich noch einmal bitten, ob du mich nicht lieben willst. Zu Hause fehlt mir schon der Mut, ich bitte dich auf der Straße …« Da sie nicht antwortete, fügte er hinzu: »Wie ein Bettler um ein Geldstück.«

19 **Erich von Kahler (1885–1970) am 25. September an Fine Sóbotka**
1910 **(1889–1959).** 1912, fast genau zwei Jahre und mehrere hundert Briefe nach der ersten Begegnung während eines Skikurses in Mariazell am 5. Dezember 1909, heiratet der Philosoph und Privatier die Medizinerin und Malzfabrikantentochter. Ihr Briefwechsel dokumentiert die spätere Entfremdung ebenso wie die tiefe innere Verbundenheit, die das Paar immer wieder Hoffnung schöpfen lässt – gerade auch, als sie 1938 in die USA emigrieren. 1941 wird die Ehe dort geschieden.

Texte und Transkriptionen: Maik Bozza.
Leihgaben: Stefan George Archiv in der WLB, Stuttgart.

Sonntag Abend // Ich liebe Dich. / Gib mich nicht auf, verlass mich nicht in Dir selbst! Du bist rasend, Du bist leichtfertig, Du bist böse, wenn Du das thust. Du weist nicht, wie ich darunter leide.

Daneben: Friedrich Gundolf (1880–1931) Ende 1910 an Fine Sóbotka (1889–1959). »[P]lötzlich wie in Flammen gesetzt« fühlt sich der junge Literaturwissenschaftler Gundolf von einem Blick der Medizinstudentin Sóbotka auf der Heidelberger Schloßtreppe im Mai 1910 und entfesselt darauf ein briefliches Feuerwerk. Ein halbes Jahr zuvor hatte die Umworbene allerdings Erich von Kahler kennengelernt: Ihn heiratet sie im Dezember 1912 – nicht ohne gelegentlich zu beklagen, dass Gundolf den Platz »des Getreuesten« in ihrem Leben nicht ausfüllen konnte. Gundolf, der hier in Spiegelschrift unter seinen Brief setzt: »Liebe Fine, ich glaube ich bin ganz närrisch in Sie verliebt!«, heiratet 1926 schließlich Elisabeth Salomon.

Die trübe Welt liegt winterlich und schlicht – / So arm und einfach! – da vor meiner Suche .. / Mir deucht, ihr einziger Schmuck ist dein Gesicht – / Ein Tropfe Bluts auf einem fahlen Tuche. // Dich such ich, Dich! ... das tausen[d]farbige Wehn, / Das Wachsen, Ringen, Kreisen, Stehn und Steigen, / Der Erdenkräfte ungestüm Geschehn / Warst du ja auch – und zwangst mich zu verzweigen // Dir ward ich Sommer, weil du Sommer warst / Dir Blüte blüht' ich, o wie süss verworren / Ist Zeit und Welt so lang du um dich scharst / Den Tag von Knospen, Reifen und Verdorren ... // Ich kam dir nach, ward bunt und mannigfach, / Dir nach in Funkeln, Rieseln, Flimmern, Schweben ... / Nun ist die Erde wieder weiß und flach / Und meine Sehnsucht sucht dich bleich und eben ... // Auch das muß Glück sein – Nichts ist ja Verlust / Das reiche Jahr ist ja nicht eingesunken ... / Du bists, du hast es ganz in deine Brust / Dies Meer von Licht und Rosen eingetrunken ... // In deinem kleinen feinen Körper regt / Sich all mein Sommer warm und unverloren ... / Da geht er hin, ein kleines Weib, umfegt / Vom Winterwind, mit eingemummten Ohren. // O wer dich hielt, wäre winterlos / Und machte das erfrorne feld zum Garten ... / So einfach ist die Erde und so gross ... / Nun muss ich matt das neue Jahr erwarten ... // Muss ich? Dir nah sein heissts – im eisigen Hag /

Irr ich umher nach Dir und frag die Winde / Mir glüht die Stirn und meiner Pulse Schlag / Klopft ahnungsvoll, daß ich den Sommer finde. // [spiegelverkehrt] Süsse Fine, ich glaube ich bin ganz närrisch in Sie verliebt!

Daneben: Gundolf an Fine von Kahler 1917 und 1918.

20 **Else Lasker-Schüler (1869–1945): *Ich bin so allein* (publiziert als**
1913 ***Giselheer dem König*).** Nach der Scheidung von ihrem zweiten Mann Herwarth Walden 1912 lernt Else Lasker-Schüler den siebzehn Jahre jüngeren Gottfried Benn kennen und macht ihn als »Giselheer« (wie der jüngste der Burgunderkönige im Nibelungenlied) zum Teil ihrer poetischen Privatmythologie.

21 **Paula Sack (1892–1974) am 6. November an ihren Ehemann Gustav**
1914 **Sack (1885–1916).** Gustav und Paula heiraten im Juli, kurz vor Ausbruch des Ersten Weltkriegs. 1916 fällt der 31-jährige in Rumänien. Sein schriftstellerisches Werk, das als eines der wichtigsten des frühen Expressionismus gilt, wird postum veröffentlicht.

Mein Liebling,
heute wollen mir die Worte nicht wie sonst aus der Feder. Wir erhalten heute die Nachricht, daß mein Vetter, der sechzehnjährige, gefallen ist. Er war ein schöner Mensch und ich hatte ihn gern. – Wenn Du fällst – ich liebe Dich mehr als dies grauenvolle Leben. Irgendwo haben wir uns wieder. Der Tod ist nichts und warte nur, ich komme schon.

Dein Lieb

22 **Walter Hasenclever (1890–1940): Manuskriptseite des Schauspiels *Die Menschen*.** Die Figuren in Hasenclevers expressionistischem 1918
Drama sagen selten mehr als ein oder zwei Worte. »Du liebst mich nicht«, »Ich habe Dich betrogen« und »Ein Kind ist geboren« gehören zu den längsten. Alexander und Agathe sind in der Mordgeschichte, in der am Ende der Mörder »Ich liebe« sagt, die einzigen, die einen Namen tragen, und Agathe, die »Gute«, ist die einzige, deren Wort kein Unheil bringt:

ALEXANDER wendet sich um, erblickt Agathe. AGATHE lächelt: Ich folge Dir. ALEXANDER (weiß nichts, greift an die Stirne) AGATHE Ich liebe dich

23 **Kurt Tucholsky (1890–1935) am 2. März an Mary Gerold (1898–1987).** Tucholsky heiratete Mary, die er 1916 kennengelernt hatte, 1918
1924. Auch nach der Scheidung 1933 hatten sie Briefkontakt. Im November 1935, kurz vor seinem Tod, schrieb er ihr, die von ihm immer wieder mit anderen Frauen betrogen wurde: »Hat einen Goldklumpen in der Hand gehabt und sich nach Rechenpfennigen gebückt; hat nicht verstanden und hat Dummheiten gemacht, hat zwar nicht verraten, aber betrogen, und hat nicht verstanden.«

24 **Kurt Schwitters (1887–1948): Eigenhändige Abschrift von *An Anna Blume*.** Seine »bekannteste Dichtung« hat Schwitters so abgeschrie- 1919
ben, dass der Leser mit dem Blatt das machen muss, was er selbst mit dem Namen Anna macht – wenden, umdrehen, von hinten lesen: »Weisst Du es, Anna, weisst Du es schon? / Man kann Dich auch von hinten lesen, / Und Du, Du herrlichste von Allen, / Du bist – von hinten, – wie von vorne: / A – N – N – A. / Rindertalg träufelt – streicheln – über meinen Rücken. / Anna Blume, / Du tropfes Tier, / Ich liebe Dir!«

25 Friedrich Gundolf (1880–1931) am 29. September 1919 aus Darmstadt und am 2. und 11. Februar 1920 aus Basel an Elisabeth von Salomon (1893–1958) in Heidelberg. Der Literaturwissenschaftler Gundolf lernt die Medizinstudentin »Elli« 1914 in Heidelberg kennen. Stefan George ist gegen die Beziehung, Elli geht 1920 nach Wien und dann in die Schweiz. Die beiden schreiben sich rund 1.500 Briefe.

1919

Geliebtes Mädelchen!
Vor lauter Liebeserklärungen vergass ich dir glaub ich ganz zu schreiben dass ich den Hamburger, oder seinen Bruder, aus Landeshut wahrscheinlich kenne. Der war in meinen ersten Privatdozentensemestern mit Salz befreundet und an Ubiquität eine männliche Elli: er war zwei Meter lang, hatte riesig abstehende Elefantenohren, eine penetrante Geistigkeit, die sehr anstrengte, gutmütig, laut, übernahm seines Vaters Fabrik in Landeshut, war im Krieg Dragoner und wäre beinah gefangen worden.

Ich wundere mich dass du den nicht kennst: denn er kennt alle Leute und du kennst alle Leute. Das wird aber sein Bruder sein.

Elli, ich liebe dich.

Ich liebe dich so zärtlich dass ich mich fürchte, es könnte bald wieder was Trauriges zwischen uns kommen. Aber ich bin jetzt ganz entzückt vom Gedanken an dich! Du bist die süsse nie genug geküsste Elli.

Die göttliche Fine ist gestern Abend gekommen, beinah hätten wir uns verfehlt, da sie mit einem mir unbekannten Vorzug (sogar die Fine hat noch mir unbekannte Vorzüge!) kam. Nur meine Gewohnheit, eine Stunde zu früh zu kommen, liess mich gerade recht kommen.

Der Besuch aus Frankfurt war doch sehr frankfurtisch. Ach nein, so blosse Familie ist nichts mit mir. Dabei war ein leidlicher Neffe, und ein ganz liebes Nichtchen, von 18 Jahren.

Heut Nacht hab ich idiotisch von deinem Hut geträumt. Du hattest nichts an als ihn, und er hatte eine rote Trottel. Du verlangtest fortwährend ich solle ihn dir anders und noch einmal anders aufsetzen, und drehtest dich vor dem Spiegel.

Ich bewunderte ihn nicht genug, sondern küsste dich allerwärts und du warst ungehalten, weil du für nichts Sinn hattest wie für den Hut.

Geliebtes Herz! Ich komme wahrscheinlich mit Fine schon am 1. oder 2. X. Fine muss bis Sonntag schon wieder fort. Dabei kommt wahrscheinlich Else Br. durch Hbg. und Bertram. Dann beginnt das Kolleg: ich sehne mich nach drei Dingen

Elli Arbeit Ruhe

Ruhe Elli Arbeit

Arbeit Ruhe Elli

Elli, sei geküsst, ja gefressen von Deinem [Zeichnung]

Du mein Geliebtes,

Ich bin in Basel angekommen um 4 und mit einer Stunde Zoll und Passgeschichten. Mein ganzes Herz ist bis zum Bersten voll von Dir, von wilder Sehnsucht und süssem heissem Verlangen nach dem Musel! Dank und immer wieder Dank du Süsse, Liebes, Einziges Wesen .. Wie werd ichs ohne dich aushalten! Geliebte, wir haben uns jezt gefunden wie nie zuvor.

Der Meister kommt vielleicht her, wie ich hier höre, dieser Tage. (Dies nur für Dich) Bald mehr! Geliebtes Seelchen, verzweifle nicht, nimm mich an Dein Herz und fühle mich ganz – ich liebe liebe liebe Dich und küsse Dich mit allem Feuer namenloser Sehnsucht! Du liebes Herz! Ich bin

Dein Gundolf

26 **Franz Kafka (1883–1924) am 27. Juli, 30. Juli und 9. August 1920**
1920 **an Milena Jensenská (1896–1944).** 1919 übersetzt die mit dem Schriftsteller Ernst Polak verheiratete Journalistin Milena Jesenská Kafkas Erzählung *Der Heizer* ins Tschechische. Aus dem Briefwechsel mit Kafka entsteht eine Liebesbeziehung, die vor allem auf dem Papier stattfindet und bis Anfang 1923 dauert. Gesehen haben sich beide nur wenige Male – unter anderem im Juni 1920 vier Tage in Wien und am 14./15. August desselben Jahres im tschechisch-österreichischen Grenzort Gmünd.

Dienstag

[...] Es ist vielleicht gar nicht die Leere der Wohnung, die mir so gut tut, oder nicht hauptsächlich sie, sondern der Besitz zweier Wohnungen überhaupt, eine Wohnung für den Tag und eine andere entfernte für Abend und Nacht. Verstehst Du das? Ich nicht, aber es ist so.

Ja, der Schrank. Um den wird wohl unser erster und letzter Streit gehn. Ich werde sagen: »Wir werfen ihn hinaus« Du wirst sagen: »Er bleibt« Ich werde sagen: »Wähle zwischen mir und ihm«, Du wirst sagen: »Gleich. Frank und Schrank, es reimt sich. Ich wähle den Schrank« »Gut« werde ich sagen, und langsam die Treppe (welche?) hinuntergehn und – wenn ich den Donaukanal noch nicht gefunden habe, lebe ich noch heute.

Und im übrigen bin ich ja sehr für den Schrank, nur das Kleid solltest Du nicht tragen. Du wirst es ja ganz abnützen und was bleibt mir dann?

[...] Und dem Schrank hast Du doch die dummen Späße nicht vorgelesen? Ich liebe doch ganz ohnmächtig fast alles, was in Deinem Zimmer steht.

Und der Arzt?

Du siehst den Markensammler öfters? Keine hinterlistige Frage, trotzdem es so aussieht. Wenn man schlecht geschlafen hat, fragt man und weiß nicht was. Ewig wollte man fragen, Nicht-Schlafen heißt ja fragen; hätte man die Antwort, schliefe man.

Und diese Unzurechnungsfähigkeits-Erklärung ist doch eigentlich sehr arg. Den Paß hast Du doch bekommen?

Freitag

Du willst immer wissen, Milena, ob Dich lieb habe, aber das ist doch eine schwere Frage, die kann man nicht im Brief (nicht einmal im letzten Sonntagsbrief) beantworten. Wenn wir einmal nächstens einander sehen werden, werde ich es Dir gewiß sagen (wenn mir nicht die Stimme versagt).

Aber von der Reise nach Wien solltest Du schreiben; ich werde nicht kommen, aber jede Erwähnung dessen ist ein Feuerchen, das Du mir an die bloße Haut hälst, es ist schon ein kleiner Scheiterhaufen und er brennt nicht nieder, sondern mit gleicher, ja mit steigender Kraft. Das kannst Du doch nicht wollen.

Die Blumen, die Du bekommen hast, tun mir sehr leid. Vor Leid kann ich nicht einmal entziffern, was es für Blumen waren. Und die stehn nun in Deinem Zimmer. Wenn ich wirklich der Schrank wäre, würde ich mich bei hellem Tag plötzlich aus dem Zimmer schieben. Wenigstens solange bis die Blumen verwelkt sind, würde ich im Vorzimmer bleiben. Nein, das ist nicht schön. Und so weit ist alles und doch habe ich die Klinke Deiner Tür so nahe vor den Augen wie mein Tintenfaß.

[am rechten Rand:] Nein, der Mann ist ein Sonderling, ihn intessieren nur österreichische Marken vielleicht verwendest Du wenn Du jene Kronenmarke nicht bekommen hast, kleinere Werte etwa 25h Marken und dgl. Aber nein laß es überhaupt bitte bitte laß es [...]

Montag ~~Samstag~~ nachmittag

(ich denke offenbar nur an Samstag)

Ich müßte ein Lügner sein, wenn ich nicht noch mehr sagte als heute im Morgenbrief gar Dir gegenüber, vor der ich so frei sprechen kann, wie vor niemandem, weil noch niemand so auf meiner Seite gestanden ist, wissend und wollend wie Du, trotz allem, trotz allem. (Unterscheide das große Trotzallem vom großen Trotzdem.)

Die schönsten Briefe unter den Deinigen (und das ist viel gesagt, denn sie sind ja im Ganzen, fast in jeder Zeile, das Schönste, was mir in meinem Leben geschehen ist) sind die, in denen Du meiner »Angst« recht gibst und gleichzeitig zu erklären suchst, daß ich sie nicht haben muß. Denn auch ich, mag ich auch manchmal aussehn wie ein bestochener Verteidiger meiner »Angst«, gebe ihr im tiefsten wahrscheinlich Recht, ja ich bestehe aus ihr und sie ist vielleicht mein Bestes. Und da sie mein Bestes ist, ist sie auch vielleicht das allein, was Du liebst. Denn was wäre sonst großes Liebenswertes an mir zu finden. Dieses ist aber liebenswert.

Und wenn Du einmal fragtest, wie ich den Samstag »gut« habe nennen können mit der Angst im Herzen, so ist das nicht schwer erklärt. Da ich Dich liebe (und ich liebe Dich also, Du Begriffstützige, so wie das Meer einen winzigen Kieselstein auf seinem Grunde lieb hat, genau so überschwemmt Dich mein Liebhaben – und bei Dir sei ich wieder der Kieselstein, wenn es die Himmel zulassen) liebe ich die ganze Welt und dazu gehört auch Deine linke Schulter, nein es war zuerst die rechte und darum küsse ich sie, wenn es mir gefällt (und Du so lieb bist die Bluse dort wegzuziehn) und dazu gehört auch die linke Schulter und Dein Gesicht über mir im Wald und dein Gesicht unter mir im Wald und das Ruhn an Deiner fast entblößten Brust. Und darum hast Du recht, wenn Du sagst daß wir schon eins waren und ich habe gar keine Angst davor, sondern es ist mein einziges Glück und mein einziger Stolz und ich schränke es gar nicht auf den Wald ein. […]

27 **Gertrud Kolmar (1894–1943): *Chronik.*** 1916 treibt Kolmar ihr
um 1920 Kind aus einer Beziehung mit einem Offizier ab. Im Sommer 1920 lernt sie bei einem Ferienaufenthalt im Erzgebirge einen tschechi-

schen Grenzbeamten kennen, vermutlich das »Du« dieses Gedichts. Kolmar bleibt bis zu ihrem Tod im Konzentrationslager Auschwitz unverheiratet.

Ich liebe dich nicht. Nein, dich liebe ich nicht. / Ich liebte deinen Kameraden. / Das Haar stand ihm in silbrigen Kornes Schwaden, / Sein Lächeln – Erntesommers Licht. // Er hat feine, helle Hände. – / Deine Hände sind kantig, rauh und braun. / Kluge Augen, die ruhig mich schaun / Wie das vertraute Gelände. // Wir sahen uns, Mann und Weib. / Auf dem Hüttendach trommelte Regen; / Müde warst du, durchnäßt von Wegen / Ich wagte nur scheu dich zu streicheln Bleib'. // Wir sprechen ein wenig zusammen, / Keines versteht des Anderen Wort. / Unsichtbar prasseln kleine Flammen, / Zucken auf, ducken sich ein, schwelen schwächer fort. // Du bist das starke, schöne Tier / Mit den glänzenden, freundlichen Blicken. / Von geistigen Geschicken / Weißt du nichts und weißt garnichts von mir. // Mein munt'res Kleid ist dein Vergnügen, / Mein Wuchs, dunkler Scheitel und hellerer Ton / Ich suche in mir einen kleinen Sohn / Mit deinen strengen, ebenen Zügen. // Eines Abends die stundenlange Sekunde / Stehst du, schaust fernhin, atmest schwer und stumm. // Gewehrschultern, Gehen. Ich weiß nicht, warum. / Die Flämmchen sterben am Grunde. / Einmal noch wendest du um, / Drückst meine Hand fest, sehr fest. Am Himmel strahlt eine / rote Wunde. // Ich liebe dich nicht. Nein, dich liebe ich nicht. / Meine Nächte träumen niemals von dir. // Zwischen Tagespflichten blickt still nach mir, / Braungolden, dein stolzes Zigeunergesicht. // Mein Wein. Mein Brot. Meine Luft. Mein Licht.

28 **Richard Huelsenbeck (1892–1974) aus Berlin am 7. Oktober an seine Ehefrau Beate (1889–1983).** Der frisch verheiratete Arzt und Autor lässt seine Ehefrau in Dortmund zurück, als ihn die Nachricht 1923 vom Selbstmord ihres ersten Ehemanns erreicht. Richard und Beate Huelsenbeck bleiben bis zu seinem Tod 1974 zusammen.

Mein Geliebtes!
Ich bin gestern abend nach 12stündiger Fahrt hier angekommen. Vollkommen zerschlagen und traurig. Traurig vor allem wegen des Abschieds von Dir. Diese Trennungen sind furchtbar. Man muss damit sparsam umgehen. Ich halte es sonst nicht aus. Mein ganzes Nervensystem ist durch die letzten Ereignisse auf[s] Äusserste gespannt. […] Paul meint, dass Rudolf nach allem, was er gehört hat in einem Zustand geistiger Umnachtung gehandelt haben muss. Nach seiner Ansicht müssen viele kleine Umstände zusammengetroffen sein, um ihn zu dem verzweifelten Entschluss zu treiben. So hatte er z. B. erfahren, dass er bei dem projektierten Wohnungstausch den Auszug selbst bezahlen sollte. Er hatte geglaubt das Geld werde ihm vergütet und da er die Summe nicht besass soll er sehr deprimiert gewesen sein. Hinzu kam die Aussichtslosigkeit seiner geistigen Wünsche und Bestrebungen. Sein Charakter hat ihn diese Nichtigkeiten riesengross sehen lassen

Wir wollen uns eingestehen, dass unsere Liebe und sein Verlassensein nicht zuletzt bei seiner irrsinnigen Tat mitgewirkt haben. Es wäre feige und dumm, wenn man davor die Augen verschliessen wollte. Eine Schuld trifft uns deshalb nach meiner Ansicht nur in den Augen der Spiesser, denen eine Ehe als unbrechbar gilt, selbst wenn keine Liebe mehr da ist. Das höchste moralische Gesetz, das ich kenne ist das Selbstbestimmungsrecht des einzelnen Menschen. Niemand auf der ganzen Welt konnte und kann Dich hindern von einem Mann zu gehen, dem Du nur eine Krankenschwester warst. Und besonders im Alter von 25 Jahren. Rudolf hätte, wenn er nur gewollt hätte noch das ganze Leben vor sich gehabt. Wir waren ja alle bereit ihm bei diesem Neubau zu helfen. Diese Tat ist, so furchtbar das klingt, von hinterrücks geschehen. Es ist eine Gewalttat, eine Brutalität, vielleicht die einzige seines Lebens. Aber man kann ihm ja die Freiheit, über sich selbst zu entscheiden, nicht nehmen. Als wir uns von ihm trennten, haben wir ihm das Schmerzliche, das jede individuell bedingte Handlung mit sich bringt durch eine um so innigere Freundschaft zu versüssen gesucht. Er hat wie ein trotziger Knabe gehandelt, ohne im geringsten auf uns Rücksicht zu nehmen und ohne uns die Gelegenheit einer Rechtfertigung zu lassen. Dieser Selbstmord ist ein Mord, der (Rudolf wusste das genau) neben seiner eigenen Person unserer Zukunft und unserem Glück gelten sollte. Es liegt nun an uns, ob wir uns getroffen fühlen, ob wir leben oder auch sterben wollen.

Es gibt eine Atmosphäre von Geistigkeit (und das ist die, in der wir uns zu leben vornehmen) in der das Gerede von Schuld und Fehler seinen Sinn verloren hat. Hier hat jeder Mensch nur sein Geschick zu erfüllen, seine Idee bis zu Ende zu leben. Rudolf hat uns zu unserer Liebe, wir haben ihm zu seinem Geschick verholfen. Rudolf hatte die Freiheit frühzeitig auf das Leben verzichten zu können, wir haben die Aufgabe, es bis ans Ende durchzukämpfen.

Mein Geliebtes! Alles hängt davon ab, ob unser Zusammensein diesen furchtbaren Stoss erträgt. Es kommt vor allen Dingen darauf an, dass auch keine inneren unsichtbaren Schäden an unserer seelischen Gemeinschaft entstehen.

Ich will mein ganzes Leben und meine Existenz opfern, um für Dich und Mareile eine neue Existenz zu schaffen. Ich will unter der Last dieses Unglücks auf alle Sonderwünsche geistiger oder sonstiger Art verzichten. Ich will – Dich lieben, solange ich lebe und meine Arme zu rühren vermag.

Ganz Dein Richard

29 **Clotilde Schlayer (1900–2004) am 9. September an Walter Kempner**
1924 **(1903–1997).** Seit Schulzeiten bekannt, treffen sich Schlayer und Kempner in den frühen 20er-Jahren während des Studiums in Heidelberg und in ihrer Begeisterung für Stefan George wieder. Sie verbringen ihr restliches Leben gemeinsam – und erfüllt von George, mit dem sie schließlich eng befreundet sind. Kurz nach dem Tod des Dichters 1933 emigrieren der Mediziner und die Romanistin in die USA und werden bald amerikanische Bürger. Begraben lassen sie sich später allerdings gemeinsam in Minusio. Neben Stefan George.

Text: Maik Bozza / Leihgabe: Stefan George Archiv in der WLB, Stuttgart.

Im Spanischen ist das Wort für »ich liebe Dich« dasselbe wie »ich will dich«: »te quiero«. Ist das nicht sinnvoll? Und ist die Krone nicht schön die der Engel Maria aufsetzt – und die Geberde des betenden Mannes? – »Te quiero« mein liebes Dear. Ihre C. S. [auf dem Kopf stehend] (ganz im Hintergrund hinter den letzten Bergen stehe ich und winke. Aber man siehts wohl nicht mehr?....)

30 **Klabund (1890–1928):** ***Da ich einsam bin.*** Der lungenkranke Kla-
1925 bund schickt diese Verse im November »um 11 Uhr morgens« aus Zürich nach Breslau an die zehn Jahre jüngere Schauspielerin Carola Neher (1900–1942), die er am 7. Mai geheiratet hatte. Als Klabund drei Jahre später an Tuberkulose in Davos starb, probte sie gerade für die Erstaufführung von Brechts *Dreigroschenoper* die Polly. Sie spielte die Rolle dann erst in der Verfilmung 1931.

Abschrift v. K. // Da ich einsam bin / Nur ein Same bin / Samenkorn gesät in Schnee und Eis / Werd' ich weitergehen / Auf der Leiter stehen / Die zur Hölle ihre Wege weiss. // Gestern liebt ich noch / Gestern stiebt ich noch / Ein Raketenregen. Feuerregen, rinn! / Heute bin ich nur / Eine Wagenspur / Denn dein Sichelwagen rollte über mich dahin. // Weil du Böses glaubst / Guten Gutes raubst, / ward' ich böse, böser noch als die, die dich gebar. / Ach im Traume stand / Steil in meiner Hand / Schon ein Dolch, der nach dir lüstern war. // Du süsses Satanskind / Schnee fällt auf uns lind / Der November reckt den weissen Schild. / Gib mir deine Brust / Unser Leid und Lust / Über alle Ufer bis zum Everest schwillt. // Lieber Engel, lass den Unmut fahren, / Du bist jung. Dein Licht steht im Zenith. / Lass und werden, was wir immer waren. / Streich' die trübe träne aus dem Lid. // Unsere Augen werden wieder tauchen / Ineinander auf den tiefsten Grund. / Unsere Höhenfeuer werden rauchen, / Und es wird sich wieder finden Mund zu Mund. // Bist du einsam, bin ich's doch nicht minder. / Aber ich bin dort, und du bist hier. / Durch die Linden weht ein erster linder / Frühlingshauch, er weht mich bald zu dir. // Süsser goldner Wein / Süsser goldner Wein / Und ich bin so müde wie ein Kind. / Draussen raucht ein Baum / Draussen lauscht ein Traum / Der wie Wein in meinen Schlaf schon rinnt. // Worte wehn vorbei / Leise fern ein Schrei / War's ein Kater der zur Kätzin schlich? / Mandolinenlied / Ach ich bin so müd / Ach ich liebe liebe liebe dich

31 **Friedrich Gundolf (1880–1931) aus Heidelberg am 12. Dezember 1925 und am 12. Februar 1926 an Elisabeth von Salomon (1893–1958) in Rom.** 1925

Am 21. Juni 1926 schreibt Gundolf dann an George: »Ich habe beschlossen Elisabeth Salomon in diesem Jahr zu heiraten wie Herz und Gewissen mir befiehlt, überzeugt dass ich damit deinem Wunsch nicht deinem Recht zuwider handle, da dies Wesen deine Gnade mehr verdient als ich. Da ich dich nicht überzeugen konnte, so will ich lieber mit ihr in die Hölle als ohne sie in den Himmel. Die Folgen weiß ich: das Leid durch dich und um dich, und will sie tragen. Von dir falle ich nicht ab, auch wenn du mich verwirfst ...« Es kam zum Bruch. Gundolf starb am 12. Juli 1931, dem Geburtstag Georges, an Krebs.

Liebstes:
Seit einigen Tagen lauf ich mit einer neuen schwermütigen Sehnsucht umher, in beständigem Grübeln über unsre gemeinsame Zukunft, denn ich glaube, lang halt ich diese Zweisamkeit in der jetzigen Fassung nicht mehr aus. Vielleicht bringt das nächste Jahr einen Entschluss von Dir oder mir oder uns beiden. Wies auch komme, ich gehöre Dir und du wirst mein Dasein bestimmen durch das welches du dir bestimmst.

Gutmütig und ernsthaft, mein Musel, bist du wirklich und deine Ausgelassenheit ist dir viel weniger wesentlich wie dein Ernst. Wär diese nur früher deutlich geworden, viel Leid wäre uns erspart – aber ich liebe Dich ganz und gar und alles was du mir beschert oder verhängt hast, mag ich nicht anders.

Es ist ein halbes Dutzend Kreisbücher erschienen, ein Napoleonsnachtrag von Vallentin, ein Lesebuch II von Wolters, und drei ausgezeichnete Monografien von Steinen über Dante, Bernhard v. Clairvaux und Franziskus. Du bekommst alles, und noch ein grösseres Bilderwerk zu Weihnachten.

Die Kleine ist wieder masernfrei.

Bethy Scholtz ist abgereist und ich hab einen Pfeil mehr im Herzen, das doch nur dir gehört mitsamt den Pfeilen.

Genug für heut, damit meine Trauer dich nicht ansteckt, ich liebe Dich, ich liebe Dich und muß mit Dir leben und sterben.

Süssestes Wesen auf der Welt!

Dein Gundolf

Mein liebstes Musel:
Hab Dank für dein Bild – man sieht darauf deine königliche Seele und deinen feinen Geist, aber nicht ganz deinen süssen Leib, weil du etwas verätzt und verschärft erscheinst, sehr leidend, und der Mund nicht frei wie er beim Reden, Sinnen, Küssen ist, sondern verkniffen als schminktest du dir die Lippen.

Ich träumte allnächtlich, wir seien zusammen und allnächtliche Versöhnungen und Entzweiungen deinetwegen träum ich auch.

Ich glaube, es geht dir eben nicht gut, mir auch nicht, doch die holde Liebe wacht und hält mich.

Ich will im März oder April nach Wien – mit Italien ists nun doch nichts, und Lügenpropaganda hin und Lügenpropaganda her: die letzten Reden sagen genug.

Vielleicht kommst du auch nach Wien? Am Geld solls nicht hängen. Wien ist, wenn ich nicht bei Dir sein kann, immer noch die Stadt wo ich mich leichter ermuntre ... ich glaube, weil man mich am meisten dort liebt.

Dein kleines Bergbildchen bezaubert mich, o Musel, du bist doch das weitaus herrlichste Liebeswesen. Je mehr ich andre liebele, desto mehr lieb ich dich.

Bleib mir gut, und vor allem, bleib Dir gut!

»Herrlich Geschöpf! Verdammnis packe mich, Lieb ich dich nicht ... und wenn ich dich nicht liebe, dann geht die Welt zugrund.«

Ich küsse dich heiss und tief ...

Dein Gundel.

32 **Hermann Hesse (1877–1962): Blatt aus dem *Steppenwolf*-Manuskript.** Der Ich-Erzähler Harry Haller findet hinter einer mit »Alle Mädchen sind Dein« beschrifteten Tür im »magischen Theater« (»nur für Verrückte«) seine Jugendliebe Rosa und erklärt ihr seine Liebe. 1927

O wie brannte der bittre Frühlingsgeschmack auf meiner Zunge! O wie strömte der spielende Wind durch das lose Haar neben ihren roten Wangen! Dann war sie mir nahe gekommen, hatte aufgeblickt u. mich erkannt, war einen Augenblick schwach errötet u. hatte beiseite geblickt; dann grüßte ich sie, mit gezogenem Konfirmandenhut, u. Rosa, alsbald gefaßt, grüßte lächelnd u. ein wenig damenhaft zurück, erhobenen Gesichts, u. ging langsam, sicher u. überlegen weiter, umsponnen von tausend Liebeswünschen, Forderungen und Huldigungen, die ich ihr nachsandte.

So war es einst gewesen, an einem Sonntag vor fünfunddreißig Jahren, u. alles Damalige war in diesem Augenblick wiedergekehrt: Hügel u. Stadt, Märzwind u. Knospengeruch, Rosa u. ihr braunes Haar, aufschwellende Sehnsucht u. süße würgende Angst. Alles war wie damals, u. mir schien, ich habe niemals mehr in meinem Leben so geliebt, wie ich damals Rosa liebte. Aber diesmal war es mir gegeben, sie anders zu empfangen als jenesmal. Ich sah ihr Erröten, als sie mich erkannte, sah ihr Bemühen, das Erröten zu verbergen, u. wußte sofort, daß sie mich gern habe, daß ihr diese Begegnung dasselbe bedeute wie mir. U. statt wieder den Hut zu ziehen u. feierlich mit gezogenem Hut zu stehen, bis sie vorüber wäre, tat ich diesmal trotz Angst u. Beklemmung, was mein Blut mich tun hieß, u. rief: »Rosa! Gott sei Dank, daß du gekommen bist, du schönes schönes Mädchen. Ich habe dich so lieb.« Das war vielleicht nicht das Geistreichste, was sich in diesem Augenblick sagen ließ, allein es bedurfte hier keines Geistes, es genügte vollkommen. Rosa machte kein Damengesicht u. ging nicht weiter, Rosa blieb stehen, sah mich an u. wurde noch röter als vorher u. sagte: »Grüß Gott, Harry, hast du mich denn wirklich gern?« Dazu strahlten ihre braunen Augen aus dem kräftigen Gesicht, u. ich spürte: mein ganzes vergangenes Leben u. Lieben war falsch u. verworren u. voll dummen Unglücks gewesen von dem Augenblick an, wo ich Rosa an jenem Sonntag hatte davonlaufen lassen. Jetzt aber war der Fehler gutgemacht, und es wurde alles anders, wurde alles gut.

33 **Karl Wolfskehl (1869–1948): Übersetzung von Lorenzo da Pontes**
1928 **Libretto zur *Hochzeit des Figaro*.** In der von Mozart vertonten, 1786 uraufgeführten Oper überwindet die wahre Liebe als Heiratsgrund die

traditionellen Gründe der Gattungserhaltung und des gesellschaftlichen Aufstiegs. Figaro und Susanna sind Bedienstete des Grafen Almaviva und wollen heiraten, wobei Susanna sich davor fürchtet, dass der Graf sein »Recht der ersten Nacht« beansprucht, während Figaro zusehen muss, wie er aus einem aus Geldnot gegebenen Eheversprechen herauskommt. Um die erkaltete Liebe zwischen Graf und Gräfin wieder zu entfachen und den Graf so von Susanna abzulenken, denken sich Figaro und die Gräfin beide ein Verwechslungsspiel aus. Am Ende sind beide Paare wieder glücklich vereint.

34 **Hilde Domin (1909–2006) am 7. Dezember nachts um »12 1/2« in Heidelberg an Erwin Walther Palm (1910–1988).** Die Jurastudentin Domin und der Kunstgeschichtsstudent Palm lernen sich im Sommersemester 1931 in Heidelberg kennen. 1932 gehen beide für einen Studienaufenthalt nach Rom, das 1936 auch zu ihrer ersten Exilstation wird. Am 30. Oktober 1936 heiraten sie auf dem Kapitol. 1940 gehen beide in die Dominikanische Republik, 1954 kehren sie nach einer schweren Ehekrise nach Deutschland zurück. Domin begann ihre schriftstellerische Karriere erst 1946, nachdem sie lange die Sekretärin ihres Mannes war.

1931

Cher Erwin, mein lieber Freund.
Eben wollte ich mich an den Schreibtisch setzen, Dir zu schreiben, da kamst Du pfeifend vorbei. Ich überlegte sehr, ob ich Dich nicht herauf rufen sollte, aber ich glaube, es ist gut, daß ich bei meinem Entschluß, Dir schriftlich dicendo dicere verharrte. – So läßt Du mich wenigstens ausreden, und es wird Dir eher gelingen, das Ganze zu erfassen, als wenn man Satz für Satz hervorstottert.

Mein Freund, ich war einmal feige und habe Dich einmal belogen. Ich schwor mir, uns das nie wieder anzutun, es ist das größte Unrecht gegen Dich, gegen mich selbst, gegen unsere Freundschaft, welche mir lieb und unersetzlich teuer ist wie weniges auf dieser Welt. Da ich nun mich sehr quäle, Dir zu schreiben, so bitt ich Dich, lies diesen Brief wenigstens bis zum Ende, und zerreiß ihn nicht gleich, wie Du mir nach dem ersten Satz weglaufen würdest.

[...] Was wir nicht, oder nicht deutlich sagten: der konkrete Anlaß für alles Trennende, Traurige liegt wohl darin, daß ich nicht mehr recht zu Dir zurückgefunden habe nach diesem unglücklichen Beginn unseres Wiederzusammenseins. – Vielleicht konnte ich mir – und vielleicht auch Dir, unschuldig-schuldigem – die Heuchelei, die mich zu ruinieren begann, nicht verzeihen, vielleicht war auch mein Gefühl für den anderen schon zu gegenständlich und zu bewußt geworden – woran auch immer es gelegen haben mag, das Geschehene hat seine Wirklichkeit und läßt sich nicht wieder ungeschehen machen. Es ist keine Sache des Willens – am guten Willen habe ich es nie fehlen lassen, glaube es mir – es ist einfach da. – Ich habe mich die ganzen Wochen seit jener schrecklichen Nacht abgequält in dem vergeblichen Versuch, fortzusetzen, wo wir mit dem Ende unseres ersten Semesters geendet hatten. Du weißt, daß mir dies nur in seltenen Augenblicken gelungen ist. – In jener Nacht konnte ich nicht anders. Ich wollte Dich halten um jeden Preis. Wirf mir nicht vor, daß ich damals nicht klarsichtig genug war, daß ich glaubte, eine solche Episode sei einfach zu negieren. Ich wollte wirklich Dich, und nicht ihn. Ich hatte das Gefühl, ich könne es einfach nicht ertragen, Dich zu verlieren. Und nun hat alle Liebe und aller gute Wille nicht gereicht, Dir die Qual der letzten Wochen zu ersparen. Das geht einfach nicht. Ich habe Dich viel zu lieb, um zuzusehen, wie ich Dich ruiniere. – Es war nur eine Frage von Tagen, wann ich Dir das sagen mußte.

Gestern war – seit jener Nacht – das erste Mal, dass ich mit Achim einen Abend zusammen war. Du wirst mir das glauben. Und gestern abend kam mir klar zum Bewußtsein, dass das Hemmnis unserer Beziehung, doch in ihm liegt. Ich teile Dir das selbstverständlich mit, ich kann nicht anders. Ich muß also, damit Du mich nicht mißverstehst – denn ich will mir nun gar nichts ersparen –, was ich oben von der Realität des Vergangenen sagte, so deuten, daß das Vergangene nicht nur nicht verschwindet, sondern irgendwie seine Wirklichkeit behält. Ich habe das Gefühl des Zauberlehrlings, dem die Geschehnisse übermächtig über den Kopf wachsen. Daß ich überhaupt, damals in den Ferien, mit einem Manne nähere Bekanntschaft schloß, das war ein Willensakt. (Daß ich damals nicht in ihn verliebt war, sagte ich Dir schon). Aber alles andere kam άπό του αύτομάτου [»von selbst«]. »Beim ersten sind wir frei ...« [nach Mephisto Versen in Goethes *Faust I*: »'s ist ein Gesetz der Teufel und Gespenster: / Wo sie hereingeschlüpft, da müssen sie hinaus. / Das erste steht uns frei, beim zweiten sind wir Knechte«] (Es ist lächerlich, daß mir in der Stimmung, in der ich diesen Brief schreibe, noch Zitate in die Feder kommen).

Das ist alles, was ich zu sagen habe – und doch nicht der kleinste Teil dessen, was ich sagen möchte.

Also, ganz klar, ziehen wir die Konsequenzen.

Ich kann Dir hinfort nicht mehr Rede und Antwort stehen, ob ich mit Achim Gerstel zusammen war. Ich werde nicht einmal viel mit ihm zusammen sein, da er soviel zu arbeiten hat. – Aber wir wissen, Du & ich, beide, daß es nicht auf die facta ankommt. Du wirst, weder für Dich noch für mich, wünschen, daß ich ein Dasein der Lüge führe – sei es nun so, daß ich mich belüge über meine eigenen Gefühle, oder Dich über Tatsachen. – Ich habe Dich sehr, sehr lieb. Ich weiß auch heute noch nicht, wie das Leben ohne Dich sein wird – aber es hat keinen Sinn, daß Du Dich weiter quälst. Du bist schon heute ganz bleich und elend.

Unsere Freundschaft, die nur noch ein Schatten ihrer selbst ist, eine nur unvollkommene Erfüllung vieler Möglichkeiten, wird mir trotz allem unendlich fehlen.

Wenn Du, φιλε [»Lieber«], Dich doch von dem Wahn freimachen könntest, daß die Seele des Menschen ein eng begrenztes Volumen hat. Der Mensch hat, das ist nicht zu leugnen, einen sehr kleinen und endlichen Körper. Die Seele aber ist weder groß noch klein, sie ist kein meßbarer Gegenstand, sie ist das Unendliche schlechthin. Und ich schwöre Dir mit gutem Gewissen, wenn Du mit meiner Seele vorlieb nehmen willst, – und mir scheint dies gar nicht das Schlechteste und Verachtenswerte –, so wird meine Seele immer für Dich da sein. Du würdest nicht einen Teil von ihr erhalten, denn ein Unendliches läßt sich nicht teilen. Es ist stets da und stets ganz. Ich wage sogar zu glauben, daß wir – da es anders doch nicht mehr geht, und das Unerfüllte auch das Erfüllbare zu nichte macht – unsere Freundschaft aus ihrem Dahinsiechen in einem neuen, schöneren Leben erwecken könnten – wenn Du nur willst.

[…] Und ehe Du diesen Brief voll Wut zerreißt, denke daran, daß sich gemeinsam erlebtes Leben nicht so einfach zerreißen läßt, und das, was uns zusammen hält, sehr wirklich ist.

[…] Überleg es wohl. Und hab Geduld, und quäl Dich bitte nicht so sehr.

Hilde.

35 **Erich Kästner (1899–1974): Seite aus dem Typoskript zum Roman**
1931 **Fabian. *Die Geschichte eines Moralisten*.** Cornelia Battenberg geht trotz aller aus Enttäuschung gefassten Vorsätze, sich nicht mehr zu verlieben, ein Verhältnis mit dem Romanhelden ein, dem Germanisten Dr. Jakob Fabian.

36 **Siegfried Kracauer (1889–1966) am 21. März »vor Dortmund« an**
1931 **seine Frau Elisabeth (1893–1971).** Am Frankfurter Institut für Sozialforschung lernte der promovierte Architekt und für das Feuilleton

der *Frankfurter Zeitung* arbeitende Journalist 1925 die Bibliothekarin Lili Ehrenreich (hier »Bibi«) kennen, die er 1930 heiratete.

Die XOX-Cakes [seit 1930 stellte die XOX-Biskuitfabrik Toffees und andere englische Süßigkeiten her] esse ich erst am Nachmittag

Liebes Bibichen,

wir kommen jetzt nach Dortmund, und ich schicke dir noch einen letzten Gruß. Bis jetzt habe ich mir ungefähr den Aufsatz über den Tag des Buches skizziert allerdings ohne Glück bei den Formulierungen. Bin noch zu müd. Die Russen in meinem Coupé sind Vater und Sohn und ein junger Mann. Sie fahren nach New York, um dort Ingenieur zu werden. Gott weiß, wer dahinter steckt; vielleicht Werkspionage. Jedenfalls benehmen sie sich sehr nett, poussieren mit der Engländerin und radebrechen Deutsch. Mein liebes – liebes – bibichen, ich wünsche Dir so schöne Tage in Hamburg, lass Dir bitte, bitte, nichts abgehen und sieh Dir alles genau an, damit Du mich später führen kannst. Du bist mein Einziges, mein Alles, und ich liebe Dich von Tag zu Tag mehr. Dein TouFou [frz. »Verrückter«].

37 **Yvan Goll (1891–1950) am 29. März aus Frankfurt und am 1. April 1931 von der Bühlerhöhe bei Baden-Baden so wie am 26. März 1932 aus** 1931
Paris an Paula Ludwig (1900–1974). Die beiden Schriftsteller hatten seit mehreren Jahren eine leidenschaftliche Liebesbeziehung, ihr Briefwechsel wurde von Yvans Ehefrau Claire weitgehend vernichtet. 1932 erschien Paula Ludwigs Buch *Dem dunklen Gott. Liebesgedichte eines Jahres*: »denn dunkler als der Tod ist er den ich liebe.«

Meine Paula

mit geschlossenen Augenlidern in der Sonne, die auf dieser Schwarzwaldhöhe so schön scheint, sehe ich, als wären sie Flecken des Gestirns, oder meiner Haut, die rötlichen Kreise deiner Augen und

Deine Sommersprossen warm über mir schwirren. Ich fühle dich – Ich sehne mich. Ich weiss, dass du mir einverleibt bist, dass deine Haare auf mir wachsen. Ich liebe dich, Paula.

Ich weiss es jetzt noch besser, da ich von dir fern bin. Nichts ist abgeschwächt. Der Baumstamm, der ich bin, kracht und ächzt im kalten Aprilwind nach deinen Fingerlianen die ihn streicheln sollten – dort im Mondsommer deiner Landschaft und Leidenschaft.

Verfolgst du abends das steigende Ostergestirn. Kalt weht es hier vom schneeigen Wald, in dem nicht eine Primel erwachte. Aber warm öffnet sich der fahle Lotus deines Herzens, dort, wohin es mich treibt und treibt.

Schwierige schlimme Tage lebe ich hier, neben einer kranken Frau, zu der das Fluidum abgedreht ist, wie nach einem Kurzschluss. Das Blei meines Bluts zerrann an einer Stelle, dort wo du es berührtest.

[...] Ich bringe dir ein Schwarzwaldtännchen mit, mit viel Moos dran: Der Ostertannenbaum.

Ich küsse dir mit meinem ganzen Körper

Iwan

Liebe Paula,
und als ich gestern aus Sains Séverin kam, ganz geblendet von goldener Musik und tränenreicher Sehnsucht was erschien mir am Seine-Quai? Alle Menschen blickten in den Himmel, die Wagen stoppten, der Verkehr hielt ein: Da ruderten meine Störche mit grossen, wilden Flügelschlägen vorbei, so [Zeichnung] gen Südosten zu Dir.

Du weisst, dass sie mit Vorliebe im Elsass, meiner Heimat wohnen. Aber ich habe mir sagen lassen, dass sie auch manchmal weiter fliegen, übers Badenerland, in die Landschaften des Bodensees, also zu Dir, zu Dir.

O der erste, der Führer an der äussersten Spitze, mit welchem Instinkt führte er, die Windströmungen bekämpfend, seine tapfere

Schar deinen deutschen Provinzen entgegen, dort wo dein Herz schlägt, wo deine Augen aufgetan und gläubig die Erfüllung des Frühlings erwarten.

In seine schwarzen ausgebreiteten Fittichen legte ich meine ganze Liebeskraft, auf dass er gut ankomme und dir in seinem roten Schnabel die Osterbotschaft bringe:

Iwan liebt Dich.

Daneben: Briefkuss der Ehefrau Claire Goll am 1. März 1930 aus Paris nach Frankfurt:

Liebling, soeben Dein Telegramm! Dafür diesen ultraroten Kuß meiner Lippen am Schluß dieser Epistel. Bist Du ein Kerl! Nun hoffe ich nur, daß Du auch am Theater Glück hast und denen auch eine Solluxlampe über Dein Talent aufgeht. Und erhole Dich gut auf dem Land, denn Frankfurt ist doch sicher Land gegen Paris. [...] In einer Stunde holt mich Georges ab zum Cocktail der Duchesse de Grammont. Also nimm diesen Kuß als Vorschuß. Dein Susu

James Joyce hat mir ein schönes Lied am Klavier vorgesungen. Es war reizend. »The dark-haired girl« hieß es, sentimental und traurig.

38 **Kurt Tucholsky (1890–1935) am 17. Dezember an Hedwig Müller (1893–1973).** Tucholsky, Verfasser einer kleinen Abhandlung *Darf der Schriftsteller tippen?*, schreibt seine Liebesbriefe an Hedwig Müller fast alle mit dem »Geschäfts-Klavier«, arbeitet sie aber oft von Hand nach und nutzt die Maschine zur optischen Mimikry: Hier zitiert er fast wörtlich einen Brief von Gottfried Keller an Luise Rieter und macht ihn in der Verbindung von Liebesbrief, Schreibmaschine und Badewanne wieder originell. 1932

39 **Hermann Broch (1886–1951): Seite (Abschrift) aus der Komödie**
1934 ***Aus der Luft gegriffen oder die Geschäfte des Baron Laborde*.** Die Komödie ist ein komisches Gegenstück zu Brochs Trauerspiel *Die Entsühnung* (1932). In einem kleinen Hotel treffen zwei Parteien zufällig aufeinander: der Besitzer eines Bankenkonzerns namens Seidler, dessen Tochter Agnes und ihr Ehemann sowie ein Hochstapler, Baron Laborde, und dessen Geliebte Stasi. Mit Ausnahme des Hochstaplers sind alle ökonomisch ruiniert und ermüdet von ihrer konventionellen oder unsicheren Liebesbeziehung und wollen sich umbringen, was an einem Kurzschluss scheitert: Der Lichtausfall verdirbt die Suizidstimmung. Das Leben beginnt wieder: Agnes und Laborde verlieben sich heftig ineinander, Ruthart wirbt um Stasi, Laborde verzichtet am Ende auf jede Bindung, und Stasi nimmt den Heiratsantrag des Hoteldirektors an. Die »hohe« Liebe lässt sich zwar nicht lange leben, macht das Leben aber erträglich.

Daneben: »Gedichtherz«, das Broch 1937 seiner Freundin, der österreichischen Fotografin Trude Geiringer, zu Weihnachten 1937 geschenkt hat. Schon im Herbst hatte er ihr in ein Holzherz gebrannt: »Meine Schrift ins Herz gebrannt«.

40 **Hilde Domin (1909–2006) vermutlich am 9. Februar aus Rom an**
1936 **Erwin Walther Palm (1910–1988) in Florenz.** Im Februar 1936 beziehen Palm und Domin, noch unverheiratet, in Rom ihre erste gemeinsame Wohnung. Domin berichtet hier noch von der Wohnungssuche.

Mein Liebster.
Heute habe ich, ohne Erfolg, den ganzen Tiber abgelaufen. – Das Einzige, was ich Neues sah, sehr schöne Zimmer in dem Palazzo, dessen großes Tor auf die 3 Tartarughe geht. (Du weißt schon, wel-

cher) Aber die Signora ist sehr moralisch, ich glaube nicht daß es was wird. [...] Ich habe den versprochenen Brief gestern nicht mehr geschrieben, mein Liebster, ich war gar zu müde. Ich glaube, es muß das römische Klima sein, ich bin halb tot vor Müdigkeit. Du wirst es schon noch merken. Heute bin ich ein Bißchen kläglich von all der Lauferei, der Tiber ist so lang und hat so viele Windungen. Zum Trost habe ich die ganze Zeit Deinen Brief in der Hand gehalten, damit Du mich ein Bißchen begleitetest bei all dem Getrappel. Ich habe mir auch ein kleines Bouquet Veilchen gekauft, weil es gar so schönes Wetter ist, bei aller Kälte gar nicht winterlich, und alle Männer sagen, wenn sie den Brief und die Veilchen sehen: certamente una lettera del fidanzato [»sicher ein Brief des Verlobten«]. Überhaupt sind die Römer, trotz der Kälte (!), sehr liebenswürdig und freigiebig mit Complimenten. Daß ich abends, nach dem Essen, immer so gut davonkomme, ohne erst einen giovane [»Jungen«] davonzujagen, verdanke ich einer cosa assai buffa [»ganz komischen Sache«]: Wählend zwischen der Eitelkeit und der Gesundheit, habe ich der Eitelkeit einen kleinen Tritt gegeben – intanto [»inzwischen«], wozu sollte ich eitel sein, wenn Du nicht da bist – und trage unter dem Mantel das wollene Bettjäckchen. Das sieht nun, wenn ich im Restaurant erst das Jäckchen, das so schlottert, dann den Mantel anziehe, enorm kaffrig und lachhaft aus. Aber meine Stimme fordert gebieterisch: Mehr Wollenes (soweit die arme Stimme noch gebieterisch fordern kann, sie trötet piut[t]osto [vielmehr]. [...]

Nun, das Jäckchen ist eine Art Keuschheitsgürtel, aus weicher Wolle – se mai ne avessi bisogno! [wenn ich mal einen bräuchte] Dies kannst Du unserer argusäugigen und löwenkralligen Hüterin Ida mitteilen. A proposito, die scappata [Übrigens, die Tage des Seitensprungs]. Moi, ich hab Dir einen Kinogenuß gegeben und soviel »freien Ausgang« Du nur magst, und habe Deine Gefangenschaft in Idas Obhut bedauert. Aber einen »nicht ernstgemeinten Permeß zur Scappata«. Nemmeno per sogno, Signore mio [Nicht mal im Traum, mein Herr]. Ich, Euer Hase, bin ein eifersüchtiger Hase, und treibe nicht Scherz mit der gelosia [Eifersucht].

[...]

Im ganzen habe ich mich eigentlich sehr gut wieder in Rom eingewöhnt. Die ersten beiden Tagen war es ein Bißchen greulich, nicht so sehr Roms wegen, als weil ich so jäh aus unserer privaten und geschlossenen Welt in die allgemeine versetzt war. Man fühlte so recht hörbar einen Knack und die Zeit setzte wieder ein. Es war ganz schrecklich Februar 1936, ein Krieg hing in der Luft, die Welt war schlecht, störend und machte nervös. Ich kam mir vor – ich finde keinen richtigen Vergleich – ich kam mir vor als ob ich eine schützende Haut verloren hätte. (Die schlechten Wörter liegen nahe, aber es kam mir wirklich so vor.) Weniger verfänglich: einer Schnecke müßte es ähnlich zumute sein, wenn sie ihr Haus verlöre. – Inzwischen ist es mir gelungen, die Wirklichkeit wieder zum Verschwinden zu bringen, der Ausschnitt Wirklichkeit, der mich allein beschäftigt, ist die Wohnungsfrage. Du glaubst gar nicht, wie schnell man sich wieder daran gewöhnt, mit Freude und Muße zu schauen. Zwar im Museum war ich noch nicht, doch was so herumsteht in dieser wunderbaren Stadt, die Pinien, die Dioskuren, Castello S. Angelo und der Cupolone (vielleicht der eher weniger) ist mir so vertraut wie je zuvor. Die Sonne und der blaue Himmel, die römischen Formen, das alles versetzt in eine ganz unflorentinische Stimmung. Viel klarer, und gar nicht melancholisch.

[...]

Die »Seele«, mein Herz, lasciamola stare [lassen wir es]. Dafür bin ich zu müde heut abend. Doch sehe ich nicht, was mich hindern sollte (es prejudiziert meine endgültige Stellungnahme auch in keiner Weise) sofort und bereitwilligst zu adorieren der These: Wir sind Wir. (Zwar wäre damit sozusagen aller Weisheit Schluß = die Lieblingssentenz meiner Mutter, in den Pluralis erhoben!) Im Grunde, oder sagen wir vorsichtshalber: grundsätzlich, bin ich bereit, was uns verbindet, mit jedem Namen zu nennen, der Dir nur gefallen mag. (Und sollten mir Deine Definitionen eines Tages nicht reichen, so werde ich von selbst in meine platonischen Categorien zurückgleiten, oder am liebsten auch in [griech.:] den Schriften des Aristophanes) Qu'importe, wie man es nennt? Je t'aime, tu m'aimes, nous nous aimons. Est-ce que nous somme une seule personne réunie, ou une unité de deux personnes réunies d'une puissance soit interne, soit externe? Ce que je sais bien sur: moi, je suis à toi, & toi, tu es à moi. – et tes idées. – et tes idées seront les miennes. [Was soll's? Ich liebe Dich, Du liebst mich, wir lieben uns. Sind wir zu einer Person vereinigt oder sind wir eine Einheit zweier Personen, die eine innerliche und äußerliche Macht vereinigt? Was ich sicher weiß: ich gehöre Dir, Du gehörst mir – und Deine Ideen – und Deine Ideen werden meine sein.] Eine Affenschande, aber warum soll es sich eine intelligente Frau nicht auch einmal leisten dürfen, auf die geistige Einordnung zu pfeifen. Wenn man verliebt ist, ist man nicht immer vernünftig. Und wenn man so alleine ist, und so Sehnsucht hat nach Dir, welche Definition wäre nicht käuflich – schon für einen zärtlichen Blick aus schwarzen Affenaugen. Voilà la femme! [Titel eines Gemäldes von Francis Picabia von 1915] Und sehr modeste [sittsam], wie Du siehst. Es ist noch so lang bis zum 15! Povero [Armer] Hasino! Je t'aime, mon »philosophe« petit [Zeichnung]

41 **Siegfried Kracauer (1889–1966) am 16. und 30. September an seine Frau Elisabeth (1893–1971).** Am 16. September wird Kracauer wie 1939
andere Flüchtlinge mit deutschem Pass in Frankreich in ein Internierungslager gebracht. In den zwei Monaten der Internierung schickt Kracauer an seine Frau 50 Postkarten und sechs Briefe (in einem sogar Papierstreifen als Anpassungshilfen für Gasmasken: einen von einer Schläfe zur anderen, unterhalb des Kinns geführt, den anderen wie ein Hutmaß um den Kopf). Nach langem zermür-

benden Warten gelingt dann beiden 1941 die Ausreise in die Vereinigten Staaten.

Liebe, ich schreibe Dir sofort. Wir haben uns hier sehr gut eingerichtet. Es ist sehr heiß in der Baracke; der gute Vater Kahn ist mein Nachbar und wir sind darüber sehr froh. Mach Dir keine Sorgen um mich, das ist völlig unnötig. Mir fehlt es an nichts. Natürlich habe ich schon Bekannte getroffen. Willst Du den Freunden und Frau und Herrn Gaget viele Grüße sagen? Ich liebe Dich und ich küsse Dich.

Dein Friedel

Liebe, ich war so glücklich über Deine Karte vom 28. September, die gestern angekommen ist, ein wenig später nach den 50 Francs. [...] Unten findest Du die angefragten Maße für die Gasmaske. Ich habe Deine Anweisungen in dieser Hinsicht sehr gut verstanden und habe die Maße selbst mit Hilfe einer Schnur abgenommmen. Aber ich bitte Dich inständig, diesen Aufwand nicht zu machen. Warte wenigstens noch. Denn man muss nicht erst Gasangriffe abwarten, und der Wert der Gasmasken ist sehr umstritten. Natürlich ist alles, was Du machst, gut. Gibt es Neuigkeiten von Brill und von Baum? Ich bin sehr gerührt von Deinen unermüdlichen Anstrengungen und dem Mut, mit dem Du mit allen telefonierst und so viele besuchst. Du bist die Beste aller Frauen; ich vergöttere Dich, mein Toutou [Wauwau], ich liebe Dich. Wenn ich an Dich denke, fühle ich mich so leicht, so zuversichtlich, so glücklich. Unsere finanzielle Situation beunruhigt mich natürlich; aber wir werden uns durchbeißen, ich bin mir sicher, dank meines Sterns. Hat Dir noch niemand geschrieben? Sag viele Grüße an die Freunde, die Gagets. Ich küsse Dich zärtlich, meine Liebe und ich bin immer bei Dir.

Dein Friedel

Daneben: Verschiedene Geschenkblätter für »Toutou« und »Toufou« aus den späteren, amerikanischen Jahren.

42 **Chemjo Vinaver (1895–1973) für Mascha Kaléko (1907–1975).** Sechs Tage nach der Scheidung von ihrem ersten Mann heiratet Kaléko 1938 in New York den Vater ihres 1936 geborenen Sohnes, den polnischen Musikwissenschaftler und Dirigenten Vinaver, der ihr auch einmal ein singbares Ich-liebe-Dich als Entschuldigung komponiert: »Maschalu. Ich lebe doch und atme immer mit dir. Es ist trotzdem kein Entschuldigung für meine Manieren. [...] sei ein wenig geduldig, werde mich viel viel bessern«. um 1940

43 **Heimito von Doderer (1896–1966) am 19. Juni aus Paris per Feldpost an Emma Maria Thoma (1896–1984).** Doderer lernte Emma 1937 kennen und hat sie dann 1952 geheiratet. 1941

Meine Allersüsseste, Gute! Deinen so herzigen Brief vom 13. hab ich mindestens ein Dutzend Male mit dem innigsten Vergnügen gelesen, gestern und heut'. Du bist so süss, ich liebe Dich! Nur um Dir dieses noch zuzurufen habe ich heut' noch das Blatt und die Feder genommen. Es ist wieder spät nachts, ich muss jetzt, trotz der herrschenden Hitze (sie macht mir nicht allzuviel und ist mir lieber als Kälte) noch ein paar Stunden zu schlafen versuchen. Ich bin immer in Liebe und Treue bei Dir als Dein Dir ganz gehörender Mann Heimito

44 **Else Lasker-Schüler (1869–1945): *Ich liebe dich* ...** Lasker-Schüler widmete dem von ihr verehrten jüdischen Kulturphilosophen Ernst Simon (1899–1988) den Zyklus *An Ihn*, ein Teil der in Jerusalem entstandenen Sammlung *Mein blaues Klavier*, die ursprünglich *Ich liebte dich!* heißen sollte. 1943

45 **Ernst von Salomon (1902–1972): Zwei Seiten aus dem Drehbuch**
1945 ***Das Gesetz der Liebe*** **(nach dem gleichnamigen Roman von Fred Andreas, Regie: Hans Schweikart, Darsteller u. a.: Hilde Krahl und Paul Hubschmid).** Zur napoleonischen Zeit rettet ein verliebter preußischer Leutnant die angebetete Sängerin und wichtige politische Dokumente aus den Händen eines französischen Agenten.

46 **Ingeborg Bachmann (1926–1973) am 24. Juni aus Wien an Paul Ce-**
1949 **lan (1920–1970) in Paris.** Celan schickte ihr zu ihrem 23. Geburtstag am 25. Juni aus Paris eine Karte nach Wien, »weil ich möchte, dass niemand außer Dir dabei sei, wenn ich Mohn, sehr viel Mohn, und Gedächtnis, ebenso viel Gedächtnis, zwei große leuchtende Sträuße auf deinen Geburtstagstisch stelle. Seit Wochen freue ich mich auf diesen Augenblick.« Im Jahr zuvor hatte Celan ihr Wiener Zimmer in ein »Mohnfeld« verwandelt, er habe sich »herrlicherweise« in sie verliebt, berichtete Bachmann ihren Eltern Ende Mai, und beliebe sie »mit dieser Blumensorte zu überschütten«. Nachdem er im Juni nach Paris übersiedelte, schrieb sie ihm zu Weihnachten 1948 erstmals: »Ich hab Dich heute lieb und so gegenwärtig. Das will ich Dir unbedingt sagen, – damals hab ich es oft nicht getan.« Celans berühmte Gedichtsammlung *Mohn und Gedächtnis* erschien 1952.

47 **Peter Hacks (1928–2003) an Anna Hacks-Wiede (1928–2009).** Die
um 1950 Liebesbriefe, die der Germanistikstudent Hacks an seine Freundin und spätere Ehefrau, die Schauspielerin Anna Wiede schreibt, sind wie die meisten seiner Gedichte bis auf eines alle undatiert – als ob diese Liebe keinen Kalender dulde: »Beeilt euch, ihr Stunden, die Liebste will kommen. / Was trödelt, was schleppt ihr, was tut ihr euch schwer? / Herunter da, Sonne, und Abschied genommen. / Verstehst du nicht, Tag, man verlangt dich nicht mehr. // Mit seinen

Droschken und Schwalben und Hunden / Wird mir das ganze Leben zum Joch. / Schluß mit Geschäften. Beeilt euch, ihr Stunden. / Und wärt ihr Sekunden, ich haßte euch noch. // Ich kann nicht erwarten, den staunenden Schimmer / In ihrem zärtlichen Auge zu sehn. / Verschwindet, ihr Stunden, am besten für immer. / Die Liebste will kommen, die Welt soll vergehn.« 1951 heiraten Hacks und Wiede, siedeln 1955 aus München in die DDR über und erfinden sogar zusammen einen irischen Autor, Saul O'Hara, unter dessen Pseudonym Hacks an westdeutschen Bühnen Stücke aufführen lassen kann. Das erste hat 1963 am Staatstheater Stuttgart seine deutsche Premiere: *Heiraten ist immer ein Risiko*.

48 Hannah Arendt (1906–1975): Eintrag vom Dezember ins 2. Heft ihres »Denktagebuchs«. 1950

Die Metaphern und die Wahrheit

In nichts offenbart sich die eigentümliche Vieldeutigkeit der Sprache – in der allein wir Wahrheit haben und sagen können durch die allein wir aktiv Wahrheit aus der Welt schaffen können und die in ihrer notwendigen Abgeschliffenheit uns immer im Weg ist, die Wahrheit zu finden – deutlicher als in der Metapher. So habe ich zum Beispiel ein Leben lang die Metapher: es öffnet sich mir das Herz benutzt, ohne je die dazu gehörende physische Sensation erfahren zu haben. Erst seit ich die physische Sensation kenne, weiss ich, wie oft ich gelogen habe, so wie junge Männer ahnungslos lügen, wenn sie dem Mädchen sagen: Ich liebe Dich. – Wie aber hätte ich je die Wahrheit der physischen Sensation erfahren, wenn die Sprache mit ihrer Metapher mir nicht bereits eine Ahnung von der Bedeutsamkeit des Vorgangs gegeben hätte?

49 **Hilde Domin (1909–2006) am 15. Mai aus New York an Erwin Walt-**
1953 **her Palm (1910–1988).** »May be read without fear – or so I believe« und geschmückt mit »Glücksblumen unter grossen Blättern weil innen im Wald. Man muss sie dort finden«. Domin und Palm, der sie mit einer Anderen betrog, hatten in den Jahren zuvor eine schwere Ehekrise, 1952 erlitt Domin eine Fehlgeburt.

Mein Lieb, Taifunito:
[...] Also, ich habe als ich heraufkam das Couvert aufgemacht, wie Du schon siehst, denn irgendwie konnte ich mich schwer entschliessen ihr Photo zu verbrennen (als wäre es ein magischer Act, wie das Nadeln-hineinstecken. Ich aber gehe leichter auf den Menschen los als auf sein image. Und noch dazu, sie ist so eine arme Person, ich bin ausserstande ihr im Ernst ein Unheil zu wünschen, wenn ich es auch in Wut manchmal sage. [...] Was Du da alles gesagt hast um Dich selbst zu überzeugen, und auch mich, wie Du da je mehr Du mich liebtest, umso verzweifelter gegen die Liebe zu mir kämpftest und, in halben Selbstgesprächen, das Unsre auszuhöhlen suchtest (wie wenn einer das Fleisch der Früchte mit viel Mühe aus der Schale löst um es in andern Behältern zu servieren, die netter auf dem Tisch aussehen y orque sí) davon hast Du ja selbst keine Ahnung, es war auch jeweils so über das Wahre hinaus, dass Du es sofort vergassest – deswegen hat es mich doch nicht weniger verletzt. Daher, mein Herze, war ich eigentlich überrascht wie gänzlich sich die Falschmünzerei, die Du in Deinem Herzen so eifrig betriebst, in den wahrhaft mörderischen Attacken auf mich ausgelebt hat, sodass nur ein schwacher Abglanz davon zu Papier gekommen ist. (unless, of course, there are worse papers you did not send). [...] Kurz, the only news which was <u>no</u> news to me: <u>Du</u> wolltest ein Kind von ihr. DAS hast Du in der Tat nicht so ausführlich gesagt – nur Dich im Generellen bereit erklärt allen Frauen Kinder zu machen, die sich dazu bereit fänden (mind, you did say that!). Immerhin, Du sagtest gleich, wir

könnten ja ein »eigenes« Kind haben – as opposed to hers — and at times you were willing enough to let me have one. […] Und Du wolltest das Mich-Verlassen Dir erleichtern, und, ehe Du ins Fremde gehst, etwas Eigenes dort haben. Mein Lieb, all das war mir klar, und auch dass Du in Deinem rückhaltlosen Egoismus überhaupt nicht übersehen hast, dass dies von allem für mich das Schlimmste war. (Dies, nachdem Du wenige Monate zuvor mir in rüdester Weise vorgeworfen hast das ich Dich mit einem Kinde an mich fesseln wollte, und mir dabei noch »Betrug« zur Last gelegt hast – so grob und so lieblos, dass mein Körper sich weigerte von Dir ein Kind zu haben) C'était de la chance qu'elle n'a pas eu cet enfant, moi je me serais tuée assurément, n'en doutes pas. Tu aurais eu un enfant maladif, peut'être même déficient – quelle consolation! parce que, après ma mort, toutes tes mensonges seraient crollées, cet aveuglement voluntaire aurait cédé et tu aurais vu – beaucoup mieux qu'aujourd'hui! – les raisons très nettes qui t'ont porté à cette trahison de toi-même [»Es war ein Glück, dass sie dieses Kind nicht bekommen hat, ich hätte mich ganz sicher umgebracht, zweifle nicht daran. Du hättest ein kränkelndes Kind gehabt, vielleicht sogar ein schwächelndes – welch Trost! Denn nach meinem Tod wären all Deine Lügenmärchen aufgeflogen, diese selbstgewählte Verblendung hätte aufgehört und Du hättest – weit besser als heute – die Gründe gesehen, die Dich zu diesem Selbstverrat gebracht haben«]. All das ist nicht gesagt worden, mein Taifunito, weil wir über diese Frage, so lang sie wie eine Wolke über uns hing, wenig geredet haben. Mais te voilà [»Aber da bist Du«] – und lass uns nicht mehr davon reden.

Was aber die »Immunität« betrifft, mein Lieb – warum sollte der physische Act mit einem andern Partner nicht exciting sein, besonders wenn das Herzklopfen des Verbotenen dazukommt, sogar des »Verbotenen« nicht im Bürgerlich Gesetzlichen Sinne, sondern des vom eigenen Gefühl verbotenen. Die überwundene Hemmung schafft da sicher, wo nicht Widerwillen, Aufregung. Soll man, wegen der Möglichkeit dieser Sensation, die Hemmung überwinden und sein Leben zerstören? Denn wir haben immer gesehen dass in der Liebe die Spannung, die zeitweilig besteht, periodenweise schwächer wird, wie ja auch eine Lebensgemeinschaft, im Gegensatz zu einer kurzen Begegnung, der Belastungsprobe des mesquinen Kampfs mit der Welt und dem Täglichen ausgesetzt ist, der so oft das Gefühl herabstimmt und die ganze Vitalität angreift. Es ist mir dabei nur merkwürdig, dass Du mich gerade in unsern virtuell besten Momenten verraten hast – sodass Du, ganz umgekehrt, wie man es eigentlich erwarten sollte, die intensive Zärtlichkeit für mich ins Fremde gelenkt hast, und mich so doppelt arm gemacht hast. Ich sage noch nichts von jener trostlos verzweifelten Zärtlichkeit und Sehnsucht für mich, die Du in Mexico verraten hast. Wir wären vielleicht aus der Trostlosigkeit ohne Schock nicht herausgekommen. Ich sehe durchaus, so schrecklich es auch für mich war (ich werfe mir heute aufs Ernsthafteste vor, uns dem 2. Akt Theseus so zum Opfer gebracht zu haben!), dass es ein fruchtbarer Schock war (obwohl Du, mon petit, Dich dabei wie [ein] wildes Tier benommen hast). Was aber eines kleinen Wunders bedarf um je wieder gut zu werden (von dem Nichtwiedergutzumachenden in Hinsicht auf das Physische rede ich schon garnicht), ist der letzte Sommer: nie, verstehe mich gut, nie, haben wir so aufeinander gewartet, nie waren alle Umstände dem Glück so günstig: wir waren so frei von aller Interferenz und allem Praktischen, beide so inspiriert, es war ein so langer Anlauf auf eine Erfüllung hin. Der kleine Leichtsinn, herbeigeführt durch die grosse Angst vor der Misere, vor dem künstlerischen Misserfolg, der neue Fetischismus, die durch die Hasenbriefe beleidigte Eitelkeit, das hat uns nicht nur um den Glückssummit gebracht, der im Leben so selten ist und so für Jahre hin sichtbar bleibt, es hat es – und das ist beinah noch schlimmer, wenn solche Verluste sich abwägen liessen – verhindert dass der Strom Deiner Erinnerung wieder in sein Hauptbett geflossen ist, wie er das so zwanglos getan hätte. Die Episode, die zum grossen

Teil von Deinen Gefühlen zu mir und dem Widerspruch gelebt hat, behält einen falschen Intensitätswert – und wenn wir nicht sehr viel Glück haben, kann sie uns noch jahrelang unglücklich machen und unser Zusammenleben unmöglich machen. Ohne das, mein Lieb, wäre uns der ganze Schock zum reinen Segen ausgeschlagen: beim ersten, petit, warst Du hilflos, aber das zweite war eine Sünde, nicht weniger gegen Dich als gegen mich. [...]

Ach, mein Herze, kaum bist Du weg und ich sehe Deine geliebten Augen nicht mehr und höre Deine Stimme nicht, die mich hypnotisiert, da ergreift meine Hasenseele die Flucht. Aber selbst wenn Du da bist: es ist etwas in mir, das hat Angst und steht wieder auf und warnt mich. Fände ich nur einmal das letzte Vergessen wieder in Deinen Armen, vielleicht würde es anders. Aber das was da so tief verletzt ist dass es sich nicht betäuben lässt, das steht eine Art Grenzwache in mir. Nie war ich wieder so Dein wie in den Träumen im Juli und Anfang August, als die haitianischen Berge zwischen uns lagen. Und jene glücklichen Morgende auf der Terasse, die wortlosen Umarmungen vor meiner Abfahrt: wie Du strahltest wenn Du mich sahest! Jetzt muss ich sehr bescheiden sein, wir beide müssen sehr bescheiden und vorsichtig sein, nach all dem angerichteten Unheil.

Gestern nacht habe ich so zärtlich von Dir geträumt (nach Abschiedsgedichten, of all things): wir mieteten eine neue Wohnung, es war ein Bett darin mit italienischen Pfosten (die Nacht davor sah ich uns beide in Italien!) und Du wolltest es gleich ausprobieren. Du legtest Dich zärtlich und wollüstig schwer auf mich. Mein Körper, wie immer, eine Membrane unter Deiner Berührung. Aber ich weiss nicht ob ich in Dir versank, wie es mir jetzt in der Wirklichkeit und selbst im Traum versagt ist, denn der Rest des Geträumten ist mir verdunkelt.

Lieber, rechne mir doch die Welt nicht an, die so stachlig ist. Denk an die 50 Peers von 89 die ihren Mantel leihen wollten, und dann mit »Hasenhermelin« vorlieb nahmen – wenn sie mit der Tube oder dem Bus oder einem geliehenen Auto nachhause fahren, so werden sie auch nicht alle ihre Frauen prügeln weil sie unzureichende Göttinnen sind statt Millionärinnen – oder damit sie aus Verzweiflung Goldstücke schissen. – Und schon ganz, mein Herze: wie soll mir nicht der Mut sinken wenn Du mich für Deinen Erfolg verantwortlich machst. Da bin ich wie ein kleiner Soldat mit einem Maschinengewehr der einen Hügel gegen eine Armee halten soll: Du sagst, »Wenn Dir nur einer meiner verhassten Feinde entkommt, so will ich Dich kreuzigen[.]« Wie soll der kleine Soldat da Kampfgeist haben?

Soldat hin oder her – was für eine schlechte Sekretärin Du hast! [...] Der reviewer des letzten Buchs von Rosalind Lehmann (who is she, anyway, she got an extraordinary review) [Wer ist sie, egal, sie hat eine außergewöhnliche Rezension bekommen] sagte irgendwo: »in any case, it was made plain that love is not a cure for living« Is it – or isn't it? I am afraid that is just what I expect it to be. [...] However, and though I have just layed out myself in the opposite direction yesterday evening while crying and writing French poems (how terribly far one goes out on some byways in this poetry business, and how true it is all in the moment when you write it!) I do love you. But it is not a happy love, for the time being. [»Auf alle Fälle wurde klar, dass Liebe kein Heilmittel fürs Leben ist«. Ist sie's – oder nicht? Ich fürchte, es ist genau das, was ich von ihr erwarte. [...] Dennoch, und obwohl ich mich gerade gestern Abend, als ich weinte und französische Gedichte schrieb (wie schrecklich weit geht man doch auf Abwege in diesem Dichtergeschäft, und wie wahr ist alles im Augenblick des Schreibens), auf die entgegengesetzte Richtung festgelegt habe, liebe ich Dich. Aber es ist keine glückliche Liebe, vorerst nicht.]

Daneben: undatierter Brief vom »Hasen« aus derselben Zeit:

Montag morgen
Mein Lieb, ich habe die Reise umsonst gefürchtet; ich härme mich nicht ab, sondern ich denke an Dich in Zärtlichkeit und Vertrauen. Und jeden Morgen fehlt mir – trotz des blauen Himmels und der rosa Zweige – die glückliche Überraschung Deiner Augen.

Verzeih wenn ich Dich in der Angst vor der Reise gequält habe. Es haben hier keine Gespenster auf mich gewartet. Und selbst die Versuchung die Briefe in Deinem Schreibtisch zu lesen, die mir so fatal war, hat sich nicht eingestellt.

Je t'aime. Te quiero. Ich liebe Dich

50 **Gottfried Benn (1886–1956) am 18. Dezember an seine Ehefrau Ilse (1913–1995).** Benn heiratete Ilse Kaul 1946 und betrog sie in dieser 1954
Zeit mit zwei parallel koordinierten Geliebten; mit einer von ihnen, der 33-jährigen Ursula Ziebarth, feierte er an eben diesem 18. ein vorgezogenes Weihnachtsfest.

Ich liebe Dich wie vor 8 Jahren. Ich liebe Dich noch viel mehr – ich liebe nur Dich. Mir würde das Herz brechen, wenn Du mich nicht mehr liebtest. Ich bin nur Deiner. Kuss! G.

51 **Nelly Sachs (1891–1970): Vorarbeit zum Gedicht *Traum der den Schlafenden überwächst*.** Sachs, 1966 mit dem Nobelpreis für Literatur 1968
ausgezeichnet, bleibt unverheiratet, nachdem eine Liebesbeziehung zu einem geschiedenen Mann vom Vater unterbunden worden war, die sie jedoch vermutlich über Jahrzehnte bis zu dessen Tod in einem Konzentrationslager aufrecht erhalten hat. Ihr »Ich liebe Dich« gilt der Literatur.

Dunkle Gebirge / nur durch Buchstaben bekannt / Ural Tibet wachsen in Gesichtern durch die Striche / Odysse, Klagesänge der Leidtragenden / murmeln Meere saugen wie Seesterne / ihren Körper voll daß sie / die Welt umzingeln / ich liebe dich wie alle ziehenden Wolken / wie alle Winde der Welt / Wallfahrer Buchstaben auf Totenlaken / in Höllen und Himmeln einkehrend / die nur für die Erde gemacht sind / Was für ein Gott auf dem Saturn [zunächst: Syrius] / was für wehende Propheten Sternbilder Reisende / im Ringnebel der Leier / werdet ihr da gegessen als Speise / wie auf Patmos welcher Schmerz / hangt am südlichen Kreuz

52 **Michael Ende (1929–1995): Seite aus dem Typoskript zum**
1969 ***Schnurpsenbuch. Nonsens-Gedichte und Zaubersprüche*.** Auch über den »Schnurps« gibt es ein Gedicht: »Ein SCHNURPS, der liebt es immer wieder / sich krumm und grad zu lachen. / Am meisten liebt er Schnurpsenlieder / zu hören und zu machen. // Ein SCHNURPS ist niemals irgendwer, / denn das ist schließlich jeder. / Ein ganz Bestimmter ist vielmehr / der SCHNURPS – darauf besteht er! // Ein SCHNURPS ist (darauf kommt es an!) / ein Jemand sicherlich, / den man besonders leiden kann, / zum Beispiel so wie dich.«

53 **Ralf Rainer Rygulla (geb. 1943): Korrekturen in einer von Nils Lind-**
1970 **quist angefertigten Übersetzung von Ted Berrigans Gedicht *Mit Joan und Alex im Bett*.** Rolf Dieter Brinkmann und sein Freund Ralf Rainer Rygulla veröffentlichen im März Verlag unter dem Titel *ACID. Neue amerikanische Szene* amerikanische Untergrundliteratur: »der Versuch, neue Perspektiven aus einem veränderten Kulturbewusstsein heraus zu schaffen. Ein Non-Stop-LSD-Trip alltäglichen Lebens.« Das »Ich liebe Dich« hat auch in Brinkmanns eigenen Texten nur als Zitat Platz: »weil der Bäcker gleich / zumacht, kann ich dich jetzt nicht // lieben«, ist auf einem Balkon zu hören.

54 **Hubert Fichte (1935–1986): Plan zum Roman *Versuch über die Pubertät*.** »Das Erlebnis der Sexualität in der Pubertät war für mich tatsächlich das Erlebnis eines Betrugs, als Beschissenwerden. Es wird hingeführt zu einer bestimmten Art der Erfüllung und kurz davor bricht es ab.« Auch der Held von Fichtes Roman entdeckt die Unmöglichkeit der Liebe: »Jäcki denkt, daß sie alle hier, Irma, Manuel, Reimar Renaissance fürstchen und er selbst, auf das, was sie Liebe nennen – er sagt – Eigentlich liebe ich dich, wie ich nie ... schlechter vorbereitet sind als die Apothekersanwa?rter auf ihr Apothekerstudium, wenn sie mit Abitur abgehen oder mit der Mittleren Reife.« Die Variation des einen Satzes durchzieht auch den Romanbauplan in Großbuchstaben: »ICH [...] [Ich liebe dich] [...] ICH LIEBE DICH. ABER ICH LIEBE DICH NICHT [...] ICH LIEBE DICH. ABER DU LIEBST MICH NICHT [...] ER LIEBT MICH NICHT. ICH LIEBE IHN NICHT. [...] [SELBSTMORD III] [...] ICH LIEBE LIEBE DICH [...] DU LIEBST MICH NICHT MEHR. ICH LIEBE DICH NOCH MEHR.« 1974

55 **Peter Handke (geb. 1942): Eintrag in sein Tagebuch am 21. April.** Handke hat seine Tagebücher als Medium der Befreiung von literarischen Konventionen beschrieben: »Die täglichen Wahrnehmungen wurden also im Kopf zunächst übersetzt in das System, für das sie gebraucht werden sollten, ja, die Wahrnehmungen an sich, wie sie zufällig geschahen, wurden auch schon ausgerichtet für einen möglichen Zweck. Eindrücke, Erlebnismomente, bei denen es nicht gelang, sie auf den gemeinsamen Bezugspunkt der im voraus gewählten literarischen Form einzustellen, wurden dabei vernachlässigt; sie ›konnten vergessen werden‹. Gerade durch den Zustand der angespannten Aufmerksamkeit, in den ich mich für die Aufzeichnungen hineingedacht hatte, fiel mir dieses tägliche Vergessen besonders auf. Es erschien mir sehr bald als ein Versäumnis, und so fing ich an, auch die nicht-projektdienlichen Bewußtseins-Ergeb- 1976 nisse sofort festzuhalten. So wurde allmählich der Plan zerstört, und es gab nur noch die spontane Aufzeichnung zweckfreier Wahrnehmungen. Je länger und intensiver ich damit fortfuhr, desto stärker wurde das Erlebnis der Befreiung von gegebenen literarischen Formen und zugleich der Freiheit in einer mir bis dahin unbekannten literarischen Möglichkeit. Ich übte mich nun darin, auf alles, was mir zustieß, sofort mit Sprache zu reagieren, und merkte, wie im Moment des Erlebnisses gerade diesen Zeitsprung lang auch die Sprache sich belebte und mitteilbar wurde; einen Moment später wäre es schon wieder die täglich gehörte, vor Vertrautheit nichtssagende, hilflose ›Du weißt schon, was ich meine‹-Sprache des Kommunikations-Zeitalters gewesen. Einen Zeitsprung lang wurde der Wortschatz, welcher mich Tag und Nacht durchquerte, gegenständlich. Was auch immer ich erlebte, erschien in diesem ›Augenblick der Sprache‹ von jeder Privatheit befreit und allgemein« (*Das Gewicht der Welt. Ein Journal,* 1977).

[...] »Ich liebe ihn, und ich glaube, er liebt mich.« (Eine Schauspielerin in der »People«-Spalte von »Time«) Kindergeburtstag: ich esse die übriggebliebenen Sachen nicht aus Eßlust weg, sondern um aufzuräumen [...]

N. und ich lachen am Telefon oft durchtrieben und ein bißchen übermütig, einfach weil wir telefonieren und dabei notgedrungen bestimmte Sätze wechseln (wir lachen wie zwei, die einander betrügen, es aber wissen und sich darüber belustigen) »Heute habe ich dich nicht geliebt«

56 **Wolf Wondratschek (geb. 1943): *Im Sommer.*** »Eines meiner vie-
1976 len Gedichte, in dem tatsächlich – wenn auch nur in Anführungsstrichen – ›Ich liebe Dich‹ vorkommt.«

Leihgabe: Wolf Wondratschek.

57 **HAP Grieshaber (1909–1981) am 1. Juni an Jutta Lüttke (1931–1991).** Der Grafiker lernt die 22 Jahre jüngere freischaffende Künstlerin 1978 kennen und schreibt ihr in den drei Jahren bis zu seinem Tod über 400 Briefe. Viele davon wie diese mit Zeichnungen, die durch einen Text buchstäblich zusammengebunden werden: »Liebe Jutta / Dein hap / Ich umarme Dich / Ach ja, Du weißt / Ich liebe Dich / hap«. 1979

58 **Robert Gernhardt (1937–2006): Eintrag am 30. Juli in dem als Tage- und Skizzenbuch geführten ›Brunnen-Heft‹.** »Mon bébé oh mon chouchou isch liebe disch / Oh mon cherie du bist alles für misch / Si je pense à ce moment de folie / Du bist so schön, du bist so süpersexy«. Als hätte er den Refrain in diesem Jahrtausendwende-Hit von Tic Tac Toe vorhergeahnt oder sich an Rosa von Praunheims Film *Die Bettwurst* von 1970 zurückerinnert, zeichnet Gernhardt in diesem Cartoon den Satz auf Französisch- oder Pfälzisch-Deutsch. 1979

59 **Thomas Bernhard (1931–1989): Seite aus dem Roman *Beton*.** Der Schriftsteller Rudolf, der seit zehn Jahren an einem umgeschriebenen Werk über seinen Lieblingskomponisten Felix Mendelssohn Bartholdy arbeitet, führt vom ersten bis zum letzten Satz ein Gespräch mit sich selbst. 1982

60 **Nina Hagen (geb. 1955): Seite aus dem Song *New York/N.Y* aus dem Album *Angstlos*.** Hagen schenkte dem März Verlag das Manuskript 1984 für dessen Jubiläumsband *Mammut*. 1983

61 Peter Hacks (1928–2003): ***Der Eilbrief, Die schöne Nase des Gelieb-***
1988 ***ten, Kurze Nacht und Lottchen, mein Lottchen, ich lieb Dich nicht mehr.*** Hacks hat seine Lyrik lange Zeit als Nebengeschäft verstanden und erst spät veröffentlicht (1988 erscheint erstmals ein Band *Gedichte*). Er befreit sie, ganz anders als seine Dramen, die oft genau datiert sind, wie seine Liebesbriefe aus der Herrschaft des Kalenders. Das Motiv ist dasselbe: Wie kann man von der Liebe schreiben, ohne sich zu wiederholen? »Hacks war ein Liebender und ein großer Liebeslyriker, bewegte sich also unter reinen Konkurrenzgesichtspunkten in umkämpftem, bis heute trotz partieller Verdrängung immer noch von Brecht und Goethe gehaltenem Terrain. [...] *Ein Gespräch im Hause Stein über den abwesenden Herrn von Goethe*, das meistgespielte Stück der siebziger Jahre [und ein Monolog der von Goethe zurückgelassenen ›Lotte‹, Charlotte von Stein], ist nichts anderes als die Demontage von Liebeslyrik mithilfe der Liebe. Wo Liebe ist, kann keine Lyrik sein. Also der umgekehrte Versuch: das, was vollendet wurde, durch Liebe kaputtzumachen, damit es wieder anfange. In seinen *Rechtfertigungen gegenüber Belinden*, einem der wichtigsten Aufsätze über Liebesliteratur überhaupt, schreibt er: ›Leidende Liebe ist der elendste Poet, sterbende Liebe der vollkommenste‹« (so Frank Schirrmacher in der *FAZ* zu Hacks 80. Geburtstag).

62 **Thomas Strittmatter (1961–1995): Seite aus dem Bühnenmanu-**
1988 **skript *Die Liebe zu den drei Orangen* (nach Carlo Gozzis gleichnamigem Theaterstück von 1761).** »Prinz Torte« hält um die Hand des Orangenmädchens »Limone« an.

63 **Robert Gernhardt (1937–2006): Einträge zwischen dem 16. und**
1990 **20. Juni (Montaio) und dem 11. und 17. August (Rendsburg) in zwei als Tage- und Skizzenbuch geführten ›Brunnen-Heften‹.** »Die schönste Art

zu sagen: Ich liebe mich« und Entwürfe für den Umschlag des Reclam-Bändchens *Reim und Zeit,* auf dem sich dann später Sonne und Wonne (ein badendes Kind) und Brust (eine nackte Frau) und Lust (ein lachender Mann) gegenüberstehen: »›Der erste, der – vor Jahrhunderten! – auf Sonne Wonne reimte, auf Herz Schmerz und auf Brust Lust, war ein Genie; der Tausendste, vorausgesetzt, daß die Folge ihn nicht bereits genierte, ein Kretin.‹ Falsch, ganz falsch: Der Erste, der Herz auf Schmerz reimte, war ein braver Mann; der Einmillionste aber, dem es gelingt, die beiden Begriffe einleuchtend, einschmeichelnd oder auch nur einga?ngig zu paaren, ist ein Genie, zumindest aber ein hochachtbarer Artist.« (Gernhardt, *Gedanken zum Gedicht*, 1990).

64 **Bernhard Schlink (geb. 1944): Zwei Seiten aus dem Roman *Der Vorleser*.** Schlink vertauscht in seinem Manuskript das »Liebst Du 1995
mich«, das der 15-jährige Michael Berg an die 36-jährige Hanna Schmitz richtet, mit »Verzeihst Du mir?«. Dieses ist nicht Folge aus jenem, sondern Indiz dafür und bereitet die stillschweigende Liebeserklärung vor.

Sie ließ mich herein, und ich nahm alles auf mich. Ich hatte gedankenlos, ~~lieblos~~, rücksichtslos, lieblos gehandelt. Ich verstand, daß sie gekränkt war. (Ich verstand), daß sie nicht gekränkt war, weil ich sie nicht kränken konnte. Ich ver-stand, daß ich sie nicht kränken konnte, sie sich ein solches mein Verhalten aber einfach nicht bieten lassen durfte. Ich verstand auch, daß die Art Als ich sie Am Ende war ~~gab sie zu~~ ich glücklich, daß sie zugab, daß ich sie verletzt hatte. ~~war Nachd~~ Also war sie doch nicht so unberührt und unbeteiligt, wie sie getan hatte. ~~Also~~

~~»Liebst du mich?« »Verzeihst du mir?«~~

Sie nickte.

»Liebst du mich?«

Sie nickte wieder. »Die Wanne ist noch voll. Komm, ich ~~wasch~~ bade dich.«

In dem Gedicht, das Michael Hanna schenkt, wird das »ich liebe« ganz gestrichen:

Wenn wir uns öffnen / du dich mir und dir mich ich, / wenn wir versinken / in mich du und ich in dich, / wenn wir vergehen / du mir in und dir in ich. / Dann ~~weiß ich,~~ bin ich ich / ~~und ich liebe,~~ und du bist du / ~~er ich bin.~~

65 **Martin Mosebach (geb. 1951): Bogen aus dem Manuskript des**
1999 **Romans *Die Türkin*.** Ein junger Frankfurter Akademiker reist einer türkischen Wäscherin in ihre Heimat nach und träumt sich eine märchenhafte Liebe herbei, die am Ende jedoch unerfüllt bleibt: Pupuseh ist einem anderen versprochen.

Leihgabe: Brigitte Schermuly / Martin Mosebach.

»Ich habe auf dich gewartet«, sagte ich also.

»Ja?« antwortete sie.

Ein dummer Anfang, aber sie nahm das nicht übel, ihr »Ja?« war freundlich, sie interessierte das, dass ich gewartet hatte. Ich wollte nicht über sie herfallen. So war diese Begegnung ja nicht gedacht. Ich musste Pupuseh ja nicht erobern. Ich musste sie schon gar nicht »rumkriegen«, wie das so schön und plump heißt. Sie schenkte sich mir, das alles stand doch schon längst fest. Wir flossen aufeinander zu; unter beträchtlicher Gefahr, die sie nicht scheute und die sie mir selbstverständlich auferlegte, hatten wir uns hier gefunden. Wir wollten nur eines: dass diese Bewegung aufeinander zu nicht zum Stillstand kam, dass sie uns weitertrug, bis wir verschmolzen. Das Zicklein in seiner quirligen Liebesbedürftigkeit konnte eine solche große Bewegung nicht ernstlich stören. Es gab nur eine winzige Stockung, die wir schnell überwinden würden.

»Ich liebe dich«, sagte ich. Das musste ich jetzt doch sagen, dieses Wort musste einfach nach der langen Sprachlosigkeit einmal fallen, und es war das größte Wort überhaupt und würde alle Stockungen hinwegschwemmen. Aber es war, wie wenn man mit voller Kraft einen Stein werfen will und sich unglücklich bewegt und zu kurz zielt und mit der geballten Energie den Stein sich nur gerade vor die Füße schleudert. Das größte Wort war heraus, aber es kam nicht richtig. Es hatte etwas schnell Herausgerutschtes, und nun war es gesagt, aber nicht richtig gesagt, und damit geriet Stroh in den Mechanismus unsrer Anziehung.

66 **Arno Geiger (geb. 1968): Drei Seiten aus den von Wolfgang Matz, dem Lektor des Hanser Verlags, korrigierten Fahnen des Romans *Schöne Freunde*.** Der altkluge Junge Carlo entdeckt die Liebe und belauscht Liebespaare, immer auf der Suche nach dem einen Satz, der einweiht in das, »was der Sterblichkeit einen Hauch Ewigkeit verleiht und die Fleischlichkeit mit Poesie verklärt (Ausdruck Frau Doktor Grüneisen)«. 2002

Leihgabe: Arno Geiger.

I **Michael Lentz (geb. 1964): Seite aus dem Manuskriptbuch zum Roman *Liebeserklärung*.** »Du bist mit einem Mal ein Bleistift, der mir die Worte führt, ich führe dich übers Papier.« 2003

Leihgabe: Michael Lentz.

[…] wie ich auch jetzt in einem Zugabteil sitze, dir das zu sagen, nicht wahr, und soll ich jetzt lachen oder weinen, wie man in solchen Momenten so sagt, wie man in solchen Liebesdingen, in solchen durch und durch verwirrten Liebesangelegenheiten, so im allgemeinen ja das sagt, was ich hier sage, wenn es auch nur für dich ist, wenn meine Liebe auch nur für dich ist, ist es nicht unerträglich, und ist es nicht unerträglich unumgänglich, und von allgemein anerkannter Bekanntheit, dieses Phänomen, dass wir keine Sprache der Liebe haben, aber eine Liebesflucht, einen Liebesabgrund, eine Vernichtung, dass wir keine Sprache der Liebe haben, die so ganz lieb ist, außer immer wieder die Hinwendung, das Versichern des Körpers, das Kommen und Gehen, und immer wieder sagen wir »Ich liebe dich«, und sind auch beschämt, nicht etwas anderes zu sagen von identischer Wucht, aber nein, wir können nur »Ich liebe dich« sagen, und sagten wir endlich etwas anderes, es liefe auf das selbe hinaus, meinst du »Ich liebe dich«, würde der andere dann hinterfragen, willst du eigentlich »Ich liebe dich« sagen, fragt dann der andere, wenn du »Ich liebe dich« meinst, dann sage auch »Ich liebe dich«, und jetzt für diese Momente, sitze ich also gänzlich allein in diesem Zugabteil und mir fährt es plötzlich ein wie Ohnmächtigwerden, steht es plötzlich so deutlich vor Augen, dass ich's zu greifen meine, ja, das ist so eine Sprache, so ganz Unruhe [...].

Daneben: Valeri Scherstjanoi (geb. 1950): »Ich liebe Dich«, 2005 lautpoetisch ins Bild gesetzt.

Leihgabe: Valeri Scherstjanoi.

II **Julie Zeh (geb. 1974): Manuskriptbuch zum Romans *Schilf*.** Zwei
2007 Astrophysiker lieben sich, doch der eine heiratet eine wunderschöne Frau und bekommt einen Sohn. Als dieser entführt wird, stehen auch die Drei-Wörter-Sätze auf der Probe: »Ich liebe dich. Ich hasse dich. Vater ist tot. Ich bin schwanger. Liam ist fort. Dabbeling muss weg. Nach einem Drei-Wörter Satz ist man ganz allein.«

Leihgabe: Ida Schöffling / Julie Zeh.

III **Michael Lentz (geb. 1964): Zwei Gedichte aus *Offene Unruh. 100 Liebesgedichte*.** 2010

immer krisensitzung / und nichts verfugt / es ist ja nichts ernstes / nur für den fall / also unwahrscheinlich – / keine musik? / meine hände riechen nach / hab sie mehrmals gewaschen / mehr als waschen geht halt nicht / aufräumen ist eine so stehen gebliebene sache / alleinsein ist auch nichts weiter / als realität / beginne mich für die tapeten zu interessieren / denke an das wort rudimentär / kannst du mich erlösen? / kannst du wohl auch nicht / dafür ist der erlöser ja da / kann kommen / tür ist offen / ich liebe dich / lass nicht ab von mir / weiß auch nicht / ich liebe dich

am ende des ganges die tür / du stehst gegen die wand und wartest / auf wen? durch die tür musst du selbst / geh aufrichtig wende den blick nicht ab / deine schritte seien sicher und ruhig / hast du die tür erreicht öffne sie / dann endlich sage folgende worte: ich liebe dich / merkst du dass es keinen boden gibt? / und der gang nimmt kein ende

Daneben: Monika Rinck (geb. 1969): *Ich liebe Dich / (Sie lieben sich) / In Südtirol / In Südtirol.* »Sie lieben sich – doch wer sind diese beiden? Wie verhalten sie sich zu dem, der die Ansprache im Singular führt? Zuckt nicht in dieser Anrufung bereits der Konflikt? ›He who strongly feels, behaves‹, schrieb Marianne Moore. So dass die eigentliche Aufgabe wäre, die Liebe des Geliebten auch dann zu achten, wenn sie sich abwendet und jemand anderem zu. Es ist die Liebe, selbst wenn ›ich‹ mit ›dich‹ nicht mehr gemeint bin. In Südtirol, ja, von mir aus auch in Südtirol.«

Leihgabe: Monika Rinck.

IV **Ulla Hahn (geb. 1946): Gedichte aus dem Zyklus *Von den Wörtern*
2011 **und *Fast* und *Nicht* nur, ein Thema in Variationen von 1985 und 2011.** Gedichte für den im August 2011 erschienenen Band *Wiederworte*, der alte und neue Gedichte gegenüberstellt.

Und wenn du sagst / Ich liebe Dich / legt sich eine Stille / um die drei Wörter / dass es ein Leben braucht / einen Satz zu finden / der dazu passt.

Abend im März. Glückselige Musik / von Amseln und alten Meistern. / Er rief an. Ich hätte ihm fast / die verbotenen Drei Wörter gesagt.

Abends nicht nur und nicht nur / im März sag ich dir sagst du mir / die glückseligen Vier Silben. Im Kirsch / lorbeer twittern die Amseln.

V **Friederike Mayröcker (geb. 1924): *1 Efeublatt für Ernst Jandl.*** May-
2011 röcker lebte mit Jandl von 1954 bis zu dessen Tod im Jahr 2000 zusammen und hat diesen Text für die Marbacher Ausstellung geschrieben: »Meine Maschinschrift ist meine Handschrift«.

VI **Sibylle Lewitscharoff (geb. 1954): *Liebesgelispel.*** Der Text von
2011 Sibylle Lewitscharoff ist für diese Ausstellung entstanden.

Blumen, Bäume, Berge und andere Zeichen.
Dreizehn Liebesbatterien aus vier Jahrhunderten

A **»Wem sonst als Dir«.** Friedrich Hölderlins (1770–1843) Widmungsexemplar des *Hyperion* (1797/98) für seine ›Diotima‹ Susette Gontard 1799
(wohl 1769–1802).

B **»Nur für Dich«.** Pauls Celans (1920–1970) Widmungsexemplar von *Mohn und Gedächtnis* (1952, in der 2. Auflage von 1954) für In- 1954
geborg Bachmann: Mit »f. D« und »n.f. D« (oder »u.f. D.«?) markiert Celan 22 Gedichte. Die Gedichte entstanden, nachdem sich Celan und Bachmann 1948 kennengelernt hatten.

C **Ringe.** Hier von Karoline Schiller (1799–1850) und Franz Karl Immanuel Junot (1785–1846). Schillers Tochter heiratete den Berg- 1838
Rat 1838. Für ihn war es die zweite Ehe, für sie, die ihn als Leiterin einer Mädchenschule und Lehrerin seiner Kinder kennengelernt hat, die erste. Das Liebesversprechen ist Teil des Eheversprechens: »Ich werde Dich lieben, achten und ehren, in Gesundheit und Krankheit, in Reichtum und Armut, bis das der Tod uns scheidet.«

D **Bänder.** Friedrich Gottlieb Klopstock (1724–1803) an seine schwangere Ehefrau Meta (1728–1758) am 29. Oktober aus Kopenha- 1752
gen: »Wie es mit dem Rundwerden geht? Das muss ich alles Haarklein wissen, mein E. [lysium] mein elysisches F[eld]. Eben izt küß ich Dein kleines Band, das du mir geschikt hast.«

Im selben Jahr hat Klopstock eines der berühmtesten deutschen Liebesgedichte geschrieben: »Im Frühlingsschatten fand ich sie; / Da band ich sie mit Rosenbändern; / Sie fühlt' es nicht, und schlummerte. // Ich sah sie an; mein Leben hing / Mit diesem Blick an ihrem Leben: / Ich fühlt' es wohl und wusst' es nicht. // Doch lispelt' ich ihr sprachlos zu, // Und rauschte mit den Rosenbändern: / Da wachte sie vom Schlummer auf. // Sie sah mich an; ihr Leben hing / Mit diesem Blick an meinem Leben, / Und um uns ward's Elysium.«

E **Holzkiste.** Geschenk aus Karlsbad von Friedrich Schiller (1749–
1791 1805) für seine 25-jährige Ehefrau Charlotte. Schiller und Charlotte von Lengefeld hatten am 22. Februar 1790 geheiratet. Zur Hochzeit bekamen sie von Schillers Freund Karl Theodor von Dalberg ein selbstgemaltes Bild geschenkt, auf dem der Hochzeitsgott Hymen ein S und ein L ineinander verschlungen auf einen Baumstamm pinselt.

2011 F **»Auch eine Beziehungskiste«.** Postkarte von Arno Geiger.

G **Bergkristall.** Geschenk von Caroline von Beulwitz (1749–1805)
1791 für Friedrich Schiller, ihren Schwager, zur Erinnerung an Karlsbad. Schiller lebte zwischen 1787 und 89 mit den Schwestern Charlotte und Caroline zeitweise unter einem Dach und konnte sich lange Zeit nicht zwischen den beiden entscheiden. Noch kurz vor der Heirat mit Charlotte schrieb er an diese: »Caroline hat mehr Empfindungen in mir zur Sprache gebracht als du, meine Lotte. [...] Was Caroline vor dir voraus hat, musst du von mir empfangen: Deine Seele muss sich in meiner Liebe entfalten, und mein Geschöpf musst du sein.« Caroline konnte lesen: »Bei allen meinen Mängeln – denn alle sollt ihr endlich kennen – wirst Du das immer finden, was Du Einmal in mir

liebtest. Meine Liebe wirst Du in mir lieben.« Zur Kur nach Karlsbad, wo sich Schiller von einer schweren Lungen- und Rippenfellentzündung erholen wollte, begleiteten ihn beide. In *Turandot* vergleicht er den Kristall mit dem liebenden Auge: »Und der Kristall, in dem dies Bild sich malt, / Und der noch Schönres von sich strahlt, / Er ist das *Aug*, in das die Welt sich drückt, / *Dein* Auge ists, wenn es mir Liebe blickt.«

H **Bilder.** Franziska Gräfin zu Reventlow (1871–1918), fotografiert
von Ludwig Klages (1872–1956). 1752 hat der Maler François Boucher 1905
ein auf dem Bauch »Ruhendes Mädchen« gemalt, das die Schriftstellerin und der Philosoph in der Münchner Pinakothek anschauen konnten. Für Klages hat sie sich dann in einer ähnlichen Position am Strand fotografieren lassen. Nach der Trennung hielt die Reventlow in ihrem Tagebuch 1907 fest, Klages habe ihr Bild wieder über seinem Schreibtisch aufgehängt, »weil er jetzt ganz mit mir fertig wäre«.

I **Blumen.** Hier aufbewahrt von Luise Rinser (1911–2002), die in
dritter Ehe 1954–59 mit dem Komponisten Carl Orff (1895–1982) 1952
verheiratet war. »Die ersten Blumen von C.O., ein Strauss roter Wicken, verschämt auf den Tisch gelegt (aus der Mappe gezogen) beim ersten Zusammensein (allein, ohne G. [Orffs zweite Ehefrau Gertrud])« im Juli 1952 in München, und ein Veilchenstrauß, geschenkt im März 1953 in Zürich nach der Uraufführung der *Trionfi di Afrodite* (dem letzten Teil der Liebeslieder-Trilogie, zu der auch *Carmina burana* gehört); »als zum erstenmal nicht G., sondern ich mit ihm zusammen war«.

J **Orakel.** Befragte Gänseblümchen, hier als Lesezeichen in einem
1998 Buch des portugiesischen Schriftstellers Eça de Queiroz (1845–1900): *Die Rose*.

Maßliebchen heißt ein Text, den Michael Lentz für diese Ausstellung geschrieben hat:

Maßliebchen hat tausendschöne Blüten. Das alte Spiel wird an Maßliebchen keine Antwort finden. Maßliebchen ist maßlos. Und gefährlich. Drei Blüten in der Hand sind keine Entscheidung. Immer nur zählt eine Blüte. Dann noch eine. Noch eine. Eine. Keine. Die Entscheidung ist leer. Liebe ein Reißen und Zupfen und Ziehen, ein Auge zudrücken, Übersehen. Eine Kleinigkeit. Dabei müsste das Spiel mit äußerster Strenge vonstatten gehen. Ich reiße die Blüten mit einer Pinzette aus. Keine darf verloren gehen. Ich verliere den Überblick. Am Anfang war das Ja, am Anfang war das Nein. Am Anfang war Maßliebchen. Es kennt kein Maß und ist nicht lieb. Im Übermaß genossen verursacht es Übelkeit und Erbrechen. Auch Durchfall zählt zu den Vergiftungserscheinungen. Wer kennt das Maß? Das Maßlose ist der Gegner der Angst. Als Gegner der Angst ist das Maßlose maßlos überschätzt. Tatsächlich ist das Maßlose ein Verbündeter der Angst. Nun mach schon, Maßliebchen, sagt ja, sag nein, sag ja, sag nein, lass mich nicht so lange warten. Es dient doch einem guten Zweck, dass Du deine Pracht verlierst. Du stirbst, damit ich werde, ich werde mehr und mehr, je weniger du bist. Doch du bist nur der künstliche Beweis für etwas, das keine Beweise kennt. Du bist unmöglich. Du bist der gefüllten Sorte Blütenwucher. Du Orakel sollst nur ein Spiel sein. Du bist kein Gänseblümchen. Dein Name wandert wie die Liebe. Aber die Liebe wandert nur in dir. Keine Nachlässigkeit darf sie dulden. Sie ist ein Tyrann, der alles erwartet, aber nicht zwingt. Auch heute noch, auch immer noch. Kein Außenhalt, aber Abbau und soziales Verschwinden im ganz Intimen. Es gibt keine Bagatellen, alles ist unermüdlich. Es ist nur du und ich, Maßliebchen. Du gehst ganz in mir auf. Du bist die Wucherblume, die große Wunderblume, du bist die Gänse, die Stern, die große Bellis, Wie? Geht! Ihr lacht mich aus, ja, nein, nein, ja, und ja und nein, du Wucherstuhl, du Beichtblume, ich dringe langsam zu dir vor, du bist doch in der Mitte?, du Beichtwucher, ich weiß ja die Antwort, und bist du nicht willig, so knicke ich dich mit deinem kranken Herzen, was sollst du nur zur Zerrissenheit mir taugen. Jawohl die Differenz macht die Differenz, und wenn das hier abzusehen ist, dass wenig dabei herausspringt, dass es nicht so ist, wie ich es parat halte, dann wird es eben ausgetauscht, Blümlein, dann wird es dir wie allen gehen, und es wird dir wie allen gehen, ach du niederträchtige Stuhlblume, die mich hocken lässt, die mich grübeln lässt, du giftige Grübelspeise, du bist Warnung und Eleganz zugleich. Ist das Zufall? Fällst du mir zu wie die ganze Wiese? Und ich stürze dich hinauf, hanglos, aber mit tiefer, mit schwindelerregender Passion. Blasse Blume leere Nacht. Meine Hände haben zu tun. Du bist die Große, die Blume, das Maß Liebe, das der Zufall will, ach es gibt doch keine Musik mehr, ich höre nichts, es gibt hier keinen Wind, es ist tonlos, zum Verweilen, du Gottesacker Liebe, du aus dem Himmel gefallene Streubüchse, hier hat der Sämann gewütet, die unzählige Wahl, es dringt ein oder es dringt nicht ein, es haftet an, wächst sich aus, die Lotbüchse trifft jeden, verknallt sein, das ist noch glimpflich, du kommst allem Bitten und Fragen zuvor, bist keine Pflicht noch Gnade, kein Erbarmen kennst du, wohl aber die Verwechslung, die Wucherblume ist kein Gänseblümchen, das kleine Gänseblümchen ist nicht die große Gänseblume, Maßliebchen ist kein Gänseblümchen, ja ist es denn eine Margerite?, die Margarete da zupft und Faust versteht nichts, Maßliebchen ist kein Tausendschön, die nur eine Verwandte des Gänseblümchens ist, hat Maßliebchen wirklich tausendschöne Blüten?, Maßliebchen gibt der Liebe ihr Maß, das uns zugemessen wird. Entscheide ich denn selbst, wie oft ich es probieren kann? Und wenn ich zur falschen Blume griffe? Es herrscht große Verwirrung in der Blumenwelt. Die Natur kennt nur dreißig bis fünfundfünfzig Zungenblüten. Maßliebchen ist eine zweite Natur, es ist keine freiwillige Natur, was bitteschön ist denn Natur?, ist es das, was wächst, auch in uns?, kann ich mich denn in der Natur bewegen ganz auf eigene Faust?, fessellos?, ich bitte das also zu klären, ob Maßliebchen, Tausendschön, ob Gänseblume oder Margerite, ob eine einzige nur, und nur eine dieser Einzigen, ob ein ja für immer besteht, ob ein nein für immer besteht, ob ein ja ein Irrtum sein kann, ob ein nein eine neue Blume bereithält, einen Plan also, bitte, man kennt sich in Gesellschaft nicht aus, die Natur kennt sich nicht, also bitte, meine Herrschaften, ich kann doch nicht mit dem Großen Buch der Natur durch die Gesellschaft und mit dem Großen Buch der Gesellschaft durch die Natur rennen, ich kann doch nicht alles in mich fassen, nicht alles in mich ziehen, es liegt alles fest und unbeweglich am Himmel, alles geht nur vorüber, das Blümchen dreht sich zur Sonne und schließt sich bei Wind und Wetter und wenn es Abend wird, so auch wir. Für ein Einziges Alles stehen lassen? Alles als das Einzige fassen? Der Himmel ist immer noch ein »dummes blaues Aug«, und da stehen wir, Aug in Aug, und gar nicht mal davongekommen.

K **Opfer.** Hier Klappaltärchen, dass Rainer Maria Rilke (1875–1926)
1918 von Leo Tolstoi 1900 geschenkt bekam, als er mit Lou Andreas-Salomé Russland bereiste, und dann an Claire Goll – als Gabe nach der ersten Liebesnacht – weitergegeben haben soll.

L **»Zweimal zwei Vögel«.** Von Birgit (geb. 1961) und Matthias Poli-
1993 tycki (geb. 1955). Polityckis Essay *Ich liebe Dich. Über die Schwierigkeiten, einen einfachen Satz zu Papier zu bringen* (1994) endet: »Viel-

leicht allerdings auch, so glaube ich manchmal, ist ›experimentelles‹ Schreiben im Grunde nichts als ein Zeichen von Schüchternheit, und man muss nur ein Leben lang üben, um am Ende all seinen Mut zusammenzunehmen und wieder aus vollem Herzen sagen bzw. schreiben zu können: ›Ich liebe dich‹. Das Einfachste, das ist eben das Schwerste … Aber wer bereits mit einem simplen Satz beginnt, wohin wollte denn der sich im Lauf seines Lebens noch hinschreiben?«

Die Geschichte der zweimal zwei Vögel erzählt er selbst:

Am 27.11.1993 fuhr ich mit meiner Freundin Birgit – wir waren damals erst ein knappes Jahr zusammen – zum ersten Mal in Urlaub: eine Expedition auf einem umgerüsteten Lkw durch verschiedene ostafrikanische Länder, die für uns beide in einem Desaster endete: am 21.12. wurde ich mit einer Blutvergiftung von Bujumbura (Burundi) ausgeflogen; meine Freundin, die mich in einer Kriegspause zwischen Hutu und Tutsi auf einen Flieger der Air France verhandelt hatte (für meine Trage brauchte sie immerhin 8 Plätze), war selber schwer erkrankt; wir beide aufgrund der katastrophalen Entwicklung unsrer Reise arg miteinander am Hadern.

Wie knapp ich damals mit dem Leben davonkam, ist eine eigene Geschichte; als ich nach einer Notoperation und vielen weiteren Operationen nach Hause entlassen wurde, entdeckte ich im Gepäck zwei Holzvögel; wir hatten sie, da waren wir noch gesund, am 14.12. auf dem Markt in Kigali gekauft.

Und weil wir uns in den folgenden Monaten zum Glück nicht nur von den Strapazen und Krankheiten erholten, sondern auch wieder zu dem zurückfanden, was uns zusammengeführt hatte, zog ich am 1.8.1994 nach Hamburg, in eine gemeinsame Wohnung mit … Damals hieß sie noch Birgit Knapheide, ein befreundeter Maler schenkte uns ein Türschild, das wir auch nach unsrer Heirat nicht austauschen wollten: erneut zwei Vögel, ganz anderer Natur freilich, die da zusammengefunden hatten. Und die beiden afrikanischen? Sie stehen seitdem auf unseren Schreibtischen, erinnern daran, was wir damals miteinander erlebt, ja, erlitten haben.

Dass ich im Juni 1994, kurz vor meinem Umzug, noch eine Poetik-Vorlesung an der Münchner Uni hielt, wäre in diesem Zusammenhang nicht der Rede wert, wenn ich sie nicht dem Satz gewidmet hätte, der uns in den gerade überstandenen Monaten, obwohl ungesagt und für eine Weile vielleicht auch vergessen, über diese schwere Zeit getragen hatte: »Ich liebe dich.«

M **Ohne Ende.** Liebeserklärungen des schwulen Dietmar an die
1971 dreißig Jahre ältere Luzie im achten Kapitel von Rosa von Praunheims Film *Die Bettwurst.*

Das vorliegende Marbacher Magazin erscheint zur Ausstellung:
›Ich liebe Dich!‹
Literaturmuseum der Moderne, Marbach am Neckar
20. September 2011 bis 29. Januar 2012

Ausstellung: Heike Gfrereis und Ellen Strittmatter sowie Magdalena Hack, Sonja Lehmann und Katrin Sterba. Gestaltung: Diethard Keppler und Markus Wichmann (Grafik) mit Space4 (Architektur). Aufbau: Beate Küsters, Karl Lempp, Vinca Lochstampfer, Sandra Munck.

Wir danken: Wir danken: unseren Praktikantinnen Petra Hart, Antonia Keller, Gertraud Johne, Olga Possewnin und Annika Lena Schmidt sowie unseren Kollegen Arno Barnert, Silke Becker, Albrecht Bergold, Jan Bürger, Michael Davidis, Frank Druffner, Gunilla Eschenbach, Nikola Herweg, Christoph Hilse, Jost Philipp Klenner, Günter Riederer und Helmuth Mojem für sachdienliche Hinweise; Maik Bozza vom Stefan George Archiv der Württembergischen Landesbibliothek für ausgedehnte Recherchen; absolut MEDIEN GmbH, Almut Gehebe-Gernhardt, Peter Greenaway, Peter Handke, Jacqueline Kühne und Matthias Oehme (Eulenspiegel Verlag), Isolde Moser und Heinz Bachmann sowie der Stefan George Stiftung für die Genehmigung zur Veröffentlichung; unseren Leihgebern, der Württembergischen Landesbibliothek, Arno Geiger, Ulla Hahn, Michael Lentz, Sibylle Lewitscharoff, Friederike Mayröcker, Matthias Politycki, Monika Rinck, Brigitte Schermuly (Martin Mosebach), Valeri Scherstjanoi, Isa Schöffling (Julie Zeh), Roger Willemsen und Wolf Wondratschek. Für ›Liebesdienste‹ Sibylle Lewitscharoff und Michael Lentz, dem wir auch sehr herzlich für die Beratung bei der Ausstellung danken.

Umschlag: Diethard Keppler (›Ich liebe Dich‹ in Gebärdensprache)

Fotografie: DLA Marbach (Chris Korner)

Herausgeber: Deutsches Literaturarchiv Marbach
Redaktion: Dietmar Jaegle
Ausstattung: Diethard Keppler und Marcus Wichmann
nach einem Entwurf von Diethard Keppler und Stefan Schmid
Gesamtherstellung: Offizin Scheufele Druck und Medien, Stuttgart
ISBN 978-3-937384-78-8

Die Deutsche Schillergesellschaft wird gefördert
durch die Bundesrepublik Deutschland,
das Land Baden-Württemberg, den Landkreis Ludwigsburg
und die Städte Ludwigsburg und Marbach am Neckar.

ich liebe dich.

Ich will – Dich lieben

Ich liebe Dich

„Ich liebe dich

Ich liebe dich

je t'adore

„Ich liebe Sie"

ich liebe Dich

liebe Dich

Ich liebe dich

liebe liebe liebe Dich

Ich liebe Dich

Ich liebe dich so zärtlich

"Ich liebe Dich"

wie lieb ich Dich!

wie ich dich liebe

liebe Dich